教養としての和食

――食文化の歴史から現代の郷土料理まで

江原絢子　監修

山川出版社

はじめに――あらためて「和食」とは何かを考える

2013年12月4日、ユネスコ無形文化遺産に「和食」が登録され、2023年に10年を迎えました。その間、海外の日本食レストランが増加し、日本各地で郷土食や在来野菜などの生産物の見直しなども広がっています。学校教育でも和食の教育がとりあげられるようになりました。また、学校給食に和食献立や郷土料理を取り入れることが推奨され、多くの学校で実施されるようにもなりました。

しかし、登録から10年が経った今、「和食とは何か」と問われたとき、果たして私たちは的確な答えが用意できるでしょうか。

ユネスコ無形文化遺産として登録された「和食」は、「和食;日本人の伝統的な食文化―正月を例として―」(Washoku,traditional dietary cultures of the Japanese,notably for the celebration of New Year)が正式な名称です。ここで使われている「和食」は、「日本人の伝統的な食文化」を指しています。つまり、登録されたのは料理としての和食ではなく、和食を育んできた日本の食文化です。

和食は、近代以降、西洋の食と区別する言葉として使われるようになりましたが、それほど普及した言葉ともいえません。日本食、日本料理なども同様の意味を持つ言葉ですが、人によってはそれぞれ異なる意味を持つ言葉として使われます。しかし、明確な定義はありません。和食は常に変化しているからです。

無形文化遺産の「和食」の保護・継承に国と連携して取り組んでいる(一社)和食文化国民会議では、定義に代わり「和食の心とかたち」として、和食の特徴を説明しています。その中で、日本で育まれ培われて日本人の食生活に定着しているものも和食といえると述べています。

日本の自然は各地で異なり、それぞれに特徴ある農産物があり、様々な魚介類や海藻などにより、時代ごとに多様な料理が生まれました。自然の恵みに感謝しながら、海外の食文化も取り入れて変化した和食の歴史を知ると、和食への魅力を感じ、誇りを持てるのではないかと思います。

以前、和食に関するシンポジウムにおいて、日本滞在が長いフランス人の方から次のような発言があったことが今も記憶に残っています。「私は日本料理が大好きですが、フランス料理はもっと好き。その魅力や成立の背景はフランス人としていつでも説明できます。でも日本の方は、自国の文化の魅力やその理由などを説明できる人は少ないように感じます。それを知ることは、特別なことではなく誰もがもつべき教養の一つだと思います」という内容でした。

本書は、ユネスコに登録された「和食」の特徴、料理としての和食とそれを育んだ日本の風土と現在の和食につながる歴史的背景、各地域で異なる郷土の料理、年中行事など、和食や和食文化について豊富な絵図とともに紹介しています。

日本の食文化「和食」の参考書、教養書として和食の魅力を知っていただくために役立つ一書となるようにと願っています。

江原絢子

目次

4章 季節の食材と行事食・儀礼食

序章
Q&A和食の基礎知識

※本章の内容は、江原絢子氏へのインタビューをもとに構成しています。

「和食」とは

Q 伝統的な和食の「基本形」は?

A 日常の暮らしの中で受け継がれてきた「飯・汁・菜(おかず)・漬物」の組み合わせ

日本人の食事内容は時代とともに変化してきたが、古代以来の伝統的な基本形は、「飯」に「汁・菜《さい》(おかず)・漬物」がつくというものだった。

ただし「飯」といっても、私たちが普段食べている米飯ではなく、都市以外の多くの人々は、正月や婚礼など特別の日(ハレの日)を除くと、麦や雑穀を中心とした時代が長かった。米飯が日常化したのは、戦後の1960年代以降といわれている。

この基本形が現代まで受け継がれてきた背景には、日常の献立はおかずの中身を変えるだけでよいという準備のしやすさ、特別な日にはおかずの種類を増やせば華やかな食事になる、といった、日常にも非日常にも対応できる柔軟性があったからではないかと考えられる。

何か？

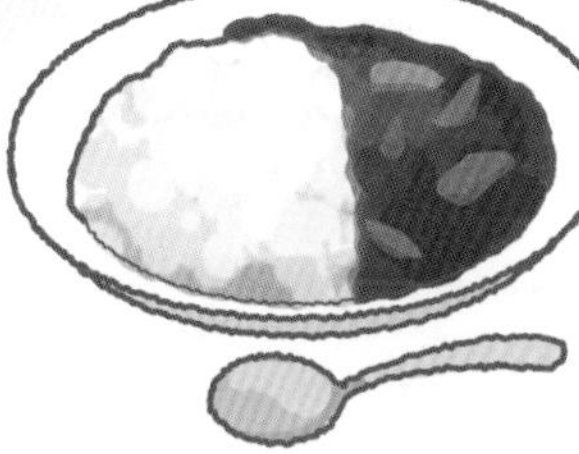

Q　ハンバーグやラーメンも和食なのか？

A　日本人の食生活に定着しているものは「和食」に含まれる

２０１３年に、「和食：日本人の伝統的な食文化―正月を例にして―」がユネスコの無形文化遺産に登録された。ただし、ここでいう「和食」とは、料理そのものでなく、日本人が培ってきた伝統的食文化、すなわち「自然の尊重」を基本とした、生産から消費までの過程における様々な技能や知識も含まれている。

そういう意味で、元々は外国料理であっても、何世代も超えて日本人の食生活に定着している料理は、和食と考えてよいだろう。

ハンバーグは料理そのもので見ると和食ではないかもしれないが、ご飯と味噌汁がついた形にして、箸で食べることで立派な和食といえる。そばやうどん、ラーメンなどの粉食も日本の調味料を使用して日本人の味覚に合わせて変化を遂げた経緯を考えると、同様に和食に含められるだろう。

Q 日常と非日常(ハレ)の食事の違いは?

A 大名から農民まで日常は質素で、ハレの日には普段食べない豪華な食事を食べた

現在でも、正月やクリスマスなどに普段とは違う豪華な食事をすることはあるが、生活が自然のサイクルと一体化していた高度経済成長期以前までは、日常と年中行事や婚礼などの特別な日(ハレの日)の食事には、大きな差があった。例えば、魚の鯛は日常の食事には並ばず、酒や米飯もハレの日に欠かせないものであった。

じつはこうしたハレの日は意外に多く、江戸時代には年間60~80日あったという。正月や五節供(五節句)といった年中行事、婚礼や誕生日といった儀礼、種蒔きや田植え、収獲などの農耕儀礼があり、農家の使用人にも魚や米飯が供された。また、魚の獲れない山間部でも婚礼などの際には海の魚を買ってきてそろえた。一年を通じて最も盛大な行事が正月で、12月から煤払いなど新年を迎える準備を始め、歳神様を迎える大晦日の夜の料理を最も豪華にした。当時の庄屋の日記によると、1月は正月関連の行事が多く、月の3割がハレの日だったという。

一般に江戸時代の農村は貧しかったというイメージがあるが、農民のなかの経済格差はあるものの、こうしたハレの日の多さからも、食生活を知るには、両面の食を見る必要がある。

現代の正月のおせち料理

今でも正月には昔ながらのおせち料理を食べることが多い。

ハレの日の本膳料理

本膳料理とは中世、武家を中心とする社会で饗応のもてなし料理として発展したもの。「飯・汁・菜（おかず）・漬物」の組み合わせでありつつ、いくつもの膳で多くの菜が出された。©写真 久間昌史／『日本料理大全 プロローグ』より

大きな差があった江戸時代のハレの日と日常の食事

日常の食事

江戸時代から昭和初期くらいまでの庶民の食卓。一人分の食器が収納できる箱膳のフタを裏返して食器をのせて食べ、食べ終わったら、お茶などで食器をきれいにして、中にしまう。（金沢くらしの博物館提供）

一方、上流階層でも日常とハレの日には大きな差をつけていた。信濃松代《まつしろ》藩10万石の大名真田幸弘《ゆきひろ》の隠居後の食事記録『御膳日記』（1800）によると、日常の食事は朝昼がご飯に汁とおかず2品と漬物（一汁二菜）、夜食がご飯に汁とおかず1品と漬物（一汁一菜）で、魚は何日かに1回並ぶ程度であった。それが誕生日となると本膳料理の前後に酒礼や酒宴があり食後に重箱の菓子が出るなど、一転くらべものにならないくらい豪華になった。また、幕末の武蔵岡部藩主安部《あんべ》信発《のぶおき》の日常食の記録では、ほとんど一汁一菜だったが、正月などハレの日には本膳料理が供された。

こうした日常食とハレの日の食事の差は、戦後の高度経済成長期以降、生活スタイルの変化、ファミリーレストランなどの登場により徐々に小さくなっていった。

日本の食文化の

Q 食材の特徴は？

A 多様な魚介類、海外から来た農作物も用い、地域の自然を活かして発展させてきた

日本列島は海に囲まれているため多様な魚介類に恵まれ、それらを乾物や発酵食品などに加工して山間部などでも食されてきた。とくに海藻は海外ではほとんど食べられない特徴的な食文化で、昆布やわかめだけでなく地域ごとに多くの種類が生息し、各地の食文化を担った。

また農作物では米をはじめ、ねぎや大根といった和食の食材のイメージが強い野菜のほとんどが海外から伝来している。なかにはごぼうのように、縄文時代に薬の一種として中国を経てもたらされ、その後、日本で野菜として仕立て、神事や行事食にも用いられるなど重要な存在となったものもある。海外の文化を取り入れながら、各地域の自然や特色に合わせて様々な発達をとげてきた。17世紀頃に各地域の名産物を調査した記録によると、重要な野菜であった大根は、煮物用、漬物用、薬味用など形や収獲時期が違う百種類以上の品種があったという。

結球白菜の伝来は古そうに感じるが、じつは幕末で、野菜として定着し漬物として食べられるようになるのは昭和に入ってからだった。また、伝来から定着までに時間がかかったものには乳製品とパンがある。乳製品は古代に貴族の間で食されたが、その後江戸時代後期まで見られなくなる。パンは16世紀に南蛮貿易でもたらされたが、江戸時代にはほとんど普及しなかった。

海外から伝来した野菜の一例

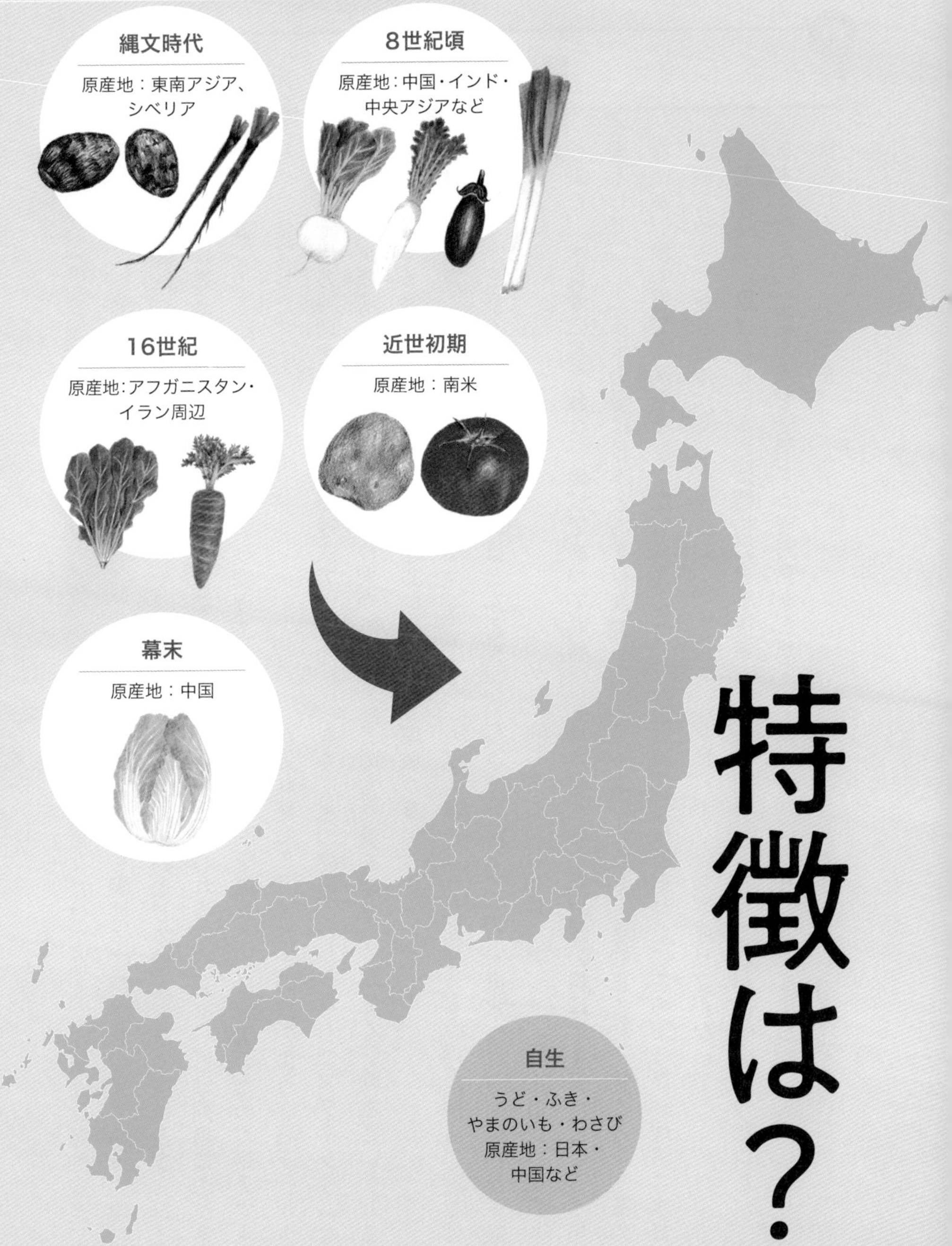

特徴は？

Q

調理法の特徴は?

A

水をふんだんに使う調理法と水質を活かしただしの文化

水資源に恵まれた日本列島では、水を豊富に使った「煮る」「茹でる」「蒸す」という調理法がとくに発達した。

江戸時代の料理書に出てくる調理法では、汁物、煮物が非常に多い。しかし、同じ米や雑穀を主食とする海外の国でも水資源に乏しい地域では、「炒め煮」などはあっても「茹でる」「蒸す」といった水を多く使用する調理法はほとんど見られない。

また、水資源に恵まれない地域であっても料理として口に入る水の量は日本とあまり変わらないが、米や野菜を洗うなど下ごしらえとして準備する水の量は日本にくらべて少ない。

豊富な水に恵まれた日本では植物のアク抜きをするために大量の水を使用する吉野葛《よしのくず》などが食されるようになった。

水は豊富なだけでなく、水質が比較的安全であったことも調理法に影響を与えている。現在、水道水を飲料として使用できる国は日本などごく少数といわれるが、元々、日本列島は山が多く、その間を流れる川は急流のため、絶えず水が入れ替わる。また、西欧のような石灰岩が少なく、水の硬度(カルシウムやマグネシウムなどの含有量を示す値)が低く、軟水といわれる地域が多い。

例えば、ほうれんそうを料理に使う処理では、日本では茹でてから一度水にさらす行程が一般的である。しかし、アジア、ヨーロッパ、アメリカなど約十数カ国の料理書を見たところ、茹でて水にさらし、そのまま和え物などにするのは韓国だけであった。このような調理法は水質が良質でなければ成り立たない。

中国から伝わった豆腐は固いものだったが、江戸時代に現在のような柔らかい豆腐になり、水槽に入れて売られた(現在でも昔ながらの豆腐店では水に浸けて売られている)。ほかにも、刺身の調理には内臓などをきれいに取り除くために大量の水を必要とし、もりそばなど、茹でた麺を水でしめる調理も発達してきた。中国をはじめ東南アジアでも麺の文化が発達しているが、冷たくして食べる国はほとんどなく、韓国の冷麺くらいではないだろうか。まさに日本の水が安全でおいしい証といえる。

なお、こうした水質は日本のだし文化にも影響を与えた。西洋は水の硬度が高いため、肉や骨を長く煮出すことでだしを取ってきたが、日本では短い時間で煮出すことができる鰹節や昆布が使われた。なお、昆布は硬度が高いとだしが出にくいため、京都など西日本にくらべ硬度が高い江戸では鰹節で取るだしが主流となった。

水質の違いを生み出す 日本と大陸の地形・地質の違い

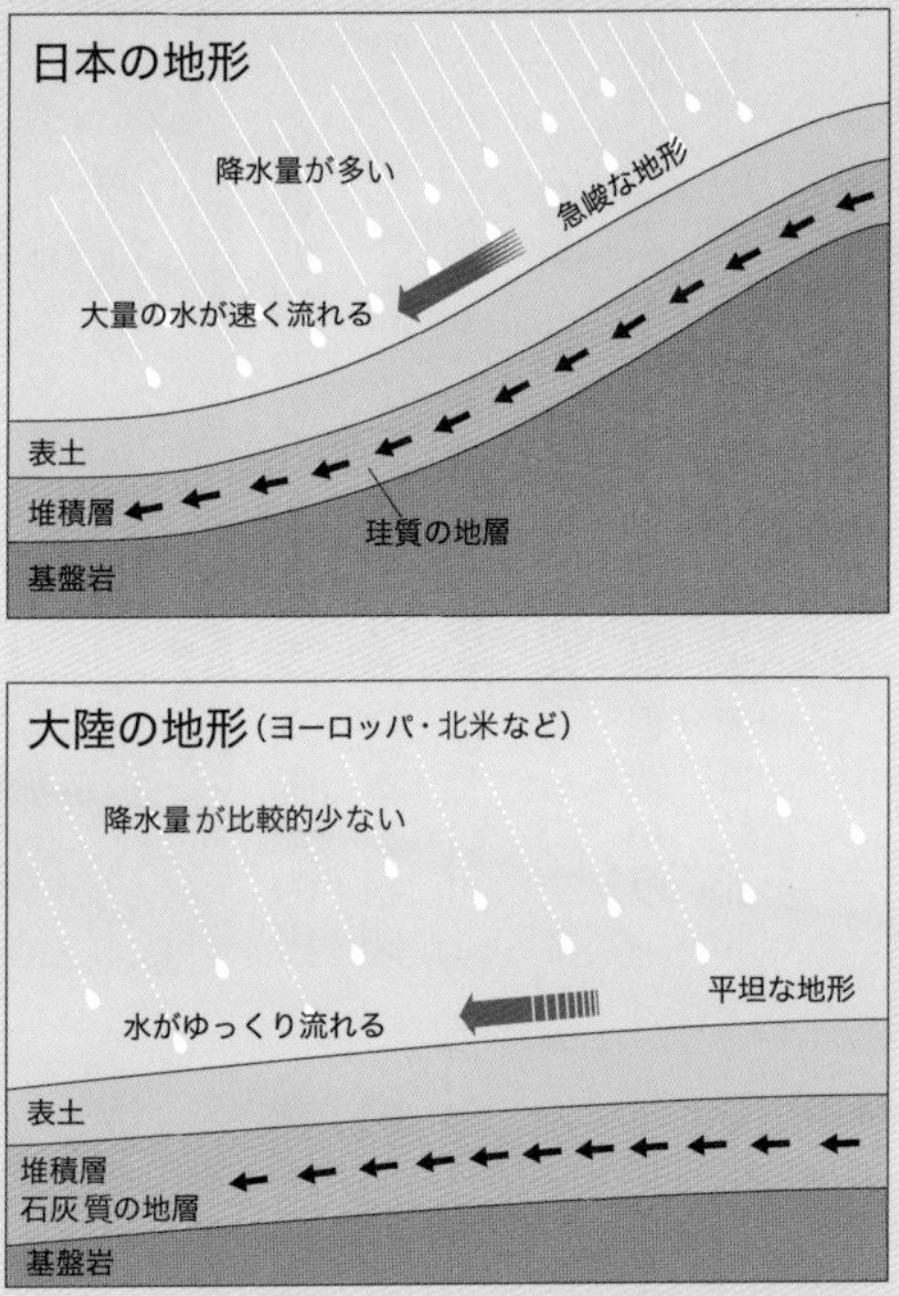

雨水は、海へと流れ出すまで、地中に留まっている間に地中のミネラル分を取り込んでいる。急峻な地形で降水量の多い日本では、上の図のように雨水が急速に流れ去るため、ミネラル成分が薄まり、硬度が低くなる。一方、下の図のように地形が平坦なヨーロッパや北米では流れが遅く、水か地中に長く留まるため、硬度が高くなる。(『特別展　和食　公式ガイドブック』掲載図を元に作成)

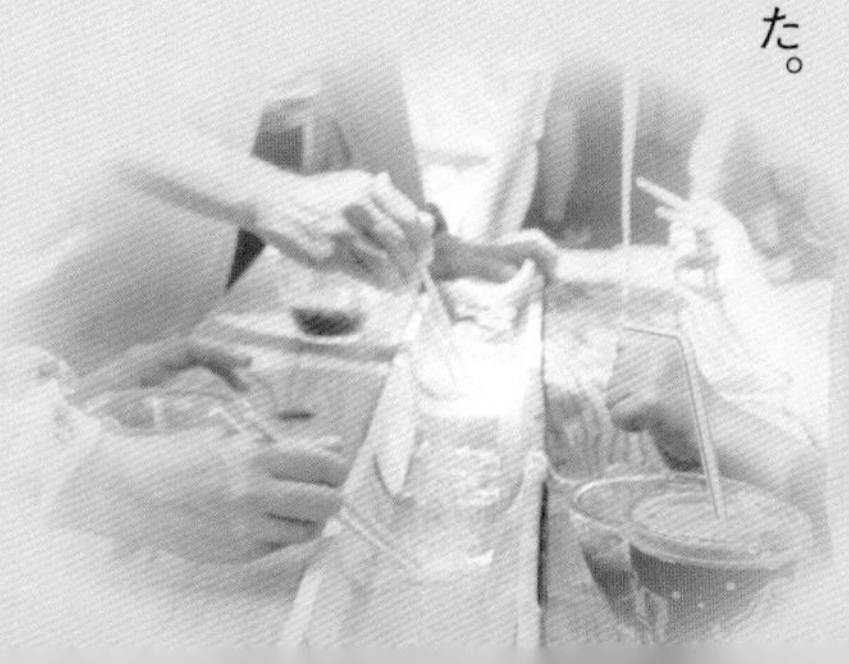

Q 栄養面から見た特徴は?

A 他の先進国に比べて油脂類の摂取が少なく、栄養バランスに優れている

伝統的な和食の特徴のひとつに、油脂類の摂取が少なかったことがある。現在の日本人は肉食が多くなってきているが、それでも平均的に見た場合、先進国とくらべると脂肪からのエネルギー摂取比率（エネルギー産生栄養素バランス）が欧米の40％前後に対し、日本では約30％と少ない。この点は１９８０年（昭和55）頃から注目されており、農水省は米飯を中心に肉類や乳製品類をほどよく摂っている当時の日本人の食事内容を、欧米にくらべ栄養のバランスが理想的だとして「日本型食生活」とよび推奨した。その後、海外からの和食への注目も高まるようになった。２００５年に食育基本法が制定され、学校給食で米飯給食が推進されるなど、こうした推進の動きを支えている。

人間にとってとくに不可欠な三大栄養素の摂取比率の目標値
（エネルギー産生栄養素バランス）

たんぱく質	13~20%
脂質	20~30%
炭水化物	50~60%

出典：厚生労働省「日本人の食事摂取基準2020年版」

日本と諸外国の国民１人・1日当たりのエネルギー産生栄養素バランス（2019）

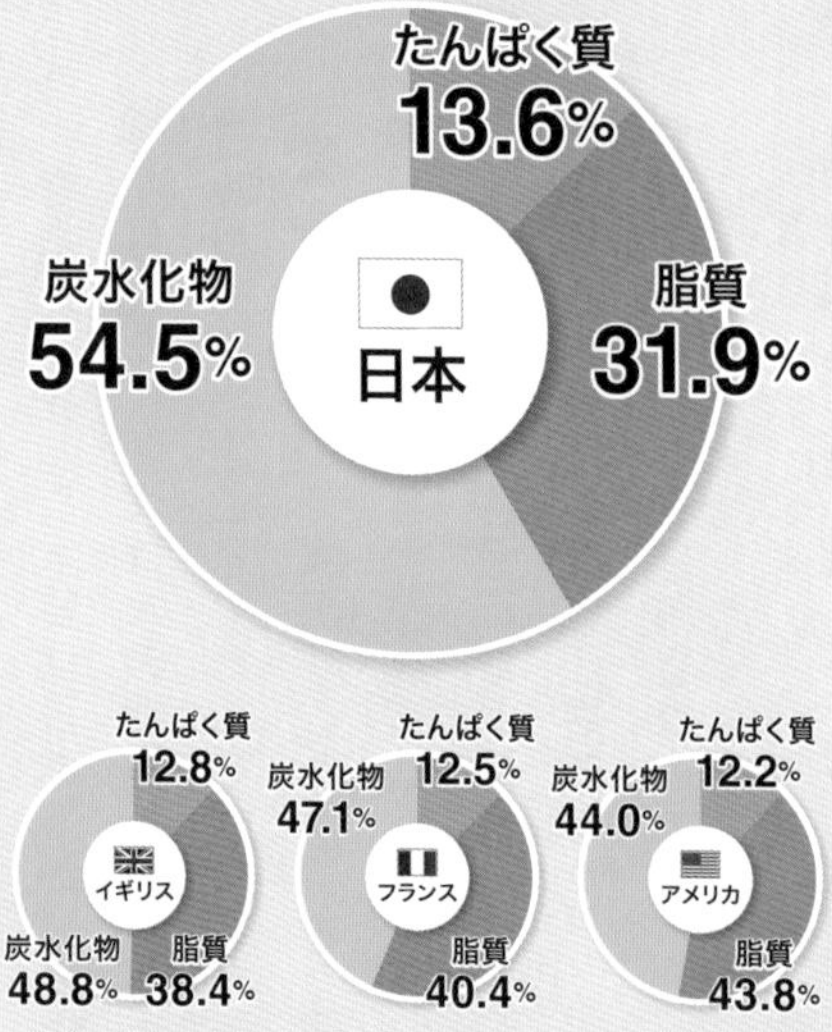

出典：農水省「令和３年度食料需給表」

Q 作法から見た特徴は？

A 日本独自の食文化が確立される中で定着した、椀を手に持ち箸で食べる文化

海外ではスープなどの汁物を食す際、スプーンを使うのがほとんどだが、日本ではお椀を手に持って食す文化が培われた。中国の影響を受けた平安時代の宴席の食事である大饗《だいきょう》料理では、金属製の匙《さじ》と箸が両方並んでいたが、室町時代に武士の饗応食として本膳料理が成立すると、匙がなくなり箸のみへと変化した。

なぜ匙が使用されなくなったのかは定かではないが、貴族社会で使用する匙が金属製であったため材料的に普及しなかったこと、中国の食文化から日本独自の食文化を確立していく中で匙が馴染まなかったこと、箸は多くの場合木製であったため、建築資材の余りなどから材料を手に入れることが容易で奈良時代頃には一般的に使用されており、誰でも作りやすかったことから定着したと考えられる。

その結果、匙がなくなったことで、汁を入れた椀を手に持って食す習慣が広まったのではないかと考えられている。同じ箸を使う国でも匙をメインで使用する韓国では、器を持ち上げて食べるのはマナー違反となっているように、お椀を手に持って箸で食べるのは、日本独特の文化といえる。

現在、茶碗蒸しなどに匙が出てくる場合があるが、それも最近のことで、基本は箸のみを使用してきた。

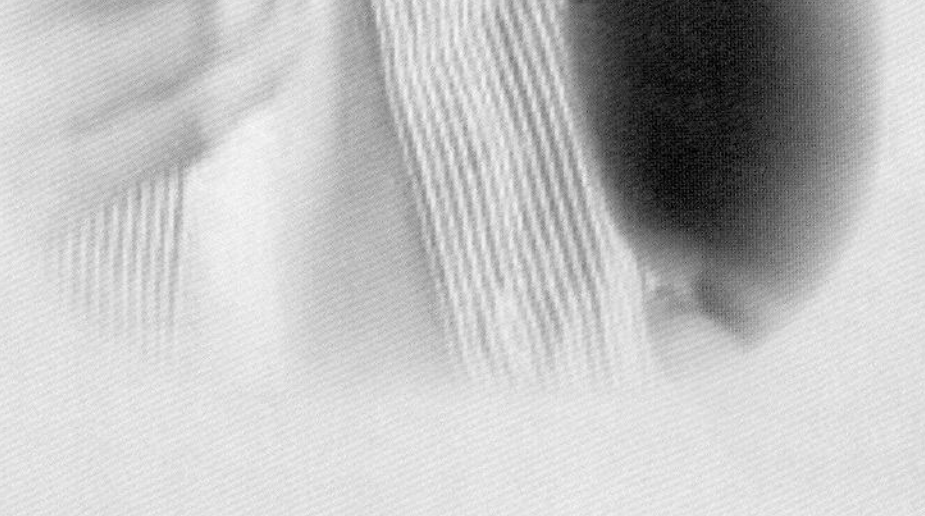

なぜ無形文化遺産に

Q 登録にいたる経緯は？

A グローバル化が進む世界の中で、和食文化を次世代に継承するため

2010年、食文化で初めて「フランスのガストロノミー（美食術）」がユネスコの無形文化遺産に登録されたことを契機に日本でも機運が高まり、2013年に正式名称「和食：日本人の伝統的食文化―正月を例として―」として登録された。その背景には、失われつつある日本の伝統的食文化をもう一度見直し、次世代に継承していくこと、また東日本大震災による日本産食材への風評被害の払拭という面もあった。

登録された「和食」の特徴には、自然の尊重を基本とし、自然の中の神に感謝し、恵みを祈る正月などの行事と行事食、持続可能な資源の利用などがある。さらに、「和食」は地域ごとに多様性に富み、家族などが共食することにより、地域の絆を強めたり健康を増進したりする社会的役割をもつ。これらの特徴が保護されるべき内容として評価され、「人類の無形文化遺産の代表的な一覧表」に記載された。

無形文化遺産に登録された和食文化の特徴

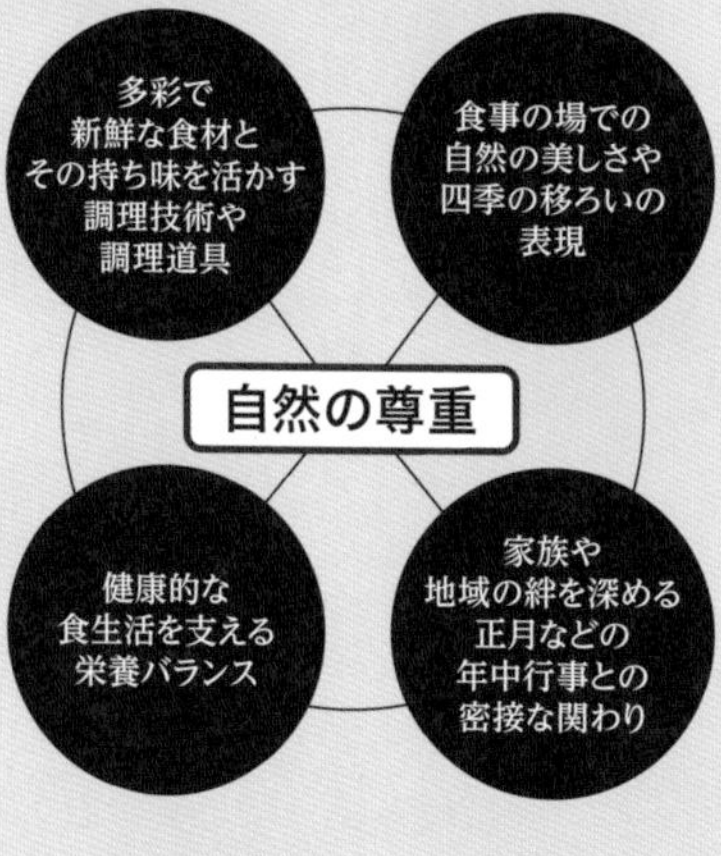
自然の尊重
多彩で新鮮な食材とその持ち味を活かす調理技術や調理道具
食事の場での自然の美しさや四季の移ろいの表現
健康的な食生活を支える栄養バランス
家族や地域の絆を深める正月などの年中行事との密接な関わり

登録されたのか?

Q 登録されたことによる影響は?

A 「すし」「てんぷら」だけでなく和食そのものに海外から注目が集まった

海外におけるかつての日本食のイメージの多くは「すし」「てんぷら」だったが、無形文化遺産登録後には和食の伝統的な美しさやだしの文化が海外から注目され。来日観光客の目的としても伝統的な和食を知りたいという人が増えている。また、だしの文化や調理法、活けじめなどの、魚をより美味しく食べる技術の海外への伝播、料理人同士の技術を通じた海外交流も進んでいる。

海外からの注目に加え、国内では地域での郷土料理の見直しや掘り起こしが行われ、学習指導要領に「和食」が記載されるなど、和食文化の保護・継承への関心が高まった。さらに、自然との向き合い方から二十四節気《にじゅうしせっき》などへの関心も高まり、食文化と関連して生活文化や芸術を含めた伝統文化への見直しが進んでいる。

― コラム ―

現代に受け継がれた食の地域差を示す
雑煮

正月料理として、おせち料理と並ぶ代表格である雑煮。15世紀の文献に登場するが、当時は正月でなくとも武家の正式な宴会で行われた酒の儀式で酒肴として食されるものだった。

現在のように広く庶民の間で正月に食べられるようになったのは江戸時代になってからで、現代でも、具材はもちろん、角餅や丸餅といった餅の形、餅を焼くか煮るかという調理法、味噌仕立てや吸物仕立てなどの味つけと、地域の食文化がよく表れた、各家庭の味として受け継がれている。

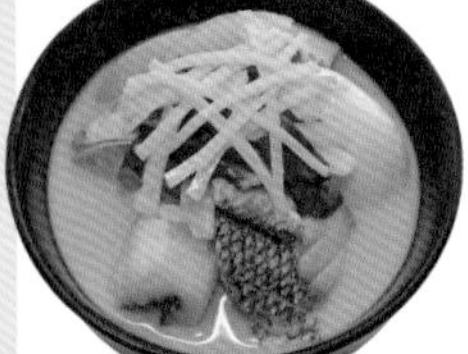

備後福山藩（広島県）

塩ぶりやはもなど海の幸が豊富な味噌汁。牡蠣《かき》を入れることも。

江戸庶民（東京部）

鴨の首の骨と肉をたたいた肉団子や青菜が入った吸物。

越後長岡藩（新潟県）

名産品として江戸時代に珍重された鮭の塩引き入りの吸い物。

京の商家（京都府）

白味噌仕立て。人の頭に立てるようにという願いを込めた頭《かしら》いもが商家らしい。

紀州藩（和歌山県）

地域の伝統食で竹串に刺して干した串柿《くしがき》が入った味噌仕立て。

画像はすべて御食国若狭おばま食文化館提供。奥村彪生監修「日本の正月食の象徴『雑煮』〈常設展示〉」より
マップは農林水産省発行webマガジン『aff』2020年1月号掲載図をもとに作成

※雑煮の内容は一例です。（　）は現在の都道府県名。

1章

日本の食文化「和食」の歴史

日本列島の自然環境に大陸文化を融合し、独自の食文化を形成

原始〜古代の食文化

（旧石器〜平安時代）

約4万年前に日本列島へ人類がやってきて以来、狩猟採集社会、農耕社会を経て、古代国家ができあがってくる中で、食文化の形成は、大陸からもたらされた様々な文化の模倣から始まった。

日本独自の食文化の根底にある豊富な水資源と温暖な自然環境

日本列島は、温暖ながら夏は多湿多雨な気候のため、森林が雨水を蓄え、また平野が狭くその間に山があるという地理的な環境から、海へと流れ出る川が急流で絶えず水が入れ替わり、良質な大量の水に恵まれてきた。さらには海に囲まれていることで魚や海藻の文化を育んできた。このような自然環境が日本独自の食文化形成の出発点となっている。

大陸からもたらされた文化が食文化の仕組みを変えていく

東アジアの東方に位置する日本は、縄文《じょうもん》時代頃から中国大陸や朝鮮半島などから人やモノ、情報が行き来し

弥生時代の食事シーン。（四日市市立博物館蔵）

ていた。とくに縄文時代末期にもたらされた水田稲作は、狩猟採集社会から米を作り生活する農耕社会へ、移動生活から定住生活への変化をもたらし、現在の日本人の食生活につながる基盤を形づくっていく。その後も大陸文化は積極的に取り入れられ、とくに古代国家が形成される中で、6世紀に伝来した仏教にもとづく宗教的価値観も、食文化に影響を与えることになる。

ますます盛んになる対外交流により大陸の食文化が流入

律令《りつりょう》国家が成立すると、さらに様々なものが大陸から流入する。暦《こよみ》が伝わったことで従来の風習と合わさり年中行事を執り行うようになり、行事食や儀礼食、とくに貴族の饗応《きょうおう》食（接待やもてなし時の食事）では食事形式や作法が模倣された。また日本原産ではない、新たな食材ももたらされ、醤油や味噌の原型となった発酵調味料などの加工品も発展した。都を中心に食材・加工品が集まり、市《いち》が形成されていくことになる。

『源氏物語画帖』1シーン。手紙を読む姫の前の籠にわらびやつくしが入っている。（『日本古典籍データセット』〈国文研等所蔵〉、人文学オープンデータ共同利用センター提供）

「飯」と「おかず」が別々に並ぶようになり、現代の日本食の原型も登場

水田稲作の伝来以降、米は食生活の一部となり、平安《へいあん》時代には豊富で良質な水を利用して、蒸す、煮るといった調理法で食べられた。当時の米を柔らかく煮る調理法は、現代のいわゆる炊飯方法につながっていく。また、平安時代中期の随筆『枕《まくらの》草《そう》子《し》』には、大工の食事風景として、飯は「おもの」、おかずは飯に合わせるという意味で「あわせ」と記されている。おかずは、飯の周りに置くことから「おまわり」ともよばれたようで、主食である飯とおかず（副食）という和食文化の原型が、平安時代にはすでにできあがっていたと考えられている。

旧石器時代の食料と調理法

約4万年前に日本列島へ渡ってきた人類は、何を食べていたのか

約2万年続いた日本の旧石器時代では石で素材を煮る調理法があった

旧石器時代とは、人類が石を打ち欠いて刃をつけた打製石器や動物の骨や角を利用した道具を使い始めた時期で、日本列島で人類の痕跡が残るのは約4万～1万6000年前の後期旧石器時代にあたる。この頃、人々はまだ河川の周辺などを移動しながら食料を求める移住生活を行っており、おもに狩猟・採集によって食料を確保していた。

この時代の遺物に見られる食料として、狩猟では、ナウマンゾウ、オオツノジカ、ヘラジカなどの大型動物を狩り、漁撈《ぎょろう》技術はまだ発達していなかったことから、鮭・ますなど魚類はあまり多くなかったと考えられている。

調理方法では、食料を焼いて調理した痕跡が、群馬県伊勢崎市の下触牛伏《しもふれうしぶせ》遺跡、長野県信濃町の日向林《ひなたばやし》B遺跡などで発見されている。

また、生活を共にする小規模の集団が暮らすムラの跡から焼けた石器が見つかったことから、火を炊く炉もあったと考えられている。

この時代はまだ土器がなかったため、焼いた石の上に食材を置いたり、木の葉を敷きつめた穴に水と食材を入れて焼いた石を投入したり、土器を使わずに作ることができる焼き物や煮物のような方法があったと推測される。

ちなみに耐熱土器が出現したのは縄文時代に入ってからで、草創期の土器として「隆起線文土器《りゅうきせんもん》」、いわゆる縄の文様をもつ縄文土器が全国的に発掘されている。土器の使用によって加熱が簡単になったため、木の実のアク抜きなどができるなど、食料とする対象物が増えていった。

旧石器時代の狩りの様子を想像したジオラマ。（兵庫県立考古博物館蔵）

焼き石を使った調理法の再現イメージ。
※調理方法を忠実に記した史料はないため、あくまでも想像です。

旧石器時代の主な食料と考えられているもの

- **動物類**（ナウマンゾウ、シカ、クマ、オオヤマネコ、イノシシ、野ウサギ、野ネズミなど）
- **魚介類**（ハマグリ、アサリ、カキ、サバ、マグロ、イワシ、サケなど）
- **木の実、野草**（クリ、クルミ、ドングリ、マメなど）

縄文時代の食生活

土器や弓矢、植物栽培により、大きく変わった食料事情

氷河期の中で、様々な工夫をこらした食料確保術

縄文時代は約1万5000年～2800年前までと長く、各地の自然環境によっても生活スタイルは異なるが、食料を煮るための土器、中・小型動物をしとめるための弓矢などが出現し、食生活は大きく変化した。

当時の海岸線沿いには貝塚遺跡が残り、動物や魚の骨などが無数に見つかっている。縄文前期を中心とする北海道の東釧路《ひがしくしろ》貝塚では、あさりが多く、かき、ほたて、にしん、ます、くじら、いるかなどが見られる。また、内湾域ではすずきやぼら、鮭が多いことがわかっている。この時期は氷河期で、食用にできる木の実や野草が乏しく、貴重なたんぱく源として、くまやしか、いのししをはじめ、野うさぎ、野ねずみなどの小動物までも食べられていた。海産物は釣針で釣るほか、いるかの囲い込み漁が行われていたことが、石川県能登町の真脇《まわき》遺跡からいるかの骨と共に石槍が大量に出土していることからわかっている。また、各地の遺跡から、くりの栽培管理が行われていた痕跡が見つかっている。くりの果皮や種子の廃棄物が大量に発見されるほか、建物の柱や道具、燃料としての使用も認められ、人工的に栗林が造成されたと考えられる。縄文人は工夫をこらして食料を確保していたのである。

こうした食料確保の技術は縄文時代後期になるにつれて発展し、どんぐり、えごまなどの栽培が確認され、うどやきのこ類も加熱処理などをして食料にしていたと推測される。狩猟や漁撈を行いながらも、食料の中心は植物だったようである。

土器においては、中期以降は高温で焼かれた質の高いものもあり、後期には個人の食器と考えられる碗型も見られ、食事の仕方にも変化がうかがえる。

縄文人の常備食!?　各地で発見されるどんぐりの貯蔵穴

縄文人が過酷な自然環境の中で、越冬のために食料を貯蔵していたことがわかる痕跡のひとつに「どんぐりの貯蔵穴」がある。とちの実、くぬぎ、あかがしなどの木の実はタンニンやサポニンなどの苦みや渋み成分が含まれているため、そのままでは食べられない。どんぐりも同じくアク抜きが必要な種類が多く、縄文人も水でさらしたり、煮たりして手間をかけてアク抜き作業をしていた。発見された各地の貯蔵穴には、低湿地や地下水の影響を受ける場所に造られた「低湿地型貯蔵穴」と、丘陵地や台地などの乾いた場所に造られた「乾燥地型貯蔵穴」がある。前者が主に西日本、後者が東日本で発見されている。
「低湿地型貯蔵穴」は、地下水が湧く場所にあり、ひとつの遺跡に何十基も発見される場合が多い。どんぐりを地下水に浸すことでアク抜きをはじめ、発芽を抑え、どんぐりに産みつけられた虫の卵や孵化《ふか》した幼虫を殺す効果もある。場所によっては海に近く、潮の満ち引きで海水に浸かる貯蔵穴も見つかっていて、どんぐりが塩漬けにされることでさらに長期保存が可能だったと考えられている。（参考：塚本師也「集落論　食料貯蔵」）

西日本の遺跡から発見されたどんぐりの貯蔵穴のイメージ図

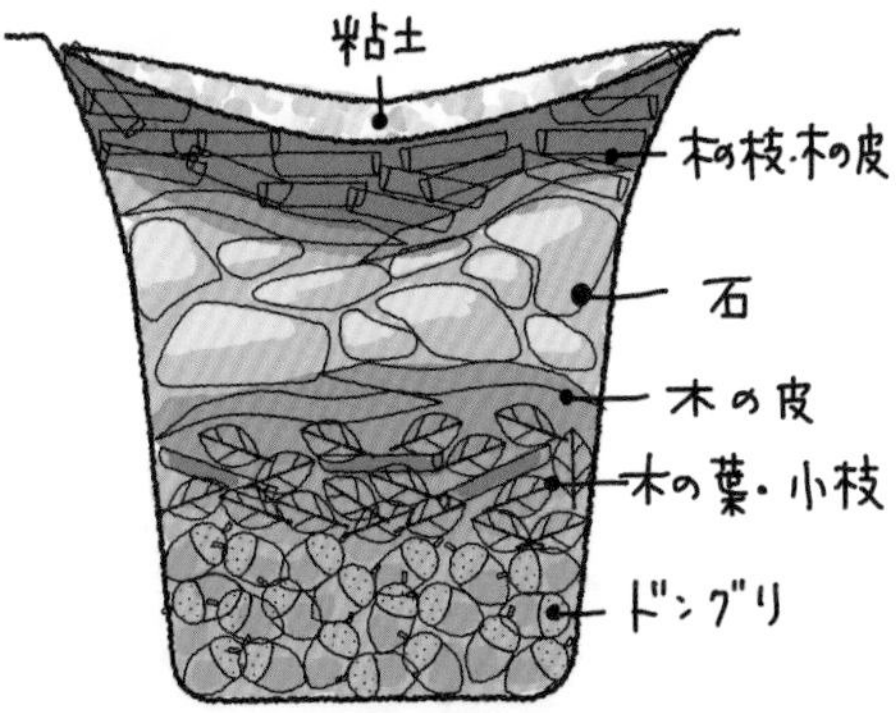

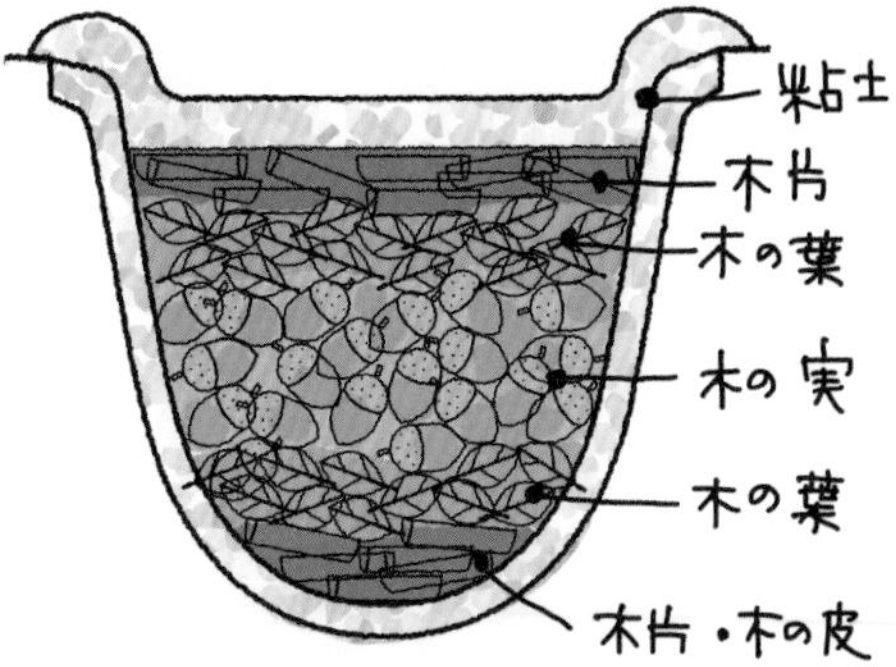

その数、100以上!? 縄文人の落とし穴のイメージ図

神奈川県横浜市緑区の霧ヶ丘遺跡では、台地の上や尾根沿いに、底に杭《くい》の跡がある土坑《どこう》が発見された。1区画に百十数カ所あり、狩猟のためにいのししなどを追い落としたと考えられている。

日本の食文化の根底に根づいた「米」の登場

水田稲作がもたらした社会と食生活の変化

短期間に農耕技術が向上した、米が主食となる創成期

稲作の起源は中国長江の中・下流説が近年では注目され、日本には縄文末期にあたる紀元前10世紀頃、九州北部に伝わったと考えられている。

初期の稲作には木製の鍬《くわ》やシャベルが用いられ、稲の収穫には石包丁《いしぼうちょう》で刈り取っていた。

また、稲作伝来当初の水田は、自然の低湿地に設けられたため、水田に用いる面積が限られ、水害の危険も多かった。

やがて紀元前後に鉄製の農具が普及したことにより、水路などの灌漑《かんがい》施設を造ることが可能となったことで水田の開発が進んだ。これにより、より安定した米の生産を行うことができるようになっていった（『日本の食文化史』）。

弥生時代の遺跡から出土した土器から、当時の米は粥や雑炊にして食べられたと考えられている。

しかし当時の米の収穫高は少なく、まだこの時代は米を主食にできたわけではなかった。ひえやあわ、大麦、小麦などの穀物、大豆、小豆などの豆類、瓜などの野菜類を栽培し、必要分を補っていたことに加え、縄文時代から引き続き、どんぐりなどの木の実が多く食べられていた。

水田稲作はその後、弥生時代を通して、約６００年という長い時間をかけて、九州北部から近畿地方、日本海側を北上して東北地方へ、さらに太平洋側を南下し、最後に関東地方に伝播していき、紀元前後には、本州のほぼ全体に稲作は行きわたった。

稲作を基本にした食料生産の安定と拡大は、やがてクニという集合体を生み、米を政治・経済の中心に据《す》えた古代国家が建設されることになる。

国内最大級
中西遺跡の水田跡

2019年、奈良県御所市の中西遺跡と周辺で、弥生時代前期（約2500～2400年前）の水田跡が見つかった。水田跡は延べ約4.3haにも上り、同時期の水田としては全国最大規模で、一帯の水田の広さは10ha以上だった可能性もあるとされる。稲作が日本に伝わって間もない頃に灌漑施設をともなった大規模な稲作が行われていたことを物語る。

（奈良県立橿原考古学研究所提供）

秋田県美郷町六郷石名館から出土した縄文時代後期～晩期（紀元前2000～400年）の石匙。（東京国立博物館蔵。ColBase。https://colbase.nich.go.jp/）

穂束ごと貯蔵した
高床式倉庫（復元）

米は倉庫や貯蔵穴に貯蔵し、必要な分だけを取り出し、脱穀した。画像は佐賀県吉野ヶ里歴史公園に再現された高床倉庫。高床倉庫の柱と床が接する部分にはねずみが倉に入らないようにねずみ返しの板がつけられている。当時は翌年用の種もみを収める倉庫などもあった。

古代社会で、なぜ肉食は忌避されたのか

奈良時代に出された初の「肉食禁止令」

肉食禁止令が出された背景には仏教よりも稲作の普及にあった!?

飛鳥時代の天武《てんむ》天皇4年(675)、日本で初めて「肉食禁止令」が制定された。従来は、6世紀に伝来した仏教の殺生を禁じる思想に基づいたものといわれてきたが、近年では別の理由も考えられている。禁止されたのは稲作を行う4月から9月までで、禁止の対象も「牛、馬、犬、猿、鶏」に限られ、当時の人々にとって重要なたんぱく源であった鹿や猪は変わらず食べることができた。こうした内容から、当時、重要な国家の税である米の収穫が滞ることがないよう肉食を断って祈願するという意味合いであったというもので、とくに貴族階級の狩りは民衆の農作業に害を与えたことから、私的な猟を重く罰する天皇の命令まで出されたほどだった。また、稲作との関連ではなく、当時続いた干ばつや飢餓に対するものだったという説もある(『肉食の社会史』)。

さらに、当時、農作業において牛馬は作業効率化には欠かせない存在だった。それらを食の対象とする概念を払拭させる意味合いも禁令の意図であったとされ、いずれの観点からも農業との様々な関係性が推測できる。このように、「肉食禁止令」というよりは、むしろ肉食が当時一般的だったということを示している内容といえる。

もちろん仏教との関連も背景にはあり、仏教思想の浸透が拍車をかけ、古代には肉食離れが進み、貴族などの上流階級では従来食べていた猪や鹿は鳥肉へと変わり、肉食に対する「穢《けがれ》」思想とも結びついてとらえられるようになっていった。ただし、米を食べられない人々にとっては、肉食をしなければ生きていけず、その後も狩猟による獣肉食は継続されていった。

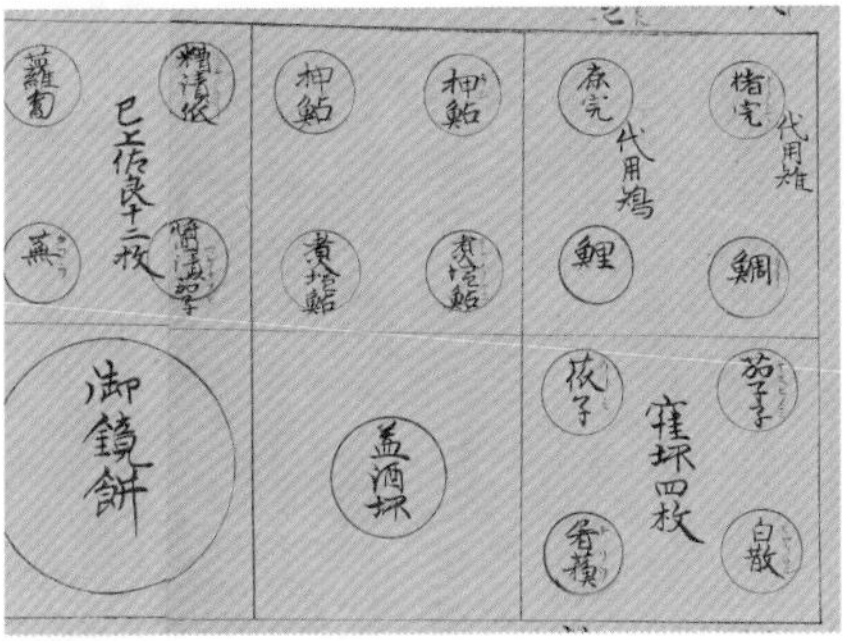

貴族の肉食は徐々に変化

宮中の正月の「歯固め」の行事の際の膳を表したもの。膳にのる品名が書かれ、「御鏡餅」「鯛」「鯉」「蕪」などの文字が見える。右上の「猪宍代用雉」「鹿宍代用鴇」と書かれた皿は、従来食べられていた猪や鹿肉に代わり、鳥の肉が使われるようになったことを示している。

（『類聚雑要抄』国立国会図書館蔵）

歴代天皇による「肉食禁止令」

天武天皇以降も、奈良時代の天皇はたびたび肉食を禁じてきた。天武天皇の孫にあたる元正《げんしょう》天皇も肉食禁断を奨励した。また、仏教に深く帰依《きえ》し、奈良の大仏造りを発願《ほつがん》した聖武《しょうむ》天皇は、737年（天平《てんぴょう》9）に禽獣《きんじゅう》を殺すことを禁じ、743年（同15）には正月14日から77日間、殺生と肉食を禁じる詔《みことのり》（天皇の命令）を発布。聖武天皇の娘である孝謙《こうけん》天皇も同様に殺生、肉食を禁じた。しかし、庶民の間まで仏教が浸透するのはまだ先のことで、これらは万人に理解されたわけではなかった。

禁止の対象とされなかった鹿の肉を意味する「鹿宍」と書かれた木簡《もっかん》。平城宮跡から出土。（出典：木簡庫。https://mokkanko.nabunken.go.jp/ja/6AAINC51000037）

コラム

肉食の代わりは牛乳!?

奈良時代にはすでに中国から牛乳や牛乳を煮詰めた「蘇《そ》」というチーズのような乳製品の製法が伝わっていた。官設の牧場もあり、貴族の間では肉食が禁じられた分の栄養を牛乳で補うことができた。

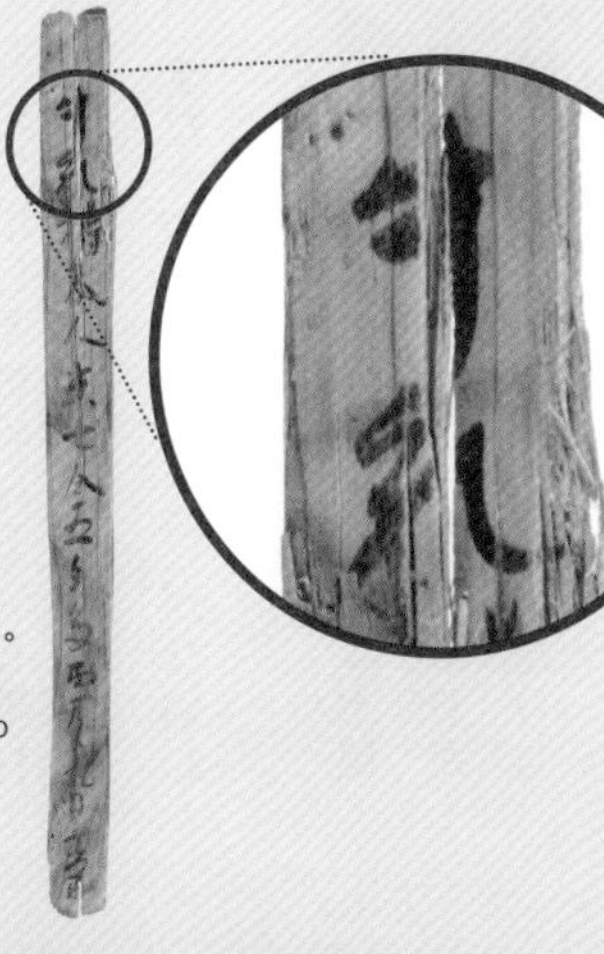

奈良時代の平城京から出土した、皇族・長《なが》屋王《やおう》邸に牛乳を運んだ人に対し、米を支給した際の伝票、木簡（「平城京322号木簡」）。上の2文字に「牛乳」と書かれている。（奈良文化財研究所蔵。ColBase。https://colbase.nich.go.jp/）

現代とは大きく異なる中国式の食べ方と作法

平安貴族と庶民の食事

平安貴族の宴の料理には、大陸文化の影響が色濃く見られる

古墳時代以降、朝鮮半島を経由して、やがて直接大陸から様々な文化が伝わった。

貴族や僧侶を中心に、このような大陸から伝来した食べ物や食文化が自然に模倣されるようになった。平安京に遷都して間もない9世紀初頭には、貴族たちの宴会では椅子とテーブルが使われ、この時代だけに見られる形式で宴会が行われた。宴会のなかでも規模が大きく豪華な「大饗《だいきょう》」という宴の際の料理の記録が当時の儀式や行事の調度を記した『類聚雑要抄《るいじゅうざつようしょう》』（1146頃）に残っている（左ページ参照）。

まず、膳の手前に箸と共に匙《さじ》が並ぶのが特徴的で、左側に「高盛り飯」とよばれた甑《こしき》で蒸した飯（強飯《こわいい》）が置かれ、四種器《よぐさもの》（醤《ひしお》、酒、酢、塩）が調味料として並んでいる。

「醤」とは豆から作られた味噌や醤油の原型のようなものと考えられる。味つけのない料理をこのような調味料につけて食べる食事スタイルだった。

大饗料理の特徴は、古代中国思想に基づき、膾《なます》（生《なま》物《もの》）、干物、菓子などの料理の種類ごとに6～8種の偶数で並んでいることで（のちの本膳料理では器の数が奇数になる）、魚や鳥は塩漬けや乾物にし、長期保存されたものも多かった。仏教思想の影響で獣肉を避ける傾向はあったが、まだ食卓にのぼることがないわけではなかった。

野菜の煮物や海藻類も多い。菓子類もあり、「木菓《きが》子《し》」とよばれた干した果物や、「唐菓子」とよばれた小麦粉や米などの粉を練って油で揚げたり焼いたりしたものが出され、これらも当時の中国の影響を受けていたことがわかる。

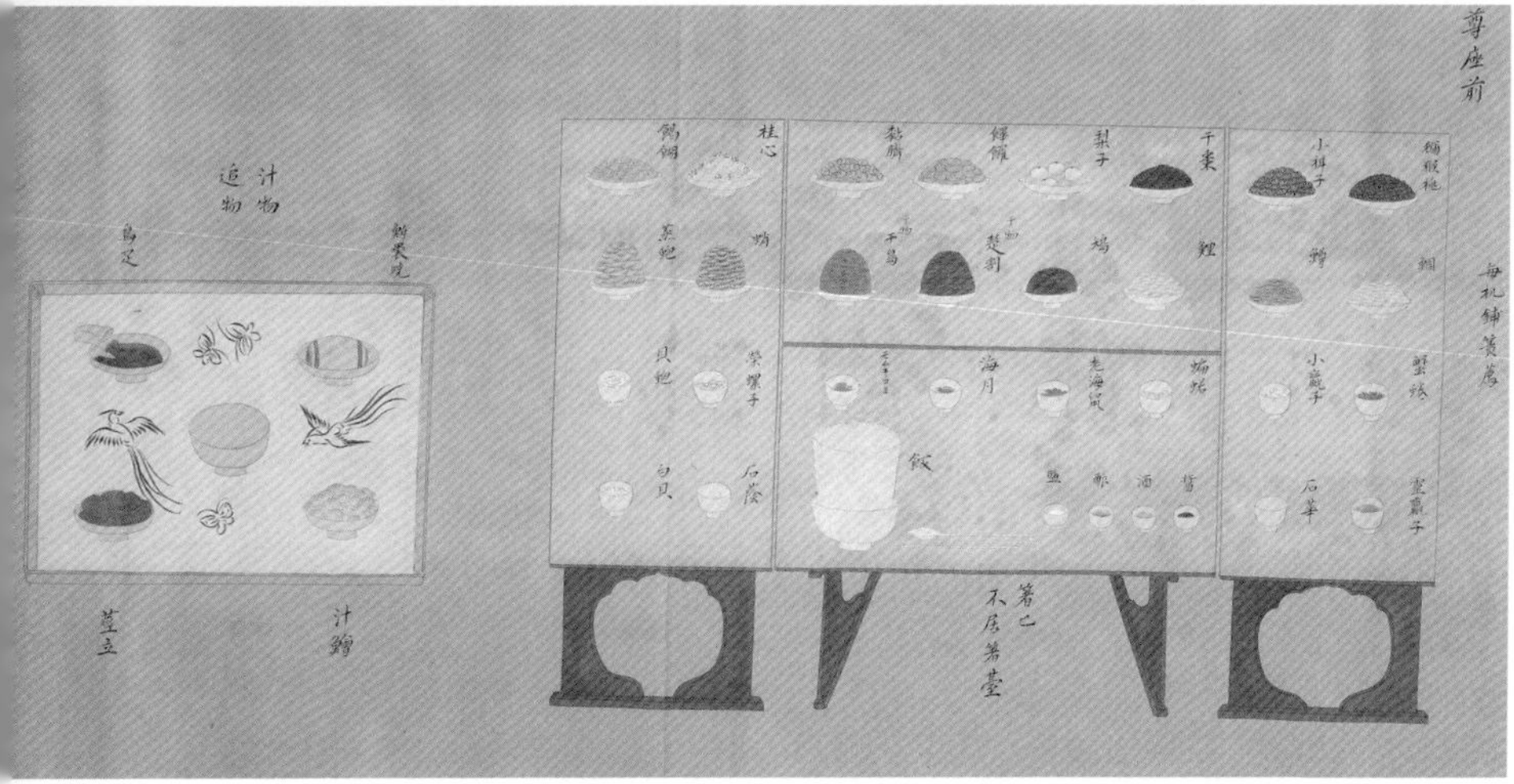

あわび、たこ、きじからデザートまで並ぶ「大饗料理」の膳

当時の料理は飯を中心に調味料をつけながら食べるスタイル。飯は白米でも蒸すだけの強飯で、硬かった。

（『類聚雑要抄』江戸時代の写本。東京国立博物館蔵。Colbase。https://colbase.nich.go.jp/）

（京都市平安京創生館提供）

「殿下の御膳」の内容説明図。（京都市平安京創生館提供）

貴族の食事を再現した「殿下の御膳」

饗応時の一例として再現したもの。魚介類が豊富だが、基本的に味つけされておらず、酢と塩をつけて食べる。

庶民の食事の再現

わらびと大根の煮物、鴨川で獲れた鮎をおかずとした一例。強飯は蒸した米やあわ、ひえなどで硬い。

（京都市平安京創生館提供）

庶民の食事は簡素ながら主食と菜や汁などで構成

全国から税として都に送られてくる食材が並ぶ上流貴族の食事に対して、庶民の食事はいたって素朴だった。とくに平安時代に入ると摂関《せっかん》政治の全盛を迎え、その差はより顕著となった。庶民の多くは稲作に従事していたが、彼らにとって米は税として納めるもので、一般には主食とはなっていなかった。

主食はあわやきびなどの雑穀類で、おかずは魚の干物や汁に煮物、漬物程度だった。また、地方の庶民にはまだ仏教信仰は広く普及しておらず、獣肉も食していた。ちなみに食事の回数は貴族が1日朝夕２食に対して、農作業など力仕事に従事する庶民は昼食もあわせ1日３～４食摂っていた（『日本食生活史』）。

匙の存在、箸の定着 意外なご飯の盛り方

先述したように、平安時代の貴族などの饗応の食事の作法で現代とは違う点のひとつに、箸と共に匙が使われていたことがあげられる。

とくに箸は、平城京跡から檜《ひのき》製のものが大量に出土しており、中国から匙と共に伝わったのち、7世紀末頃には一般的に使用されていたことがわかっている。なお、庶民は竹製や木製のものを使用し、貴族などは金属製を用いており、箸と匙をセットで使用したのは貴族階級特有のものだったという。しかし、匙はその後、貴族の食事でもあまり使用されなくなっていき、次第に箸だけになっていった。

なお、当時の箸には現代のような2本箸だけでなく、ピンセット型のものもあり、祭事用に使われていたと考えられている。また、天皇や上流貴族は「馬頭盤《ばとうばん》」とよばれる皿に足が付いた形の箸・匙置きを使い、神事に箸を供える際には「箸の台」や「御箸台」という箸置きのようなものが使われていた。

鼻がぶつかるほど高く盛りつけたご飯

当時は貴族も庶民も「高盛り飯」という、塔のようにこんもりとした盛りつけ方が一般的だった。盛りつけ方も丸かったり、棒状だったりと違いがあったが、いわゆるお代りのない、盛り切り飯だった。その様子がわかる平安後期の絵巻物がある。歯周病の男性が、歯が痛くてご飯が食べられない様子が描かれているが（下左）、箸が飯に刺さっている。飯の後ろに半分見えるのは調味料を入れた皿とみられ、ひとつしか見えないため、おそらく塩か酢と考えられている。

（『病草紙』京都国立博物館蔵）

食事の用意をする男性がご飯を高く盛りつけている様子（『綱絵巻』より。東京国立博物館蔵。Colbase。https://colbase.nich.go.jp/）

奈良時代には使われていた箸の存在

もともと日本人は手で物を食べると3世紀頃の日本について書かれた『魏志』倭人伝に記録されているが、箸と匙が中国から伝来し、食事スタイルが変化した。

ピンセット型の箸。神事に使われた箸と考えられる。
（『大嘗会悠紀主基神饌調進物図』国立国会図書館蔵）

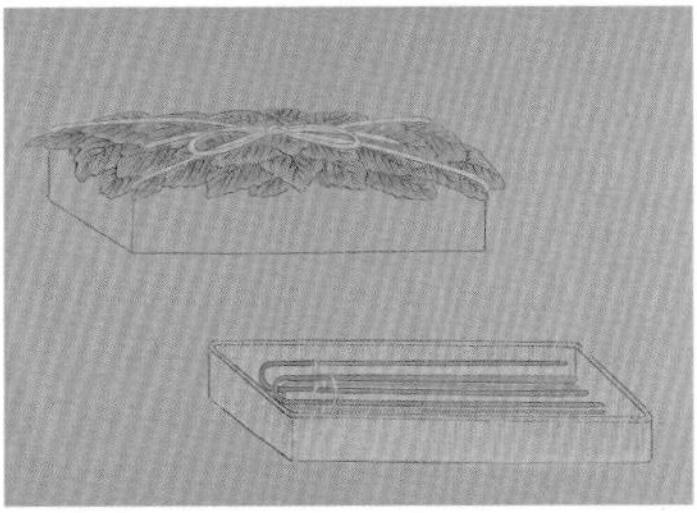

箸置きのようなものに箸が置かれている。
（『葵御祭供進之神饌諸品色目書』国立国会図書館蔵）

律令国家のもとで米が主要な税になった

税として全国から集まった各地の多彩な産物

平城京・平安京の市では、様々な食材が取り引きされていた

701年（大宝《たいほう》元）、古代日本における国家統治の基本法典「大宝律令《りつりょう》」が成立し、庶民に対する税として、租《そ》・庸《よう》・調《ちょう》などが課せられたが、税として納められた物には食べ物が多く含まれていた。

租は収穫した稲を税とするもので、明治時代になるまで続いた米を主要な税として納める形式の幕開けとなった。庸は労役の代わりに絹や布を納め、調は絹や布、塩、わかめなどの特産品を納める税だった。

各地からこのような品を納める際には荷札として木《もっ》簡《かん》が使われた。紙が貴重だった当時、木簡は文字を記録し、用が済んだら表面を削って再利用できたことから、平安時代中頃まで役所の公文書でも使用された。そうした木簡に書かれた記録から、あわび、鯛、うに、油なども納められていることがわかっており、とくにあわびは宮中祭祀や伊勢神宮への神饌《しんせん》として、重要視されていた。

710年（和銅《わどう》3）に遷都した平城京には、10万～15万人が暮らしていたといわれる。そのうち貴族や官人が約1万人で、残りは彼らの家族と庶民だった。都の南側に設けられた官営の東西2カ所の市《いち》には、糸や布、太刀《たち》などの生活品や米、小麦、野菜類、調味料などの食品が並んだ。これらは各地から運ばれたものに加え、貴族や官人が給与として支給された物資も売りに出されていた。その後の平安京にも同様に東西の市が置かれた。

平城京跡から出土した木簡に見る主な貢納品（食関係）

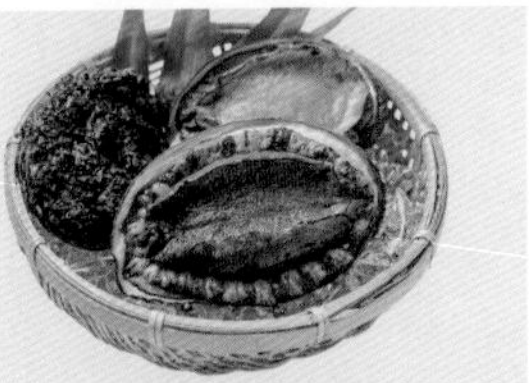

- **東北地方**：干物
- **関東地方**：あわび、鮎、ふな、黒鯛、わかめ、しか、いのしし、油など
- **中部地方**：鰹、鮎、鯛、すずき、鮭、干物、しか、きじ、米、わかめ、くるみ、大豆、くり、油など
- **近畿地方**：あわび、鮎、あじ、黒鯛、鯛、いか、わかめ、米、酒、塩、小麦、油、醤、大豆など
- **中国地方**：あわび、いわし、鮭、いか、鯛、すずき、鮎、いりこ、さざえ、たこ、干物、わかめ、のり、米、赤米、塩、醤、ごま油など
- **四国地方**：あわび、鯛、鯖、たこ、あじ、つぶ貝、鰹、うに、わかめ、瓜、しか、米、塩、小豆など
- **九州地方**：あわび、鮎、鯛、干物、わかめ、米、醤など

（『日本食の文化』掲載図をもとに作成）

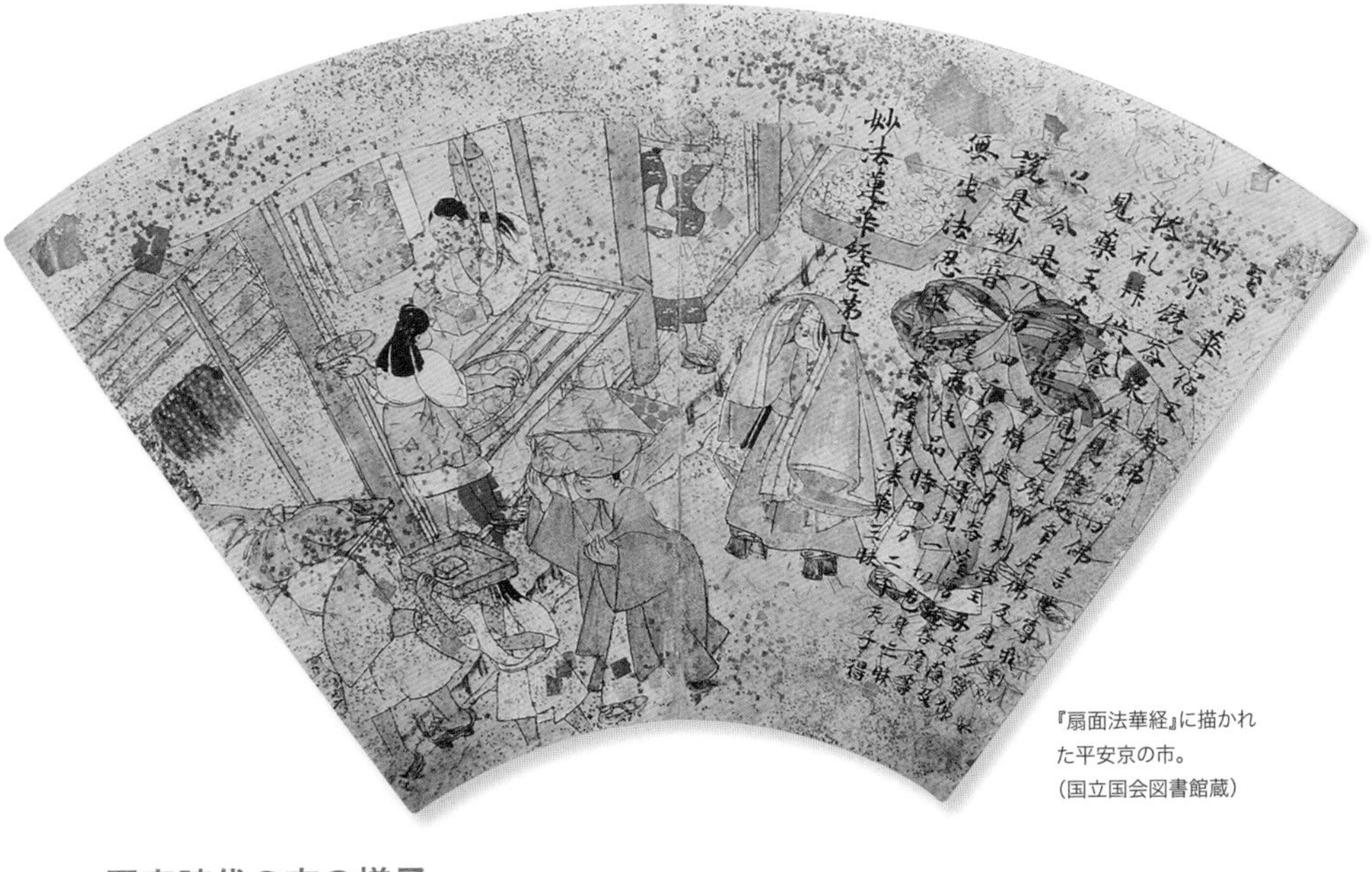

『扇面法華経』に描かれた平安京の市。
（国立国会図書館蔵）

平安時代の市の様子

扇の形をした面に法華経が書かれた装飾経のひとつで、貴族や庶民の暮らしぶりが描かれている。魚がぶら下げられた店先では女性が働いている様子がわかる。

中世の食文化
（鎌倉・室町・戦国時代）

中国文化の模倣から食そのものへの見直しが進み、現在に通じる日本料理の基礎が形成

鎌倉時代以降の「武士の時代」、武士も社会や文化を牽引していく存在となる。貴族が培ってきた文化を武家社会に合う形にアレンジし、武士たちは食文化の中心をも担う存在となっていく。

職業としての料理人や料理流派が誕生、調理法も発達した時代

古代には宮中で料理を担当する者の地位は高くなかったが、平安《へいあん》時代末頃から身分の高い貴族が自ら包丁を使い接待する「庖丁人」が登場し、料理を職業とするようになり、公家や武家ごとに料理流派が生まれる。現在も日本料理店で、厨房をまとめる役職を「板長」「花板」とよぶのはこうした価値観からきている。また、鉄鍋やすりこぎなど新たな器具も生まれ、煮物、和え物など、調理方法も多彩になっていく。

室町時代、現代の食事形式につながる本膳料理が成立

室町時代後半、古代の大饗《だいきょう》料理をモデルに、武家社会では本膳料理とよばれる、相手の身分によって差をつけ一人に複数の膳を並べる饗宴《きょうおう》スタイルが成立する。これが、時代と共に変化しながら広く一般にも浸透していき、現代まで継承される日本料理のいわば土台となっていく。

「食事を作ること」、「食事作法」を大事にする新たな価値観の登場

入港した南蛮船と荷揚げをする人々が描かれている。南蛮貿易では、西洋の食文化がもたらされた。
(『南蛮人渡来図屏風(左隻)』より。皇居三の丸尚蔵館蔵。Colbase。https://colbase.nich.go.jp/)

今も食事の挨拶として当たり前に使われている「いただきます」「ごちそうさま」という言葉。作ってくれた人や食材への感謝の気持ちは、中世に広まった禅宗の食事、精進《しょうじん》料理に通じている。曹洞宗《そうとうしゅう》の開祖道元《どうげん》は、雑役とされていた食事を作ることがいかに大事かを説き、食器の扱い方、どう食べるかなどについても記した。やがて精進料理や本膳料理を骨子として、季節感や味などを重視した懐石《かいせき》料理が誕生する。

南蛮貿易により ヨーロッパから未知の料理と 料理法が伝来する

世界が大航海時代を迎えた15～16世紀、日本でもポルトガルをはじめとする西欧との交流が盛んになった。その結果、それまでの食文化になかった甘味・辛味、多彩な異国の食材、食品、調理法も伝来し、その後の日本の食文化に影響を与えていくことになる。

中世の
食事の様子。
(『春日権現験記 第13軸』国立国会図書館蔵)

各地に都市的な場が生まれ、発展をとげる中世の流通事情

新たな流通ルート、市・問・座の成立

地方と都が、商業活動でつながる

中世に入ると、武士の台頭により、京だけでなく、鎌倉をはじめ地方でも活発な交易・流通が展開され、その結節点として都市的な場が各地に形成されていった。また、このような場所では、養蚕、製塩、製油などの生産活動も行われていた。海に囲まれ、山と河川が多い日本列島の特性上、船による水上交通が中心となり、のちに「三津七湊《さんしんしちそう》」とよばれるような港湾都市も各地に形成された。そのうちのひとつ、津軽地方の十三湊《とさみなと》を根拠とする安東《あんどう》氏は、昆布や鮭などを扱うアイヌとの北方交易で富を得たことで知られる。

都市では、交通の要衝や寺社の門前で市《いち》が開かれるようになり、魚・米・塩などの市ができた、月3回開かれる定期市「三斎《さんさい》市」などで、食材だけでなく、衣類・農具・武器などが買い求められた。

このように都市に人が集まり消費者が増えたことで、各地の生産物を流通させるための新たな仕組みも生まれた。商品の輸送・管理・中継取り引きを行う「問《とい》（問丸）」、馬や車で運搬する「馬借《ばしゃく》」「車借」などである。また職人や商人の特権的同業者団体である「座《ざ》」が結成され、朝廷や貴族、寺社に座役《ざやく》を支払い、販売権の独占などの商業上の特権や課税免除を得た。座のなかには京都北野神社の酒麹《さけこうじ》座、奈良興福寺《こうふくじ》の塩座、蛤《はまぐり》座、煎雑魚《いりざこ》座などがあった。

こうした商業活動は規制を受けながらも拡大し、やがて室町時代後半になると社会秩序の混乱から座に属さない商人も現れる。織田信長による「楽市《らくいち》・楽座《らくざ》」に代表されるように、戦国大名たちは自国の商品流通発展のため、自由な商業取り引きを推進して彼らを保護したため、商業がいっそう発展した。

（『一遍聖繪』国立国会図書館蔵）

鎌倉時代の市の様子

時宗《じしゅう》の開祖一遍《いっぺん》の旅の様子を記録した絵巻に描かれた、当時の市の様子。場所は現在の岡山県内。履き物を扱う者、布を売る店先には客の対応をする女性、升《ます》のようなものを手に米を売る男性、右上には魚をさばく者、奥には雉だろうか鳥が吊り下げられている。

都市部では常設の店も生まれた

市以外にも京都や奈良、鎌倉などでは、常設の商店として「見世棚《みせだな》」が誕生した。絵は京都の四条で、軒下に草履が下がっている店では、奥にも品が並べられている。

（『一遍聖繪』国立国会図書館蔵）

中世の十大港湾とされる三津七湊

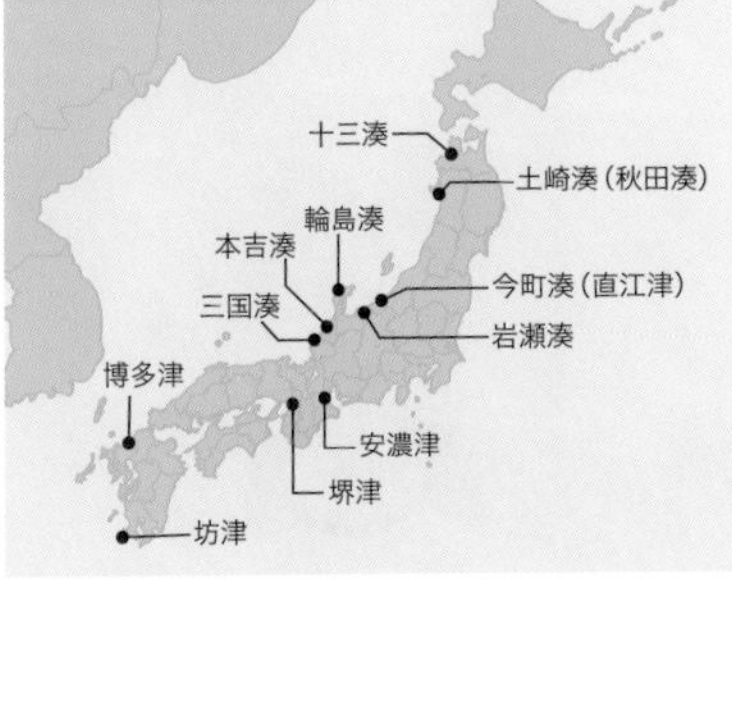

日本最古の海商法規といわれる『廻船式目《かいせんしきもく》』（16世紀頃）に掲載された、中世の十大港湾とされた三津七湊。なお、近世の史料には、堺津のかわりに坊津が三津のひとつとされているものもある。

鎌倉時代に広がった、「食」そのものへの意識の変化

精進料理の成立と普及

禅宗の普及によって調理法や食べ方に変化が生まれた

仏教の影響から平安時代の寺院では肉や魚を食べない「精進物《しょうじんもの》」が提供されていたが、鎌倉時代に留学僧らによって南宋から禅宗が伝わると、精進料理として発展するとともに、食事形式も多大な影響を受けた。

なかでも曹洞宗の開祖として知られる道元（1200〜53）の果たした功績は大きい。禅宗では食材の栽培、調理、食事を修行の一環として位置づけており、道元は中国での修行中に、当時はまだ日本の寺では軽視されていた、寺の食事係である「典座《てんぞ》」の仕事がいかに大切かを学び、食事を作る姿勢を『典座教訓』（1237）という書にまとめた。

また、どのように食べるのかについても『赴粥飯法《ふしゅくはんぽう》』（1246）に記した。朝昼の食事とそれにともなう儀礼について書かれており、「法食一等（仏法と食は一体）」という考え方のもと、食器の扱い方、給仕、食べ方などの心得を説いている。

こうして、平安時代の大饗料理に見られた生物《なまもの》や干物を、各自が塩や酢などの調味料をつけながら食べるといったそれまでの中国スタイルから、味つけされた野菜類や、肉に見立てた豆腐料理など、より日本人の嗜好に合うよう工夫して出されるようになった。それとともに、魚介類にくらべて野菜類を粗末なおかずとする価値観も変化し、野菜類を中心とした食事形式が整えられることになった。

こうした精進料理の形式は、室町時代にかけて、禅寺から武士、さらに庶民の食事にも取り入れられるようになっていく。

喫茶文化に影響を与えた栄西

日本に禅宗を伝えたもうひとりの代表者である栄西《えいさい》（臨済宗《りんざいしゅう》の開祖。1141〜1215）は、日本最初の茶書『喫茶養生記《きっさようじょうき》』を著すなど、喫茶文化の発展に功績をもたらした。茶は古代には貴族の一部では受け入れられていたが、中国との交流が限られたことなどから、広がりをみせなかったが、栄西がもちこんだ緑茶は日本人の嗜好に合ったため、寺院を中心に茶が栽培されるようになり、鎌倉時代後半には、武士や庶民へも喫茶文化が普及していくことになった。画像は茶葉を挽いている様子。（『酒飯論』国立国会図書館蔵）

味つけされた料理が並ぶ『庭訓往来』に記録された精進料理の例

室町時代前期頃に成立した模範文例集『庭訓往来《ていきんおうらい》』に記された精進料理の一例。穀物の粉を使った点心が特徴的。また、麩や豆腐、油で調理する料理など、様々な食材や調理法が用いられていたことがうかがえる。

点心	水繊《すいせん》（葛粉と砂糖で作った水仙の花に似せた菓子）、うどん、饅頭、素麺、巻餅（餅菓子）など
菓子	ゆず、みかん、橘、まくわうり、煎餅、興米《おこし》など
汁	豆腐汁、とろろ汁、わさびの寒汁など
菜	煮しめごぼう、荒布煮、酢漬みょうが、なすの酢菜、納豆、酒煎松茸、指酢わかめなど

本膳による精進料理を食べている僧たち。左手前には瓜のようなものが冷やされている。
（『酒飯論』国立国会図書館蔵）

すり鉢、すりこぎ、鉄鍋の普及により、味噌汁、和え物など料理の幅が広がる

新たな調理器具の登場

調理法のさらなる発展が料理職人の登場を促す

大饗料理に見られるような生物《なまもの》・干物中心であった古代の献立は冷めた料理が多かったのに対し、中世には、煮物や茹で物といった温かい料理が増えていった。その要因のひとつには、新たに生まれた鉄鍋の普及があった。さらに精進料理の影響も加わり、味つけされた食材を鉄鍋で加熱調理した料理が世の中に広まっていった。日本は水資源に恵まれていたことも煮物が普及した要因といわれている。また、進料理で使われるすり鉢、すりこぎなどの道具が普及したことで、ごま和え、くるみ和えなどの和え物、ごま豆腐などの寄せ物も作られるようになり、同様に、味噌もそのままなめるものから、ペースト状にして調味料として使われるようになったことで、味噌汁が作られるようになる。

さらには禅宗と共に伝わった回転式の石臼《いしうす》により、それまでの搗臼《つきうす》よりも格段に粉末化が容易になり、小麦やそばの製粉を使用した麺類やまんじゅう類、大豆から作った豆腐や湯葉も普及していった。

このように調理法が発展したことで、料理技術を身につけた料理職人が登場する。42ページで解説したように、平安時代末期から貴族を中心に、調理のうち、包丁さばきを重要視する価値観が生まれ、室町時代には、そうした作法を秘伝として伝える複数の料理流派を生んだ。こうした料理職人が生まれたのも、調理法が発達したことで人々が味への関心を深めたことも関係している。なお、平安時代にも包丁という言葉はあったが、道具ではなく料理人(庖丁人)をさしており、当時の人々が身につけていた腰刀(短刀)を調理に使っていたようだ。現在のように調理用刃物として独立するのは、江戸時代に入ってからといわれている。

公家・武家ごとに登場した料理流派

室町時代には朝廷や公家中心に広がった四條《しじょう》流、武家の料理流派である大草《おおくさ》流、進士《しんし》流、生間《いかま》流などが誕生した。こうした流派内では包丁の作法や飲食作法が秘伝として伝えられ、また、四條流の料理書にあたる『四條流庖丁書』では、この頃登場したとされる刺身についての記述もあり、鯉にはわさび酢、鯛には生姜《しょうが》酢、すずきには蓼《たで》酢と紹介しており、食べ方も多彩になっていたことがうかがえる。

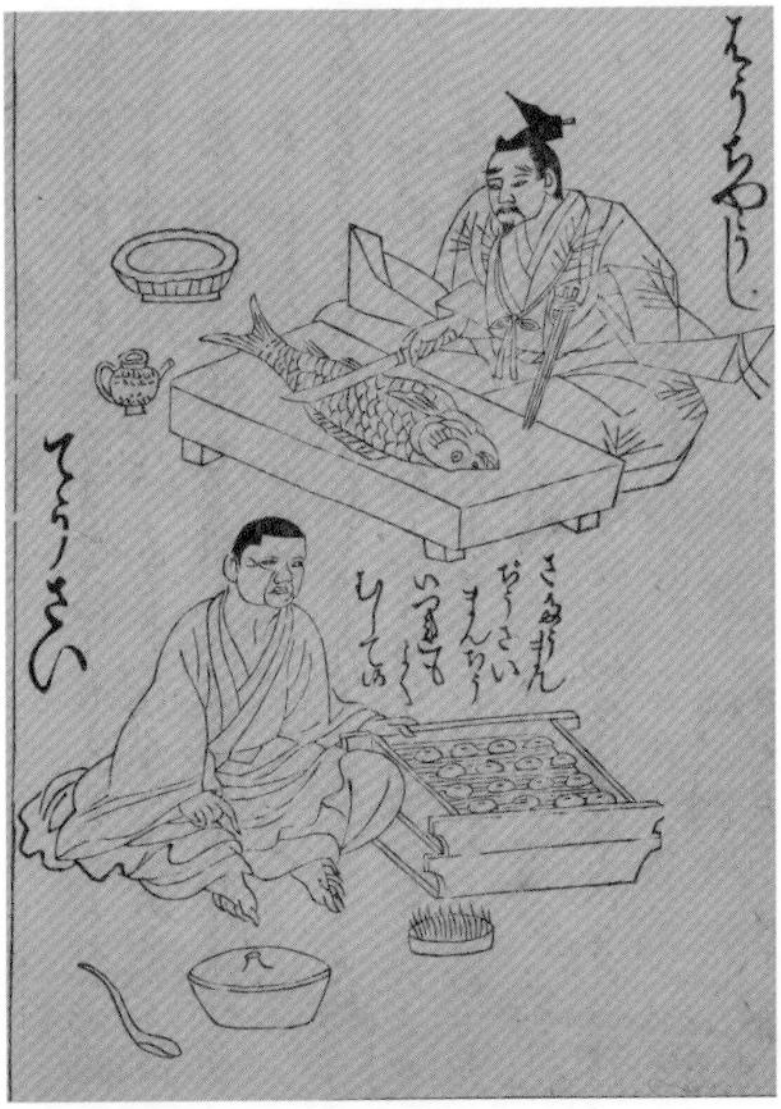

右上に庖丁人、左下には精進料理をつくる調菜人が描かれている。（『職人尽歌合３巻』国立国会図書館蔵）

庖丁儀式は現在にも受け継がれ、神社への奉納などの際に見ることができる。（日本庖丁道清和四條流提供）

包丁で魚や鳥の肉を扱う者、鉄鍋で調理する様子

中世の食事を用意する風景。鉄鍋で煮炊きする様子がわかる。

（『酒飯論』国立国会図書館蔵）

「日本料理」の原型となった饗応スタイル

武家社会で誕生した本膳料理

相手によって膳の数に差をつけ、7つの膳に30以上の料理も

中世社会の主役ともいえる武士の食文化の多くは、それまでの貴族文化の影響を受けて発展した。鎌倉時代初期の武士の食事は身分にかかわらず質素であったが、武士政権が安定した室町時代になると、平安貴族の大饗料理をモデルにして精進料理の調理技術を用いた、本膳料理とよばれる武家の饗宴料理形式が誕生した。将軍が主従関係を確認するために大名など臣下の邸宅を訪れる御成《おなり》の儀礼にも見られ、もてなす家臣側は主従関係の深さを料理の豪華さや膳の数で示した。

その内容は、数種の料理が載った「本膳」とよばれる数種類の膳を中心に「酒礼《しゅれい》(式三献《しきさんこん》とよばれ、酒一献ごとに肴が供された)・饗膳(本膳)・酒宴」の三部構成とされた。室町時代の武家の儀式や作法などを記した『宗五大草紙《そうごおおぞうし》』(1528)には、「公方様《くぼう》」つまり将軍のもてなしには7つの膳、将軍のお供には3つの膳が出されたと記されている。身分によっても膳の数に差をつけており、実際に、1561年(永禄《えいろく》4)に、室町幕府13代将軍の足利義輝《よしてる》が三好義長邸への御成の際には、7つの膳が供されたという記録も残る。それぞれの膳に3~8品の料理がのっており、すべての品数としては30種以上あった(『三好筑前守義長朝臣亭江御成之記』)。

このような本膳料理の形式は一般にも広がっていき江戸時代にも引き継がれた。しかし、あくまで豪華さを楽しむためのもので料理が冷めていたり、儀式的要素が重視されていたため、次第に簡素化・形骸化していき、婚礼の儀礼食などとして地方にも伝播していく中で、本膳のみか2~3膳が続く形が定着していった。

信長が家康をもてなした本膳料理（再現）

1582年（天正《てんしょう》10）、安土《あづち》城で織田信長が同盟相手の徳川家康をもてなしたときの料理を再現したもの。鶴や雉《きじ》、わたりがになど贅を尽くした料理を用意した。準備を担当した明智光秀が不手際を叱責されたことが、本能寺の変の一因となったともいわれる。

（御食国若狭おばま食文化館提供。奥村彪生監修「日本の正月食の象徴『雑煮』〈常設展示〉」より）

徳川家康（東京大学史料編纂所蔵。模本）

織田信長（東京国立博物館蔵。模本。ColBase。https://colbase.nich.go.jp/）

本膳料理の特徴

成立	料理を出すタイミング	酒の提供	品数	位置づけ
室町時代	すべての膳を一度に供する	本膳料理の前の「式三献」と、料理のあとの酒宴で酒を酌み交わす	もてなす相手の身分などにより異なり、複数の膳で提供。多い場合は7つの膳で、品数は30品以上だった	武家のもてなし料理で、三部構成のなかの食事部分として提供した

珍重された食材をふんだんに使った本膳料理のメインであった各種の汁物

本膳料理を彩る複数の膳には、厳選された食材がのせられた。室町時代の公家や武家社会では魚や鳥の肉が上品な食べ物という風習があったが、15世紀前半に書かれた室町時代の有職書《ゆうそくしょ》（古代の先例に基づいて儀式や習慣などの規範を記した書物）である『海人藻《あまのも》芥《くず》』によると、宮中で供される鳥肉は、大鳥が白鳥、雁、雉、鴨、小鳥は鶉《うずら》、鶴、雀、鴫《しぎ》に限定されていた。また、永正《えいしょう》期（1504～21）には鳥よりも魚が上位とされていたという記録もある（『日本食の文化』）。

15世紀後半に来日し、秀吉や家康との通訳を務めたポルトガル人のイエズス会司祭ジョアン・ロドリゲスは30年以上滞在した経験から日本に関する広範な記録をまとめた著書の中で、当時の本膳料理について記している。最も荘重な七膳の宴会では、32種類の料理とメインディッシュとして8種の汁が供され、具材に魚介や鳥肉が使われた。また鳥肉では、鶴、白鳥、矢鴨

本膳料理の皿の配置

客側、つまり食べる側から見た料理の膳が描かれた、江戸時代の料理書。

本膳と二の膳の奥には、畳の上に魚の焼き物、蓋つきの平皿、坪皿、茶碗。

本膳

手前左側に飯を、右側に汁を置く、現代も同じ配置。汁は味噌仕立て。奥には酢で調味した鱠《なます》と香の物。

二の膳

手前はすまし汁で、奥には刺身。刺身の皿の上の猪口は、刺身につけて食べるための調味料の煎り酒。

（『素人庖丁』東北大学附属図書館蔵）

の順で高級だとされていたと記している。
なお、豊臣秀吉が臣下の前田利家邸を訪れた際には、秀吉より膳の数は少ないながらも、数百人のお供にも高級とされた鶴や白鳥の料理が振る舞われたという。

朝鮮通信使をもてなした本膳料理（再現）

写真は、朝鮮通信使とよばれた親善使節のもてなしとして、1682年（天和《てんな》2）に福岡藩が用意した料理を、「黒田家文書」をもとに再現したもの。徐々に形骸化していったとはいえ、江戸時代でも大切な客のもてなしとして用意されたのは本膳料理だった。

献立

- **本膳**
  金三度 鱠／鯛かハ引、いか、さより、防風、くり、せうか、青酢、きんかん
  糸目 煮物／せんといりこ、玉子そほろ、もやし
  金小角 小鯛
  鉢子 煮鳥／きし、わり山升
  金小茶碗 瓜もみ／くるみ、けし
  汁 鳥
  食 ごはん
- **二膳**
  金わりこ 湯引鯛／葛たまり、くるみ、せうか
  小茶碗 浸物／くらけ、のし、浜まつ
  輪亀足 貝盛／あはひ、たい、うす
  汁 鱸
- **三膳**
  金足付地紙花かい敷 さしミ／鯉、鱸、さき蛯
  猪口 いり酒
  汁 あられたい、しゅんさい、はりくり、はりせうか、めうか、花かつを
- **引而**
  杉重 切かまほこ
  焼鳥・うつら
  大鉢子 大煮物／はんへん、うち貝、ひほし鮎、包たまこ、竹ノ子、わらひ
  甲大皿 くじいと／赤えい、たこ、夕かほ、ところてん、辛子酢かけて
  皿 切漬鮓
  小皿 香物
- **肴**
  重箱 うなぎかはやき／青くし
  重箱 酒麩
  大皿 博多素麺
  小皿 すりたで、すりからし
  大皿 水貝／漬山もも、そきかつを
  わん 吸物／かきたい、小えび、岩たけ
- **菓子**
  うゐかん、みとり、小ささいこくし、うつら餅、巻せんへい、砂糖かや、切のし

菓子

引而

肴

三膳

本膳

二膳

（新宮町教育委員会提供）

本膳料理や精進料理から発展した「日本料理」の誕生

茶の湯と懐石料理

おいしさや季節感といった料理そのものを楽しむ“もてなし”の精神

前項で見た本膳料理の形骸化の中で、見た目よりも料理そのものを楽しみたいという意識から16世紀末頃に懐石料理が登場する。その背景には、茶人千利休《せんのりきゅう》によって完成をみた茶の湯との関係が欠かせない。鎌倉時代に禅宗と共に禅僧たちに広まった抹茶をたしなむ喫茶の習慣は、南北朝時代にかけて武士や庶民にも浸透していった。一方で大名などの上流階級では「闘茶《とうちゃ》」という飲み比べゲームと宴会をセットにした茶会が流行するが、次第に茶会やそこで出される料理にも豪華さではなく、内面的な美を重視する風潮が生まれ、懐石料理へと発展することになる。

懐石料理では前半に食事、後半にお茶が供された（のちに、最後に酒を伴う宴会というスタイルも行われるようになる）。当初は本膳料理の形式だったが、簡素の中に“侘《わ》び”とよばれた静寂な趣を見出した千利休は、一汁一～三菜の献立を理想とし、出来立ての温かい料理が順番に出されるようになった。さらには出会いは一生に一度とする一期一会の思想から、茶会を催す側の「もてなし」を重視し、四季の旬の食材、余白の美を意識した盛り付けと器との組み合わせ、部屋の調度など、料理を食べる空間も意識されるようになる。

このようにできあがった懐石料理は、精進料理の思想と本膳料理のスタイルを融合し発展させた、現代まで続く日本料理の精神が確立されたものであった。

ちなみに「懐石」という語が充てられるようになるのは江戸時代で、もともと禅宗寺院で僧侶が空腹をしのぐために懐の中に「温石《おんじゃく》」を抱いて温めたことから生まれた、質素な食事を意味する言葉で、当時は「数寄《すき》がかり」「会席」などとよばれていた。

茶事や茶会の席で出された懐石料理

〝侘び〟の思想の影響を受け、料理だけでなく器にも季節感を取り入れた茶の湯の料理として、普及した。

(画像元：京懐石柿傳、京の食文化ミュージアム・あじわい館提供)

懐石料理の特徴

成立	料理を出すタイミング	酒の提供	品数	位置づけ
安土桃山時代	最初に飯、汁、向付が提供され、向付を食べ終わったら、順次、料理が供される	食事中にも酒を勧められる。3献までにとどめられることが多い	膳はひとつで、向付を食べ終えたあとの皿に、新たに供された料理を取る	茶会のもてなし料理。利休は2畳まで狭くした茶室で客をもてなした

次々に料理が供された懐石料理の流れ例

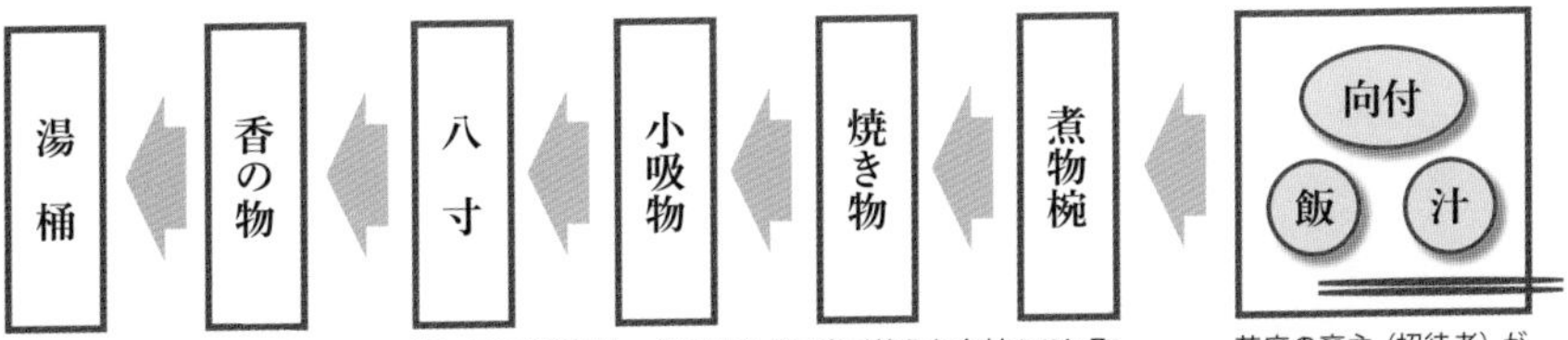

茶席の亭主（招待者）が銚子と盃を持ってきて酌をする。

順に料理が運ばれ、焼き物などは食べ終えた向付の皿に取る。飯と汁、酒も十分に出される。

香の物を向付の皿に取り、飯に湯をかけて食べる。

南蛮文化の渡来

甘みと辛みをもたらした新たな食材と調理法

コンペイトウやカステラなど今も親しまれる南蛮菓子

16世紀中頃に種子島に漂着したポルトガル人によって鉄砲がもたらされて以降、江戸時代に入りポルトガル人の来航などを禁止したいわゆる「鎖国令」が出されるまでの約100年は、ポルトガルやスペインと行った南蛮貿易によって、キリスト教と共に様々な食材や食文化がもたらされた。

そのひとつが、輸入された砂糖と共に伝わったコンペイトウやアルヘイトウといった南蛮菓子で、どれもそれまでは一般的でなかった砂糖が大量に使われたことが特徴だった。

なかでもオーブンを使う焼き菓子のカステラは南蛮菓子のなかでもとくに人気を博した。

古くから鶏が神聖視されていたことにより、それまでは食材として一般的ではなかった鶏卵が使用されただけでなく、料理書でオーブン料理の焼き方も広まっていき、江戸時代以降、贈答用としてもてはやされた。さらにはフィリョーズ(のちに飛竜頭《ひりょうず》とよばれた)とよばれた甘い揚げ菓子なども伝わった。このような南蛮菓子は、菓子そのものだけではなく、新しい料理法をもたらし、食の習慣にも影響を与えた。

また、この時期にさつまいもやにんじんなどと共に南蛮貿易で日本に伝わったのが、唐辛子だった。それまで香辛料として使用されてきたしょうが、わさび、山椒《さんしょう》などにくらべて少量でも辛みが強く、むしろ薬味や魚肉の臭みを消す新たな食材として、江戸時代を通じて少しずつ浸透していった。しかし、日本の食文化に刺激的な辛さはあまり求められず、唐辛子にほかの食材を加えた七味唐辛子など、辛みを和らげて使用する工夫がなされた。

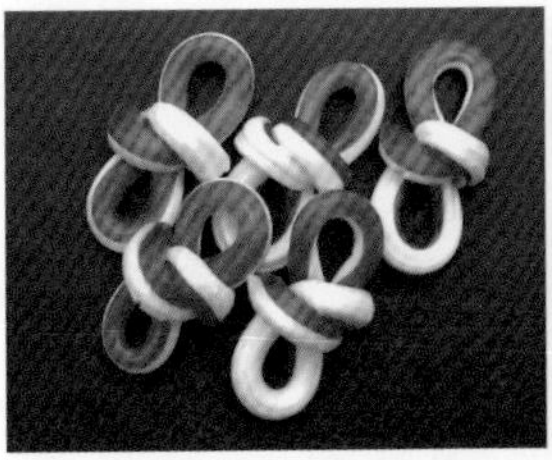

細工物のあめ菓子
アルヘイトウ

現在、日本で作られているアルヘイトウ。

（甘春堂提供）

卵黄と蜂蜜で作る鶏卵素麺

鶏卵を食べる習慣があまりなかった中で伝わったお菓子。長崎から福岡博多に伝わり、福岡藩黒田家の御用菓子となった。画像は、現在も博多を中心に作られているなかのひとつで、しっとりとした口当たりと黄身の滋味が感じられる。

（石村萬盛堂提供）

南蛮菓子の代表格・カステラ

小麦粉、卵、砂糖などを主材料としたスポンジケーキのカステラは、現代も親しまれている。カステラの名の由来はかつてイベリア半島にあったカスティリャ王国で、この地方のパンや菓子が原型とされる。画像は現代のカステラ。

（「かすていら」平戸蔦屋提供）

日本に到着した南蛮人たち

到着した南蛮船から様々な荷物が運び出され、南蛮人が町を闊歩する様子が描かれている。

大航海時代、ヨーロッパの国々のなかでもポルトガルはいち早くアジアに進出し、日本にも食や文化をもたらした。
（『唐船・南蛮船図屏風』より。九州国立博物館蔵。Colbase。https://colbase.nich.go.jp/）

江戸時代の食文化

現在に受け継がれる和食文化の基礎となった
伝統料理と調理法が出揃う

太平の世が260余年続いた江戸時代。社会の安定とともに流通・生産が拡大し、裕福な商人や町人が増え、彼らが新たな食文化の担い手として台頭していく。

調理をする女性たち。（『台所美人』東京国立館蔵。Colbase。https://colbase.nich.go.jp/）

海外との接点が限られた一方、現代につながる料理法・食事形式などが完成する

江戸時代になると、キリスト教の禁教などの理由により、それまで盛んであった海外交易や貿易が幕府によって制限されることになる。

しかし、新たな食文化を取り入れる機会が少なくなった一方で、前時代までの食文化を体系化し、現代につながる和食文化の骨格が定まった時代でもあった。

人口増加に対応するための生産力の向上を可能にした農具の発達と品種改良

江戸時代に入って鎌や鍬《くわ》、小規模な耕起用の犂《すき》などの農具が発達した。また全国で大規模な治水・灌漑《かんがい》工事が行われて用水の体系が整備さ

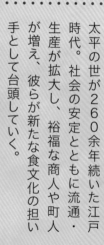

日本橋から富士山と江戸城を望む。水路や河岸が整備され、あらゆる食材が市中に運ばれた。（『富嶽三十六景』国立国会図書館蔵）

れ、新田開発による耕地面積の拡大にともない、農産物の生産力が向上、全国的な人口増加に対応できる大量生産が可能となった。さらには米や麦、野菜類の品種改良の技術も進み、練馬《ねりま》大根などの各地域の風土に適した特徴的な農産物も開発されていくようになる。

流通網が整備され各地の名産品・加工品が都市部に集結

五街道などの陸路の整備も行われたが、より大量の商品を運ぶため、海や河川を利用した水路の開発により江戸・大坂を中心とする全国規模の海上交通網が整備された。運ばれるものには農産物、海産物だけでなく、醤油や味噌などの加工品・調味料もあった。それまで生産地周辺の狭い範囲だけで使われていた生産物が、販路が広がったことにより、全国へ流通する商品として作られるようになっていった。

料理法、健康からガイドブックまで、食に関する様々な出版物が刊行

印刷技術が進み、江戸時代初期から庶民の手による商業出版が始まる。それまでは宗教関連以外、各流派の秘伝であった料理に関する本も次々に出版される。調理法を示した料理書は料理人だけでなく一般の人々にも人気を博した。さらには野菜類の育て方を記した農書、健康に関する本草書《ほんぞうしょ》、料理屋のガイドブックまで、幅広いジャンルが登場した。

健康を意識した食生活が広く受容される

本草学の発展と養生論

食品知識や予防医学の指南書が次々と出版される

江戸時代初期、中国から全52巻（附図2巻）に及ぶ百科事典『本草綱目《ほんぞうこうもく》』が伝来した。動物・植物・鉱物について、それらが人間にとって薬物や食物になるのか、害があるのかといった総合的な知識を学ぶ、本草学という中国の伝統的な学問に基づいて記されたものであった。医師や儒学者たちがいち早く学び、江戸時代を通じて本草学が広く浸透する契機となった。

「芋こそは　味わい辛く　平のもの　諸病の毒ぞ　深く慎め」。これは、1630年（寛永《かんえい》7）刊行の『和歌食物本草』に掲載された和歌のひとつで、この書には、約240種の食べ物を取り上げ、食べる時期・食べ方・効用や害について、庶民でも親しみやすいように787首の和歌にしていろは順に紹介している。

その後、江戸時代中期には、『本草綱目』に依存するのではなく、日本人の食生活に合わせた本草書が出版されるようになる。『本朝食鑑《ほんちょうしょっかん》』（1697）は、食品の産地や評価も加え、『本草綱目』ではほとんど取り上げられていない魚介類も多く取り上げているなど、これらは日本独自の本草学の発展を促した。

なお、健康で長生きするための養生法について記した書籍も発展する。とくに福岡藩の儒学者貝原益軒《かいばらえきけん》（1630〜1714）が晩年に、85歳という長寿を健康で生きた自身の経験や体験をふまえて著した『養生訓《ようじょうくん》』（1713）は広く知られている。「用薬」「養老」「鍼」といった項目のなかで飲食に重きを置き、同じ物ばかりでなくバランスよく食べること、食事量とくに夕食を控えめにすること、薄味のものにすることなど、食欲を抑制して熱や寒さから体を守ることを目的としており、現在にも当てはまる内容といえる。

ベストセラーとなった養生法の指南書『養生訓』を著した貝原益軒

本書の中では、「どんなに準備された食事でも嫌いな物や食欲がないときは無理して食べないこと」とも説かれており、過食や偏食を戒めながら、あくまでおいしく食べることが基本だとしている。

（東京大学史料編纂所蔵。模本）

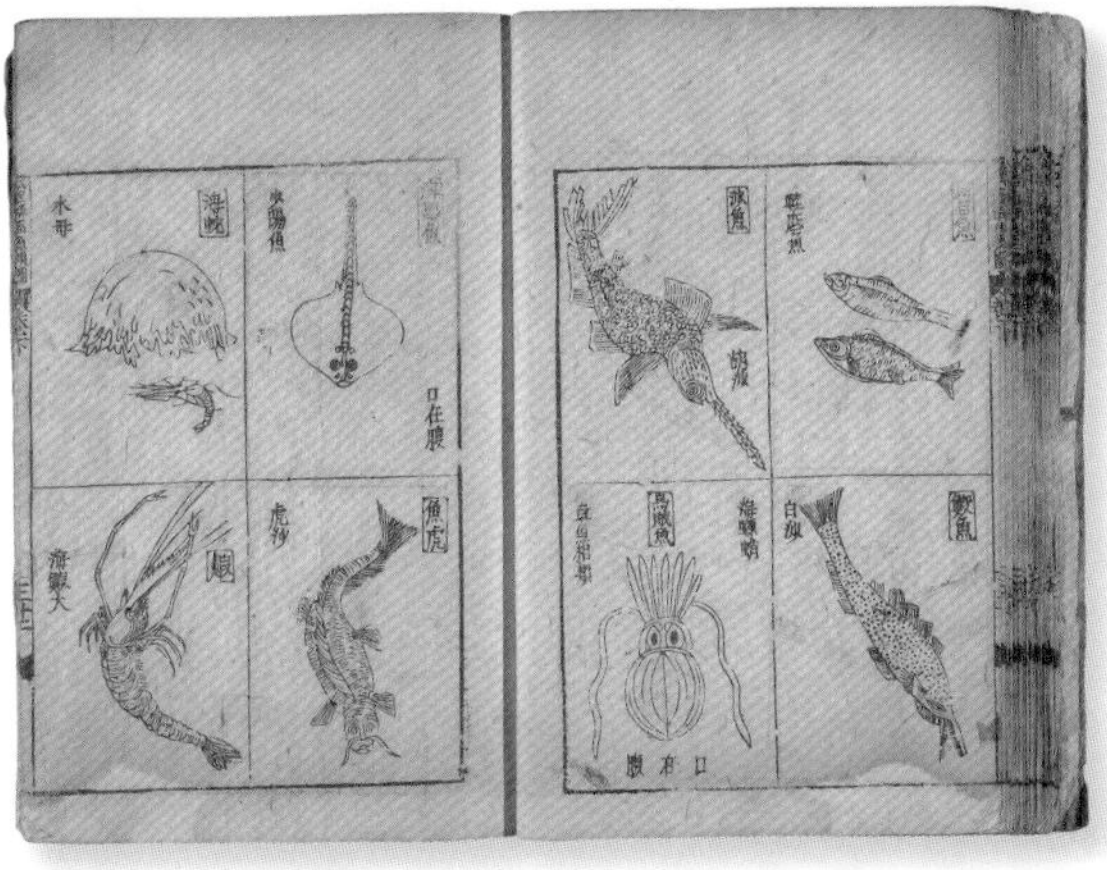

徳川家康にも献上された『本草綱目』

『本草綱目』は儒学者林羅山《はやしらざん》によって徳川家康にも献上されたという。家康は粗食をこころがけるなど常に健康を気遣っていたとされ、遺品には薬を調合するための道具もある。平均寿命が30〜50歳だったともいわれる江戸時代にあって、75歳の長寿を全うした。

（『本草綱目圖3巻［3］』国立国会図書館蔵）

江戸時代に刊行された主な本草書と養生書

当初は中国の『本草綱目』の中から、日本で使われる食品を抜き出して解説したものが多かったが、次第に編集も工夫されていく。下の表であげた以外にも、上の写真のように『本草綱目』で取り上げられた内容を図にした書もあった。江戸時代後期には西洋医学が伝わり、それをもとにした養生書も刊行された。

書名	刊行年	著者	特徴
延寿撮要《えんじゅさつよう》	1599年（慶長4）	曲直瀬玄朔《まなせげんさく》	健康に長生きするための養生法について論じた初めての本。
和歌食物本草	1630年（寛永7）	不詳	食べ物の性質、効能と害、摂取方法、摂取時期などを和歌で紹介。
本朝食鑑	1697年（元禄10）	人見必大《ひとみひつだい》	日本の食生活に合った食べ物やその食べ方などを紹介。日常の人々の食生活を観察し、著者自身の考え方も盛り込まれている。
大和本草	1709年（宝永6）	貝原益軒	専門的な本草書。著者は福岡在住だったことから、取り上げる食品に地域性が見られるものもある。
養生訓	1713年（正徳3）	貝原益軒	食べ物や食べ方、運動、入浴などまで、健康で長生きするためのエッセンスが記された養生書。
食用簡便	1833年（天保4）	蘆桂洲	同じ食材でも料理法によって宣禁（効能と害）が異なる記述が見られる。
養生法	1864年（元治元）	松本良順《りょうじゅん》	江戸時代後期に来日したオランダ人医師・ポンペから学んだ、西洋医学に基づく養生書。

江戸と大坂を中心に全国規模の海上交通網が完成

「下り物」と北前船

新しい首都・江戸で珍重された上方から届けられる一級品

徳川家康が幕府を開いたことで江戸に巨大都市が建設され、職人や商人、武士たちが全国から集まり一大消費地が誕生する。そのため、当時商業都市として発展し、「天下の台所」とよばれた食の集散地大坂から、醤油や塩、酒といった加工食品などの生活物資が大量に江戸へ運ばれるようになった。その品質の高さから、江戸へ「下ってきた」ものが「下り物」ともてはやされた。

江戸時代に入り、江戸と全国を結ぶ五街道や福井県小浜《おばま》と京都をつなぐ若狭《わかさ》街道（主に魚介類を運んだことから鯖《さば》街道とよばれた）などの脇街道とよばれる各地の主要道路が整備されたが、当時の輸送の中心は船による航路だった。

大坂から江戸へは菱垣廻船《ひがきかいせん》（船体に菱形の格子があるのが特徴）という大型帆船が江戸時代初期に就航し、食品を含む多様な品が運ばれた。その後、酒専門に運ぶ樽廻船《たるかいせん》が登場すると、両者が江戸の消費経済を支える役目を担った。

一方、17世紀後半には東北地方から江戸・大坂へと年貢米などの物資を運ぶ西廻り海運（日本海沿岸⇕瀬戸内海⇕大坂・江戸）、東廻り海運（東北地方⇕江戸）が整備され、全国規模の海上交通網が完成する。とくに西廻り航路では北前船《きたまえぶね》とよばれる輸送船が活躍した。寄港地で様々な物資を売買しながら航行する買い積み船で、蝦夷地《えぞち》（北海道）の昆布やにしんなどの食材を大坂に運び、とくに昆布は、鹿児島から琉球（沖縄）を経て中国まで届けられた。

このように全国的な航路網が完成したことで、各地域の食品とともに調理法や食文化の地域間交流も進むこととなった。

日本海側の物資輸送を担った北前船（模型）

使用されたのは大型木造船で、各地で売り買いしながら航行する。弁才船とよばれた中型のものや、米1000石を積むことができた大型の千石船もあった。（船の科学館蔵）

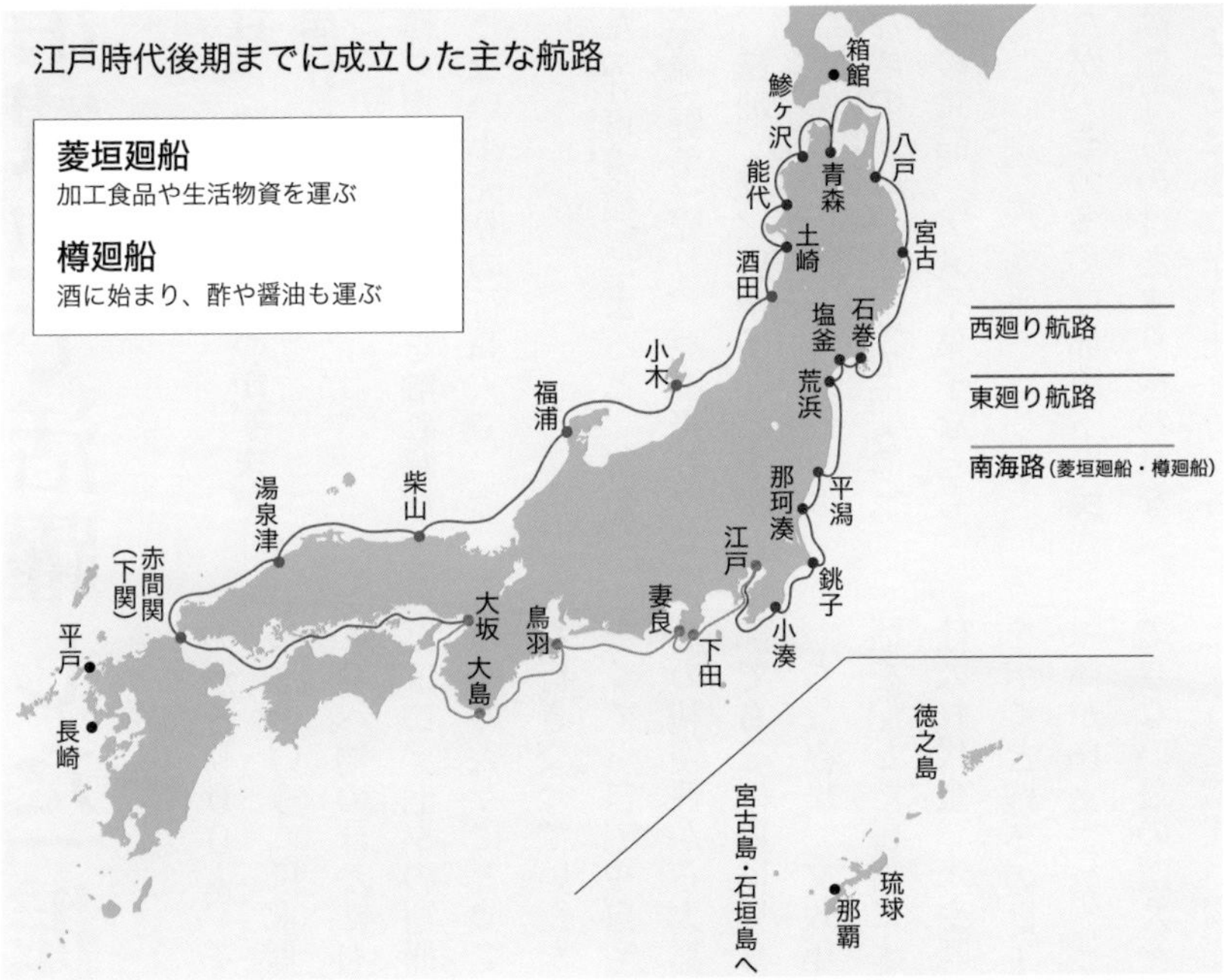

大坂・江戸間の航路で活躍した樽廻船

当初、酒専門だった樽廻船は酒樽という積み荷のしやすさや運賃の安さなどの理由で次第に米や醤油なども運ぶようになり、江戸時代後半には菱垣廻船にとって代わるようになった。画像は大坂から樽廻船に新酒を積み込んでいるところを描いている。

（『大日本物産圖會 第１帖』国立国会図書館蔵）

路地裏まで日々の食品や季節の味覚を届けた行商人

三都の大消費地で活躍した「振り売り」

日用食品、季節の食材、調理済みのおかずまで様々な商品を家々に届ける

「振《ふ》り売《う》り」とは、天秤棒を担いで商品名を触れ呼びながら売り歩く店舗を持たない小売りの行商人で、棒《ぼ》手《て》振《ふ》りともよばれた。

江戸後期の風俗を記した『守貞謾稿《もりさだまんこう》』によると、鮮魚売りや枯魚《こぎょ》(干物)売り、菜蔬《さいそ》(野菜)売り、豆腐売り、漬物売り、調味料なら塩、醤油、麹、唐辛子などを扱う振り売りがいた。

さらにところてんやうなぎのかば焼き、ゆで卵など、すぐに食べられる調理済みの食品、アメや菓子なども扱った。

振り売りは許可制だったが、その多くは都市下層民の生業で、小資本のため高価なものはあまり扱われなかった。1659年(万治《まんじ》2)には振り売り札を持つものが5900人、その7割が50歳以上か15歳以下であったという(『日本食物史』)。

食べ物のほかにも、油やほうきなどの生活必需品、たばこ、七夕の短冊といった季節商品まで扱われた。当時の人々にとっては、様々な種類の振り売りが町中を行き交っていたため、わざわざ店まで出かけて行かなくても自宅や自宅の近くで商品を買うことができ、その利便性から大都市を中心に発達し、さらには農村部でもその姿は見られた。

ちなみに、文政《ぶんせい》年間(1818~30)の野菜売りの生活を記した書物によると、一日の売り上げから翌日の仕入れ代金、米や味噌、醤油代、子どもの菓子代などを引くと残るのは100~200文(当時、かけそば一杯が16文)しかなく、その日の晩酌代や雨で商売ができない日の蓄えをとると、毎日ギリギリの生活だったようだ(『江戸物売図聚』)。

生活用品から、日々の料理で使う食材、食品からおやつなど、振り売りの扱う品は数百種に及んでいた

鮮魚売り

右は江戸の魚売りで、天秤棒に吊るしてあるのは桶。魚と共にまな板も持ち歩いた。上の画像のように大坂の魚売りはかごを使った。

（右『日本橋魚市繁栄図』、上『守貞謾稿』共に国立国会図書館蔵）

豆腐売り

江戸の豆腐は京坂の4倍くらいのサイズで、4分の1丁でも買うことができた。絵は京坂の豆腐売り。奥に描かれているのが江戸の豆腐売りの道具。

（『守貞謾稿』国立国会図書館蔵）

野菜売り

江戸ではなすや小松菜など1、2種類を扱う者は前栽《せんざい》売り、数種を売る者は八百屋とよばれたが、上方では数に関係なく八百屋とよばれた。

（長崎大学附属図書館蔵）

良質の水を得にくかった江戸で発達した上水道

江戸の水事情と「水売り」「冷水売り」

飲料水は確保されていても水を売る商売が成り立った理由とは？

「水道の水で産湯を使う」という江戸時代の芝居で使われたセリフがある。これは江戸の町が水事情に恵まれていたことから、現代でも生粋の江戸っ子であることを自慢する意味として使われることがあるが、ここでいう水道とは、江戸幕府が巨額を投じて整備した上水道網をさす。もともと江戸の町は低湿地帯の埋立てによって開発されたように、井戸水に海水が混じり、井戸をかなり深く掘らなければ良質な水が得られにくい環境だった。そこで江戸に入府した徳川家康は、飲料水の確保を急ぐため、入府直後に神田上水を整備する（1590年）。その後、急激な人口増加にともない玉川上水が開削されることになる（1654年）。神田上水は井《い》の頭池《かしら》（東京都三鷹市）を主水源として日本橋、神田一帯に、玉川上水は多摩川の水を江戸城や大名屋敷、京橋より南側の町人地に供給した。

こうして上水道は江戸の町中の井戸に流されて水需要をまかなったが、処理されていないため、幕末には伝染病コレラ流行の媒介ともなった。なお、享保《きょうほう》年間（1716〜36）以降には地下深くまで掘り抜いた掘抜き井戸が登場し、大量の良質な水を得られると共に、水質の悪い水道に代わって水需要の主流を占めることになる。しかし、それでも本所《ほんじょ》や深川などの下町地域に住む人々には、玉川上水の水が届かず、日々の飲料水に不自由した。そうした地域に水を届けたのが「水屋」や「水売り」とよばれる行商人で、夏には冷水を飲料用に売る「冷水《ひやみず》売り」も登場し、水道が敷かれている地域の人々も涼を楽しんだ。料理に水は欠かせないことから、このような水の確保は、江戸で料理屋や屋台などの料理文化が隆盛した一因ともなったといえる。

市中を潤した上水道

最盛期には6つの上水道が整備され、神田上水と玉川上水は明治期以降も利用された。

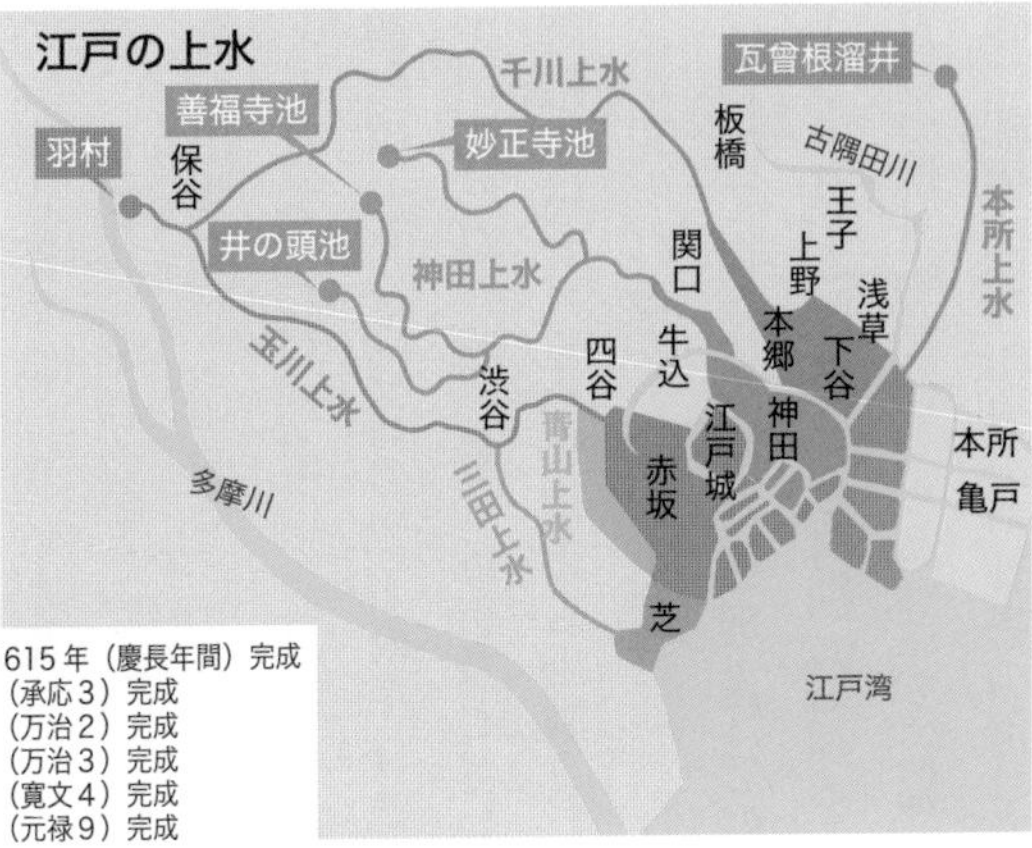

■ 神田上水 1596～1615年（慶長年間）完成
■ 玉川上水 1654年（承応3）完成
■ 本所上水 1659年（万治2）完成
■ 青山上水 1660年（万治3）完成
■ 三田上水 1664年（寛文4）完成
■ 千川上水 1696年（元禄9）完成

上水井戸の大掃除・井戸浚い

長屋には共同の上水井戸があった。絵は、住人総出で水を汲み出し、落ち葉などのごみを取り除く7月7日の井戸浚《さら》いの様子。野菜を洗ったり料理をする水もここから汲み出しただけに、欠かせない年中行事だった。

（『日本風俗図絵 第10輯』国立国会図書館蔵）

夏の涼を運んだ冷水売り

冷水売りのなかには、冷水に寒ざらし粉と白糖で作った白玉を浮かべて売る者もいた。

（『俳優見立夏商人』東京都立中央図書館蔵）

料理人のためだけでなく、一般読者を対象とした書籍も続々と刊行

多種多彩な料理書が出版

教科書としても読み物としても楽しい「百珍もの」から、グルメガイドまで

江戸時代の庶民文化を支えた大きな要因に、出版業の発展と印刷物の刊行が増大したことがあげられるが、そうした流れの中で、料理に関する本も様々なものが出版されていった。

それまでの料理書は、各料理流派（48ページ参照）が秘伝書として独自の包丁術や作法などを記したもので、当然ながら一般には普及していなかったが、江戸時代にはそれらの料理書も出版され、多くの人に調理法が知られることとなった。

初めて刊行された料理書は『料理物語』（初版は1643年）である。食材別の料理を紹介する前半部と、煮物、焼き物といった調理法と料理を紹介する後半部の二部構成で、中世の料理書の流れを汲んでいるため、獣肉料理も紹介されていることが特徴的である。

都市で外食産業が発達していく江戸時代中期以降（70ページ参照）、それまでの料理人向けの内容から一般読者を対象にした内容の本が登場する。また、料理を能にたとえ、献立を演目、使用する食材を役者で表したり、珍しい料理を紹介したり、挿絵をふんだんに使用したり、実用書としてだけではなく、読み物としても楽しめる工夫がされたものも登場する。なかでも1782年（天明《てんめい》2）に大坂で刊行された『豆腐百珍《ひゃくちん》』は豆腐料理ばかり100種類を紹介し、豆腐に関するうんちくなど読み物としても楽しめる内容で、江戸でも刊行されてベストセラーとなった。シリーズ化もされ、大根、卵、鯛、甘藷などを扱ったものもあった。

また、18世紀後半になると大都市を中心に飲食店が発達したことで、食べ歩きのためのグルメ本、店選びのためのガイドブック的な本も出版されるようになる。

当時の料亭料理や心構えも紹介『江戸流行料理通』

1825～35年刊行。浅草にあった高級料亭の先駆けとして評判だった「八百善《やおぜん》」主人による献立集で、調理方法や器具の使い方、心構えも記されている。店の常連だった俳人・酒井《さかい》抱一《ほういつ》などの文人も寄稿。

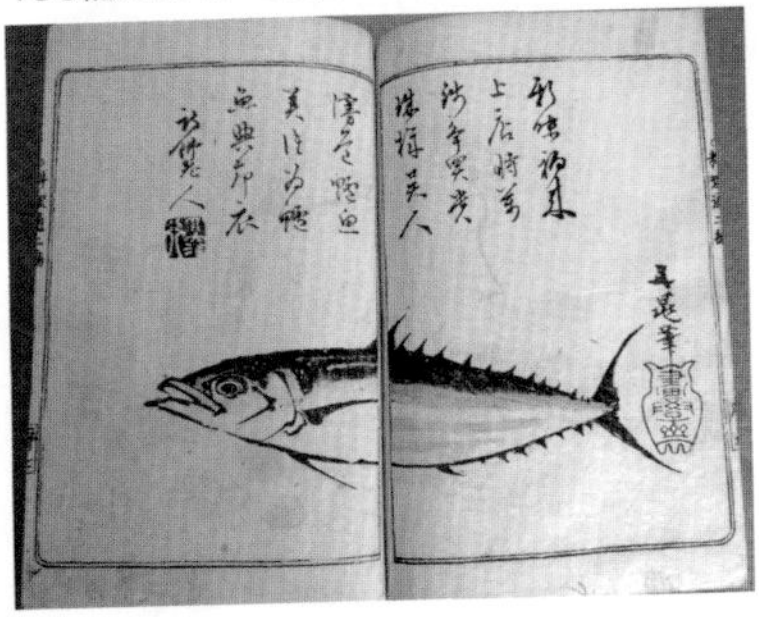

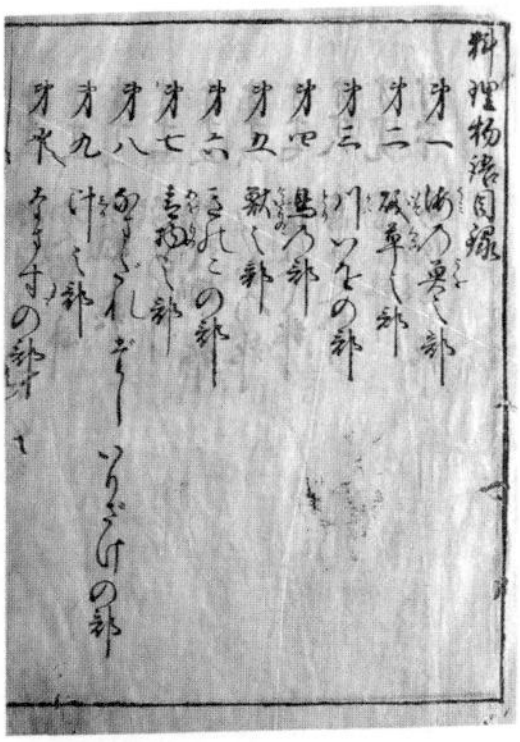

日本初の出版料理書『料理物語』

目次のページ。「海の魚」「磯草」「川いを」「鳥」「獣」「きのこ」「青物」「なまだれ　だし　いりざけ」「汁」「なます」などに分類されている。

絵が多いアイデア満載の『素人庖丁』

日常と来客時の献立を全3編で紹介した、携帯にも便利な小さめの横長サイズ。たけのこの煮物や田楽など、現代に通じるレシピも掲載。

江戸時代に発行された主な料理書

書名	刊行年	特徴
料理物語	1600年前後	日本初の料理書。特定の流派には属さず、材料や料理を紹介した実用書。
料理網目調味抄	1730年(享保15)	５巻本。一般読者を対象として書かれ、食材の取り合わせへの配慮が重要であることを強調している。
豆腐百珍	1782年(天明2)	豆腐料理を100種類紹介。のちに『豆腐百珍続編』『豆腐百珍余禄』も発行された。
万宝料理秘密箱 前篇	1785年(天明5)	100種以上の卵料理と、鳥や川魚などの料理も紹介。
料理早指南	1801年(享和元)～	４冊本。本膳料理・会席料理を図解し、花見などの重箱献立も紹介。
名飯部類	1802年(享和２)	飯、粥、すしなど、米料理の「百珍物」。
素人庖丁	1803年(享和3)～	３冊本。挿絵がふんだんに入り、押絵が豊富。素人とあるが、高級材料もあり、専門的なものが多い。
年中番菜録	1849年(嘉永２)	新婚女性などを対象に、総菜料理を中心に紹介。

このページの画像はすべて東京家政学院大学附属図書館大江文庫蔵

屋台から簡易な食堂、高級料亭まで
外食文化・外食産業の発展

江戸市中に軒を連ねた食べ物屋

1811年（文化8）に奉行所が行った江戸の食べ物商人軒数の調査では、約7600軒のうち、団子汁や餅菓子といった菓子類が約2900軒、煮売屋が約2400軒、うどん・そば屋が約700軒、かば焼き屋やすし屋が各約200軒あったという。（『日本食物史』）

江戸の食べ物商人軒数調査

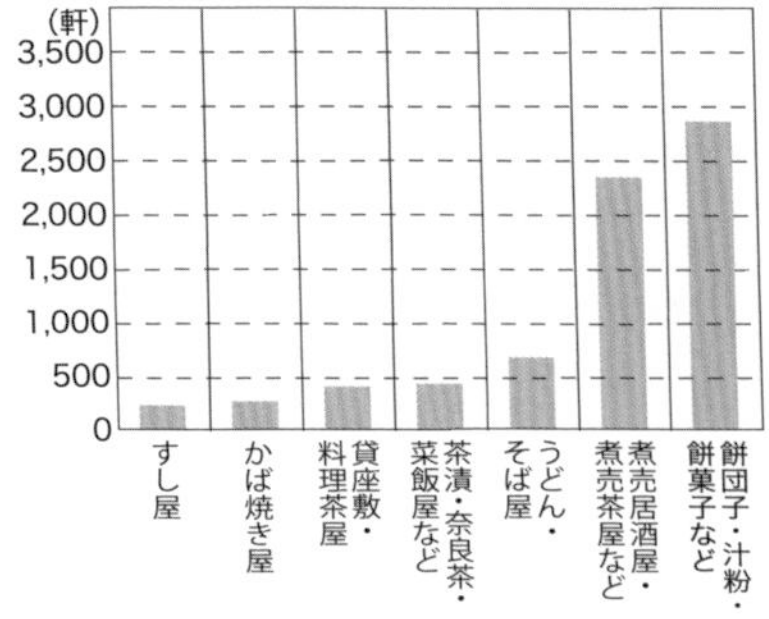

（『江戸町触集成』11巻、〈近世史料研究会、1999〉をもとに作成）

ファストフードも登場し、外食だけでも食事をまかなえた

簡易な外食店の形態としては、人通りの多い宿場や寺社の門前などで茶や酒や肴といった簡単な料理を提供する茶屋が、16世紀にはすでに存在したが、江戸時代に入り、三都を中心に発展していった。

江戸では、明暦《めいれき》の大火（1657）後、浅草寺《せんそうじ》の門前に、茶飯、豆腐汁、煮しめ、煮豆の定食のようなセットを「奈良茶」と名づけて提供する店が登場し、これが江戸における料理茶屋の始まりとされている。また同じ頃、江戸の再建のために集まった労働者たちのために、飯と魚・野菜、豆を煮たものなどを売るためにできた煮売《にうり》（茶）屋ができ、そのなかから酒を出す居酒屋も誕生する。

しかし、こうした外食文化が一般的になるのは江戸

バラエティ豊かに集まった食の屋台

高輪の海岸線で月見を楽しむ人々が描かれた浮世絵。ずらりと屋台が並び、右には「寿し」と書かれた握りずし、中央に天ぷらの屋台もある。（『東都名所高輪廿六夜待遊興之図』山口県立萩美術館・浦上記念館蔵）

中期以降で、その間、後述する高級料理屋も登場し、外食文化は徐々に浸透していった。

大都市での食生活が大きく変化するのは19世紀前半頃からで、当時の江戸では、民衆が日常的に利用する特定の食べ物を出す大衆的な外食店が飲食店の大多数を占めていた。

現在、江戸の名物として知られるそばや握りずし、天ぷらがその代表格で、常設の店のほかに移動式の簡易な「屋台見世」も発展するなど、さまざまな形態の店で扱われた。こうした店は当時の江戸市中に7000軒以上あった。なお、うなぎのかば焼きを出す店も好まれたが、比較的高価だったため当時からご馳走として人々にとらえられていた。

京や大坂にくらべ、江戸には参勤交代に従ってきた武士をはじめ、商店の使用人、都市づくりのための出稼ぎ労働者などが各地から集まっており、こうした単身の男性たちにとって自炊するより手軽な外食が好まれたことも、江戸が最も外食文化が発展する要因となった。

高級料理屋の登場

各店が競い合った豪華な料理とサービス

お茶漬けと漬物を頼んだら半日待たされたうえに1両2分という大金を請求され客が驚くと、お茶も漬物も極上品だが、水を早飛脚に多摩川まで汲みに行かせたので人件費が高いのだと主人に言われた――。これは江戸時代後期の随筆『寛天見聞記《かんてんけんぶんき》』に記された、浅草にあった高級料理屋「八百善《やおぜん》」でのエピソード。

江戸では18世紀後半頃から本格的な料理を出す料理茶屋が増え始め、「八百善」や深川土橋の「平清《ひらせい》」などの名店が多く誕生し、文化・文政期（1804〜30）頃に庶民による外食の広がりとともに、最盛期を迎える。一方、京都では祇園《ぎおん》や八坂《やさか》界隈でこうした外食店が繁昌し、大坂では天王寺にあった元禄《げんろく》期（1688〜1704）創業の「浮瀬《うかむせ》」などが知られた。

こうした店では、建物の造形や内装にも趣向を凝らし、一般の町人の家にはなかった風呂を設けたり、帰りには提灯も用意するなどのサービスもあったという（『江戸の食文化』）。なお、高級料理屋は三都のみならず、海外貿易の窓口であった長崎では海外使節を饗応した迎陽亭《こうようてい》など、全国各地にできた。

舟遊びもできた高級料理屋「金波楼」

浮世絵は、左ページの番付で勧進元となっている「金波楼」。隅田川に面した立地で、船中での宴も催すことができた。

（『江戸高名会亭尽 今戸橋之図金波楼』メトロポリタン美術館蔵）

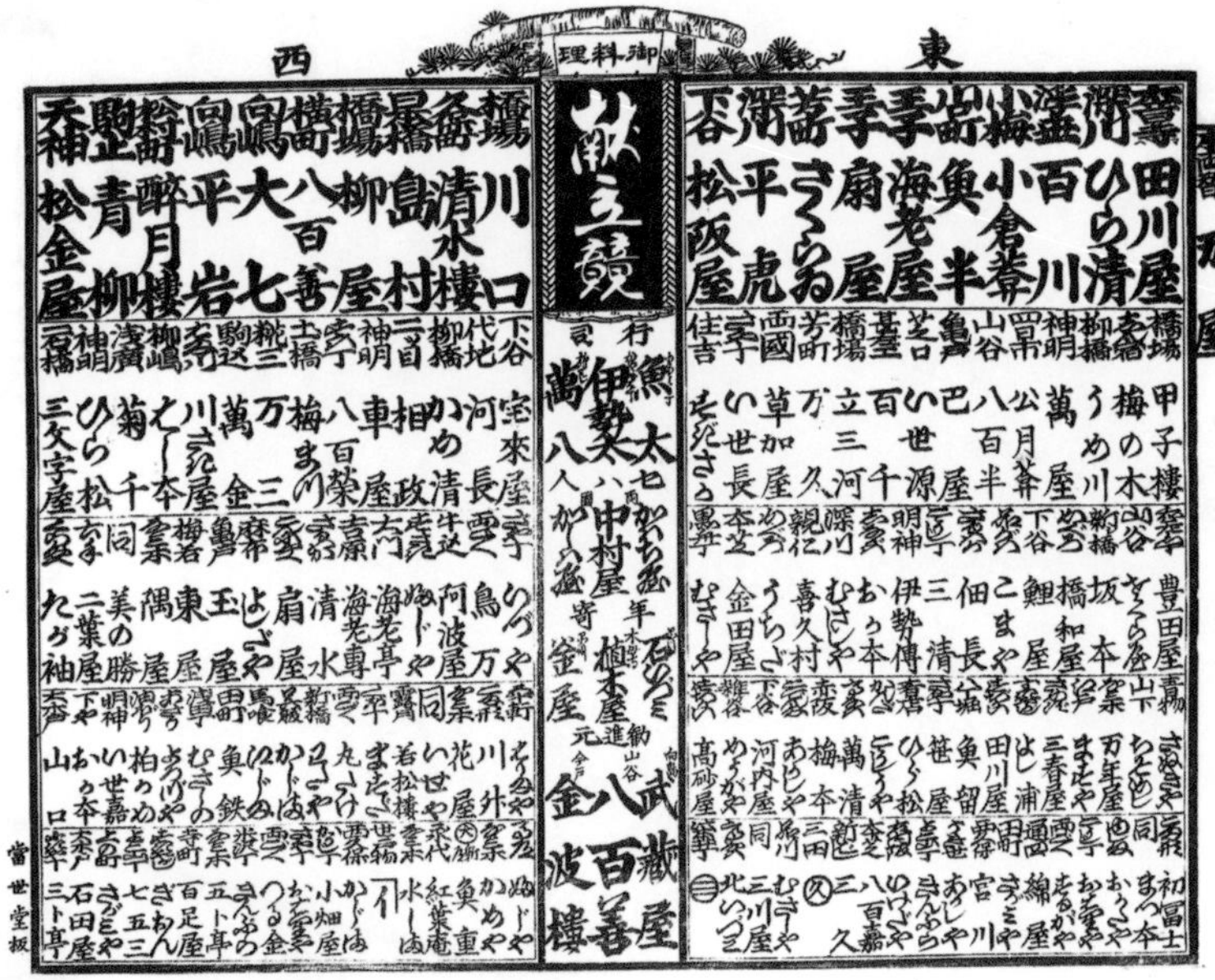

人気の高級料理屋が番付に

相撲の番付にならって、江戸の名店を東西に振り分けたもの。「八百善」と、向島《むこうじま》の「武蔵屋」、今戸《いまど》の「金波楼」は勧進元として別格扱いとされている。

(『御料理献立競』東京都立図書館蔵)

江戸時代から続く各地の高級料理屋

江戸時代後半には全国各地に高級料理屋が誕生。写真の新潟市の「行形亭《いきなりや》」(江戸中期の創業で、母屋などが国の登録有形文化財に指定)のほか、石川県金沢市の「つば甚《じん》」、岐阜県高山市の「洲《す》さき」など、現在まで続いている店もある。

(日本料理 行形亭提供)

大坂で人気を博した高級料理屋「浮瀬」

大坂・天王寺に店を構え、松尾《まつお》芭蕉《ばしょう》などの文人たちも訪ねた。あわびの貝殻で作った大盃「浮ぶ瀬」が名物だった。

(『増井浮瀬夜の雪(浪花百景)』大阪市立図書館)

禁令も出たほど江戸っ子が熱狂した

新たな食の流行・初物喰い

初鰹を筆頭に 野菜の促成栽培の技術も高めた初物ブーム

「初物七十五日」、初物を食べると寿命が延びるという迷信が広く浸透したほど、江戸時代の江戸では、長屋に住む庶民までもが競い合った、熱狂的な初物ブームが起こった。

「伊豆《いず》、相模《さがみ》、安房《あわ》の海につりあぐる初鰹賞翫《しょうがん》なり」（『慶長見聞集《けいちょうけんもんしゅう》』）と、すでに江戸初期には初物が珍重されていたようだが、熱狂的ともいえるブームとなるのは天明《てんめい》期（1781～89）頃といわれ、その筆頭格が初夏に出回る初鰹だった。同時期に刊行された山東京伝《さんとうきょうでん》『蜘蛛《くも》の糸巻《いとまき》』には、「今日は安くて初鰹1本が2両2分だった」という話があるが、少なくとも長屋暮らしの住人が1両小判を見ることはそうそうなかったことを考えると、いかに高価だったかが想像できる。また、

長屋の住人も熱狂した初鰹

長屋の路地で振り売りが初がつおをおろし、住人たちが皿を持ち寄っている。この浮世絵のように、長屋で共同購入したり、1尾丸ごとではなく、半身や四半身で買い求めることもあったのかもしれない。（『卯の花月』東京都立中央図書館蔵）

1742年（寛保《かんぽう》2）に定められた初物の売り出し時期

売出し月	魚介類鳥類	野菜・果実類
正月	ます	
2月		つくし、ほうふう
3月	あいくろ	生わらび、たで、葉しょうが
4月	かつお、あゆ	生しいたけ、たけのこ、根いも
5月		なすび、白うり、びわ、くねんぼ
6月		ささげ、まくわうり
7月	ほとしぎ	りんご
8月		まつたけ、なし、ぶどう、芽うど
9月	なまこ、さけ、きじ、つぐみ	御所かき、みかん、くねんぼ
10月	がん、かも	
11月	あんこう、生たら、まて貝	
12月	しらうお	

（『江戸学事典』掲載図をもとに作成）

初物の評判記『福寿草《ふくじゅそう》』（1776）によると、初鰹を筆頭に、初鮭、初酒、初そば、若鮎などの順で人気が高かったという（『木の実とハンバーガー』）。

こうした初物ブームは季節を先取りするという趣向も背景にあり、初なすなどの野菜類も人気を博した。そのため江戸周辺の産地では、いち早く出荷できるようにと促成栽培技術が発達し、軟白栽培された豆もやしやねぎなどがもてはやされた。

一方で、初物を珍重するあまりに価格が高騰しすぎたことで、奢侈《しゃし》の戒めと物価安定のため、1665年（寛文《かんぶん》5）以降、幕府はそれらの商品の売買の開始時期と期間を定める禁令をたびたび発布するほどだった。

やがて化政期《かせい》（1804〜30）以降、次第にブームはしぼみ、江戸後期の三都の風俗をまとめた『守貞謾稿《もりさだまんこう》』には、「数年前は1本2〜3両して庶民が争って食べたが、近年は1分2朱〜2分程度になり、魚売りは元気がなくなった」とある。

なお、こうした江戸の騒ぎを尻目に、上方では初物を珍重する風潮は見られず、初鰹の習慣もなかった。

江戸の台所事情

現在につながる基本の調理道具が出揃う

羽釜と竈の組み合わせで日本独自の炊飯方法が実現

現在では一般的な白飯を炊けるようになったのは江戸時代。羽釜《はがま》とよばれる、釜の周りにぐるりと鍔《つば》がついた炊飯専用の道具が広く普及したことによる。

中世までは、甑《こしき》で蒸した強飯《こわいい》(36ページ参照)にかわって常食となった、湯取り法(沸とう後、水を捨てる)で炊いたとされる「姫飯《ひめいい》」とよぶ飯が食べられた。

姫飯に対して羽釜で炊いた飯は、鍔があることで竈《かまど》との間に余分な隙間をつくらず熱伝導を高め、厚い木蓋を載せることで高い蒸気圧に負けずに湯気が釜の中の米に回り、ふっくらと炊きあげることができた。

こうして、洗米、吸水、加熱、蒸らしの手順で行う、炊き干し法とよばれる日本独自の炊飯技術が完成する。

米炊きのコツとしてよくいわれる「初めちょろちょろ、中ぱっぱ。赤子が泣いても蓋取るな」は、初めから強火だと焦げてしまうので弱火にして、次に強火で一気に煮て、そのあとは蒸らすという、羽釜と竈の組み合わせの際の火加減からきている。

なお、羽釜を使う竈は「へっつい」ともよばれ、台所として使われた土間に設置されていた。江戸では大人数の家でも3口が多く、羽釜のほかに、汁物・煮物などに使う鉄鍋、お湯を沸かす鉄釜が同時に使えた。湯を沸かす銅壺《どうこ》のついた竈もあった。なお、狭い長屋では1~2口で、上方《かみがた》では人数の多い家では5~9口に増やすこともあったという(『日本食の文化』)。

竈の燃料は主に薪だったため、火を絶やすことは厳禁で、火種として竈の灰におき火をしていたが、火種が消えてしまった場合は火打石と火打ち金で一から火をおこすか、近所から火種をもらうことで対処していた。

2口の竈がある長屋の台所

三味線の師匠が暮らす長屋という設定で再現された台所。女性のひとり暮らしで竈は2口。左に羽釜、真ん中の火吹き竹を挟んで、右の竈には鉄鍋がかかっている。竈の左にある木の台は流しで、桶とまな板が置かれている。

（撮影協力：深川江戸資料館）

竈が並ぶ上方の庄屋の台所

大坂・堺にあった江戸時代初期の庄屋を復元した山口家住宅。土間に大小の竈が並んでいる。「京の着倒れ」「大坂の食い倒れ」と並んで「堺の建て倒れ」といわれる通り、土間も広く豪華なたたずまいをしている。

（堺市文化財課提供）

火加減の調節に欠かせなかった火吹き竹

江戸時代の料理の様子を、スタジオに道具を持ち込んで撮影した古写真。羽釜が載った竈の前に座った女性が使っているのが火吹き竹。竹の節をくりぬいたもので、これを吹いて風を送り、火加減を調整した。

（放送大学附属図書館蔵）

移築された古民家の囲炉裏

とくに東日本の寒い地域などでは、竈の代わりに、いつでも部屋を暖められる囲炉裏《いろり》をもつ家が多かった。囲炉裏では、鉄や釜を熱するだけではなく、炉面で焼き物を作ることもできるうえ、周囲を囲む板の上では漬物を切ったり、さらに食器を置いたり、食卓の役割も兼ねた。（岐阜県白川村役場提供）

七輪、鉄鍋、包丁――江戸の食卓を支えた主役たち

当時の調理道具としてどんな家庭にもあったのは、桶・釜・鍋・包丁・まな板、すり鉢といったところだったが、当時のまな板には多くの場合、短い脚がついていて、座って調理をする仕様だった。これは、明治時代頃まで、料理はかがんだり座ってすることが一般的だったためである。すり鉢は江戸時代になって現在のように内側に刻み目が入り、食材をすりつぶすほか、米を研ぐのに使われたりと必需品であった。鉄鍋が普及するのは羽釜と同様、江戸時代後半になってからで、天ぷらにも使われていた。

また、江戸時代に普及した調理道具のひとつに携帯用コンロの七輪《しちりん》がある。少ない量の燃料ですみ、とくに竈が1～2口しかない家では、場所を選ばず外でも調理ができるため重宝された。また屋台でも使われた。なお、野菜を切る薄刃、魚をさばく出刃、刺身を切る柳刃など各種調理専門の包丁が登場したのも江戸時代

だった。戦国時代が終わり、仕事がなくなった刀鍛冶たちが包丁作りに鞍替えしたことが背景にあった。

長火鉢でひとり鍋を楽しむ女性

女性が炬燵《こたつ》にあたりながら、火鉢にかけた鍋料理をつついている。長火鉢の脇には漬物や煮物らしき椀と徳利が置かれている。火鉢は暖房器具と湯を沸かす以外に、干物や海苔をあぶるのにも使用した。

（『東京美女ぞろひ　柳橋きんし』国立国会図書館蔵）

酒の燗によく使われた銅壺

花見の席を描いた浮世絵で、女性の前に置かれているのは、銅《どう》壺《こ》とよばれた銅製の容器。炭を燃やす部分と徳利を入れる部分があり、内部に入れた水が炭で湯になることで、酒がほどよく温まるという仕組み。

（『江戸むらさき名所源氏御殿山花見見立花の宴』国立国会図書館蔵）

庶民も楽しんだ季節の花見や芝居見物

物見遊山の行楽弁当

三都ごとで性格が異なる⁉弁当文化

花見は、上流階層では古くから行われていたが、一般の人々も弁当や酒を携行して出かけるようになったのは江戸時代のこと。江戸では上野や8代将軍徳川吉宗《よしむね》によって植樹された飛鳥山《あすかやま》の桜が有名で、豊臣秀吉が花見をした京都の醍醐《だいご》、大坂の桜宮も知られる。

こうした行楽地では料理茶屋もあったが、庶民も含め、花見弁当を持参して桜の下で宴会するというスタイルも多かった。とくに裕福な人々は、蒔絵《まきえ》づくりの重箱に豪華な料理を詰めて楽しんだ。江戸時代後期の料理書『料理早指南《りょうりはやしなん》』(1801〜04)には、若鮎やたけのこの甘煮(初重)、蒸し鰈《かれい》や桜鯛のすし(二重)、刺身(三重)、甘味(四重)があって、酒と焼き飯や香の物は別に用意するといった、豪華な献立を紹介している。

もうひとつ、庶民の遊興で欠かせないのが、人形浄瑠璃《にんぎょうじょうるり》や歌舞伎の芝居見物だった。京都の四条河原や大坂の道頓堀《どうとんぼり》、江戸の日本橋・京橋界隈(のち浅草)に常設の芝居小屋ができ、人気を集めた。観客は一日中芝居を楽しむため、劇場内には料理を提供する場所もあったが、桟敷席《さじきせき》で観劇しながら弁当も食べた。現在でも目にする幕の内弁当は、幕間《まくあい》に食べられるようにと考案されたもので、近代になると駅弁のモデルにもなり、日本の弁当文化発展を支える存在となる。なお、幕末に書かれた随筆には、京都人は出先で買い食いするのは卑しいという文化で行楽には必ず弁当を携え、江戸人は弁当を持参するのは貧乏人で買い食いに抵抗はなく、大坂人はその中間だという世相が紹介されている(「江戸の飲食店」『たべもの日本史総覧』)。こうした文化の違いは、70ページで見たように、江戸には単身者が多かったことも要因としてあげられるだろう。

『料理早指南』に記載された花見弁当（再現）

４段の重箱には料理が詰められ、割籠《わりご》、酒もついている。
（北区飛鳥山博物館蔵）

江戸時代の芝居小屋で売られた「かべす」（再現）

「かべす」とは、土間の一般席の客が食べた「菓子」「弁当」「すし」のセットのことをさす、上等の客と区別した劇場側の隠語であったという。画像は当時の再現。

（歌舞伎座サービス株式会社提供。千葉大学名誉教授・松下幸子氏監修）

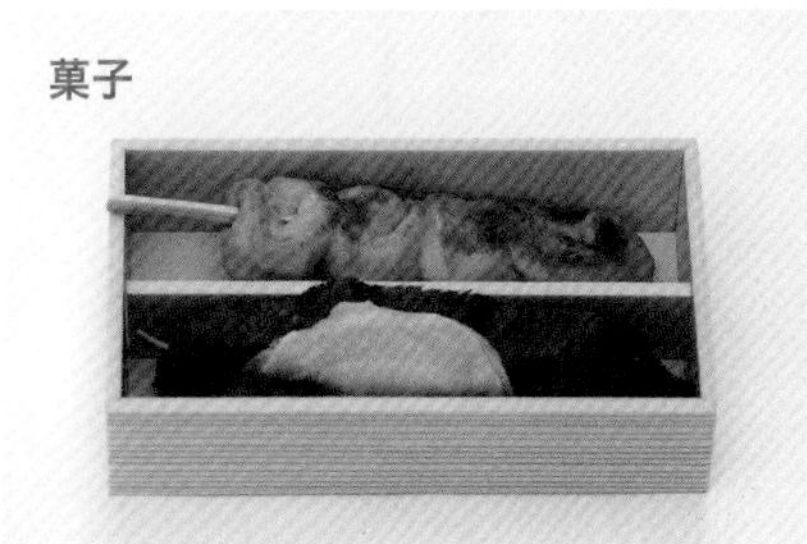

全体的に質素だった当時の日常食

一日3食の定着と人気のおかず

相撲番付に見立てて紹介された江戸の町人たちに愛されたおかず

江戸時代までの日本では朝夕の一日2食が普通だったのが、江戸時代後半頃に、現在のような一日3食が一般化したとされる（諸説ある）。もっとも江戸時代以前にも、体を使う仕事に従事する場合は一日3～4食だったり、身分や地域によっても一日の食事の回数が異なることはあった。日常の食事形式は、平安時代以降の「飯」に「汁・菜・漬物」がつくもので、飯がメインで量も最も多く摂った。なお、一日3回の食事のうち、朝食と昼食に重きが置かれ、夕食は簡単なものが多かったようだ。

　また、飯といっても、米と一緒に麦やあわなどの雑穀、大根などの野菜を混ぜて炊いたものが主流で、貧しい農村部などでは米の割合が少なく、経済的な環境によってその割合が変わった。

　都市部でも武士や町人の日常食は質素であったが、時代が進み次第に町人文化が花開いていく中で、おいしさを娯楽として楽しむ人々も増え、その一例として、相撲の番付にならったおかずの人気ランキングも作られた。

　そのひとつである『日《にち》用《よう》倹《けん》約《やく》料《りょう》理《り》仕《し》方《かた》角力《すもう》番《ばん》附《づけ》』（江戸後期）には、野菜類の「精進方」と「魚類方」に分けて、人気のおかずが掲載されている。

　「精進方」の大関は「八杯豆腐」で、「きんぴらごぼう」「ひじきの白和え」「煮豆」などが上位で、対する「魚類方」は大関の「目刺しいわし」をはじめ、「たたみいわし」「いわしの塩焼き」「まぐろの剥き身」「芝えびの乾煎り」などで、また夏の段にはくじら料理もある。また、「沢庵漬」「梅干し」「かつおぶし」は、行司や勧進元として別格扱いになっている。

江戸時代のおかずの例

八杯豆腐

細長く切った豆腐を入れた、とろみのある醤油味の汁。

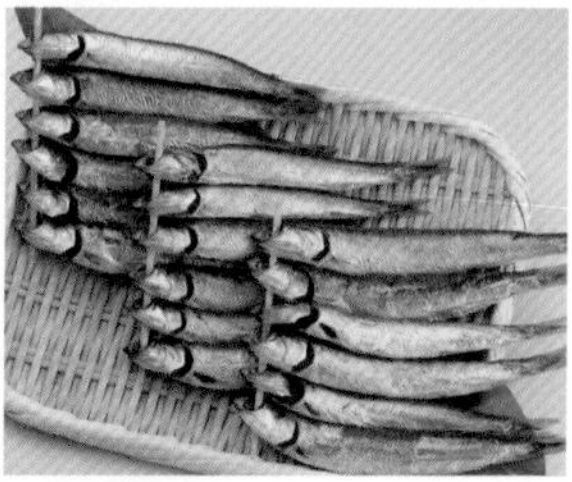

目刺しいわし

七輪でも気軽に焼くことができた。

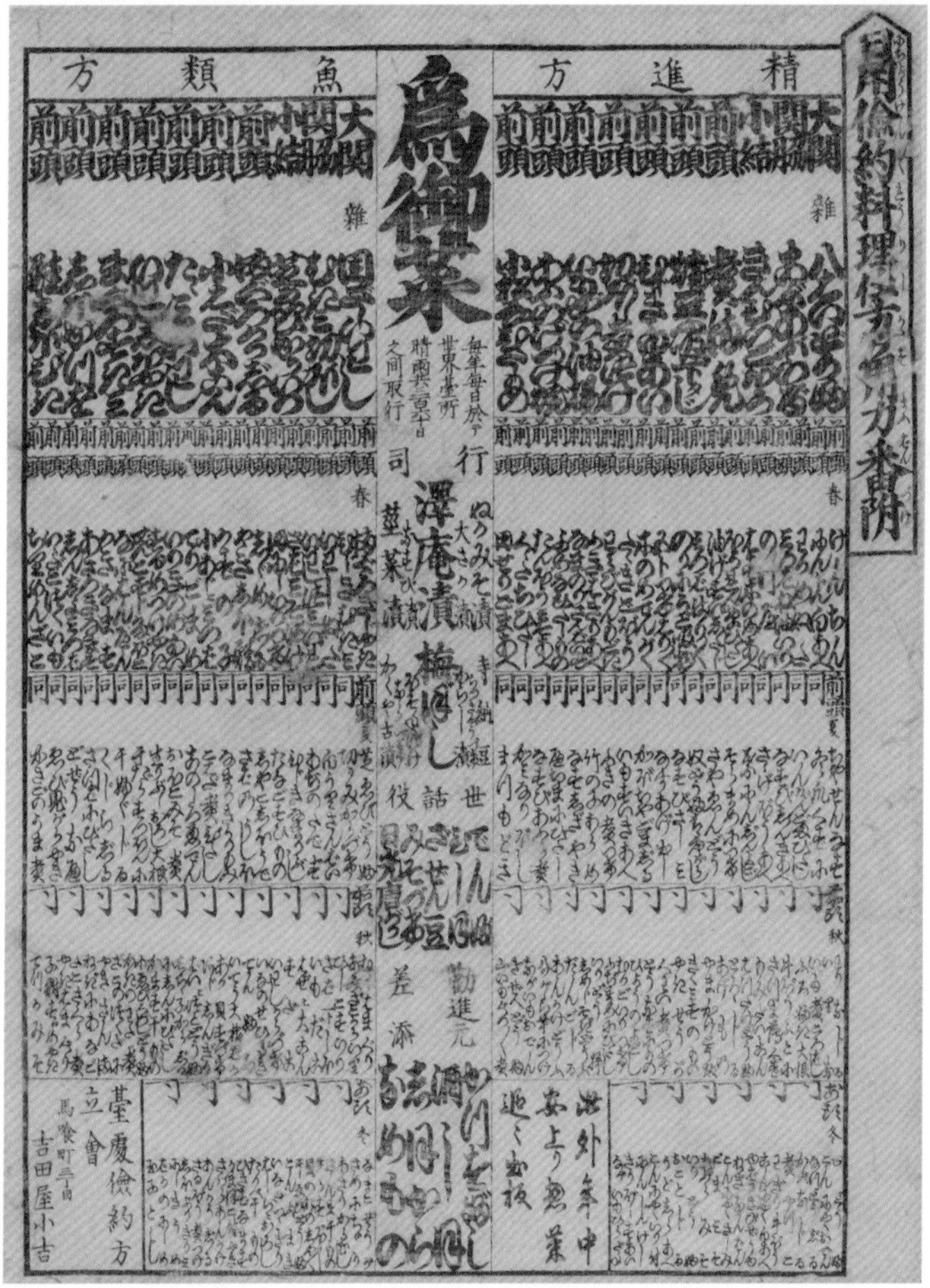

おかずの人気ランキング おかず番付

庶民の経済的なおかず番付。四季別の段もあり、八杯豆腐は「精進方」、目刺しいわしは「魚類方」の大関とされている。

(『日用倹約料理仕方角力番附』東京都立中央図書館蔵)

京の上菓子から庶民の菓子まで

和菓子文化の完成

現在、和菓子として定着している様々な菓子類が出揃う

16世紀半ば以降、ヨーロッパから南蛮菓子がもたらされたが、江戸時代初期の日本で菓子といえば、羊羹《ようかん》や饅頭《まんじゅう》、団子といった素朴なものがほとんどであった。

そのような中、17世紀後半の京都で「上菓子」という新しい菓子が登場する。

当時は輸入に頼っていた高級品である白砂糖を用い、高度な技術で美しい意匠を施した菓子で、公家や寺社、経済力のある町人たちによって饗応（接待）や茶会、贈答に用いられた。このような上菓子は御用菓子屋や参勤交代をする大名たちによって伝えられ、各城下町にも広まっていった。

その後、8代将軍徳川吉宗による製糖の奨励などにより、江戸時代後半になると砂糖の国内生産量が増加していく。

その結果、砂糖の値段が下がり菓子屋も増えたことで、「上菓子」を口にできなかった庶民の間でも大福やきんつば、汁粉などが普及していった。また、羊羹も現在の練り羊羹の製法が生まれ、菓子屋には、饅頭のほか、おこし、あられ、かき餅、せんべいなどの雑菓子（駄菓子）も並んだ。

こうして完成した和菓子文化は、江戸時代の旅文化の発達と合わさって、全国の街道筋や寺社門前で販売される名物菓子の成立と一般的な菓子として広がることにも寄与する。

東海道駿河《するが》国府中（現・静岡市葵区）の名物であった安倍川餅《あべかわもち》（きな粉餅）は、幕末の農民の旅の記録によると、駿河府中以外でも出す場所があり、旅の道中に三度ほど食べられていたという（「羊羹・蒸菓子・干菓子」『日本の食文化6　菓子と果物』）。

江戸時代に京都で誕生した「上菓子」

写真は幸運な年まわりを祝う「有卦《うけ》」の際に宮中で用意された上菓子を再現したもの。1段20個入りの5段重ねの重箱に100個が収められている。

（虎屋文庫提供）

町の番小屋でも売られた菓子

江戸には町ごとに木戸が設けられ、木戸を開け閉めするための木戸番が詰めた番小屋があった。番小屋では雑貨や生活用品などと共に、雑菓子も扱っていた。写真は当時の番小屋を再現したもの。

（虎屋文庫提供）

江戸時代から人気だった長命寺の桜餅

創業300年と伝わる向島名物の長命寺《ちょうめいじ》の桜餅は、江戸時代後期の世相を記録した曲亭馬琴《きょくていばきん》『兎園《とえん》小説』(1825)に、当時77万5000枚の桜の葉を仕入れたという記述があることから、単純計算で1年間で約40万個弱を売り上げていた。

（参考：「江戸の名物、名店」国会図書館ウェブサイト）

柏餅と粽

毎年5月5日の端午の節供（節句）には、関東では柏餅、関西では粽《ちまき》を食べるのが一般的とされている。江戸時代後期の三都の風俗を記した『守貞謾稿』には、江戸の柏餅と京坂の粽の図が描かれているように、当時から変わらない風習が続いている。

度重なる食料危機に備えるための知識と代用食

飢饉と救荒食・救荒書

普段は食用としていない 身近な植物のレシピ本を発行

戦乱がなくなった江戸時代だったが、度重なる飢饉《ききん》が人々を苦しめた。とくに寛永《かんえい》の飢饉（1641〜42）、享保《きょうほう》の飢饉（1732）、天明《てんめい》の飢饉（1780年代）、天保《てんぽう》の飢饉（1830年代）のいわゆる四大飢饉は被害が大きく、異常発生した害虫のウンカによる稲の食い荒らしに端を発した享保の飢饉も含めて、冷害など異常気象による凶作が原因であった。江戸時代は経済の中心となった米作りを中心とする生活が推進されたが、稲の栽培には一定の気温が必要なことから、とくに東北地方で冷害による凶作の被害が大きかった。

こうした飢饉を経験する中で、幕府や諸藩、民間でも、社倉《しゃそう》という平時から米穀を貯蓄する制度を設けるなど、様々な対策が練られていくことになる。

わかりやすい植物図入りの『備荒草木図』

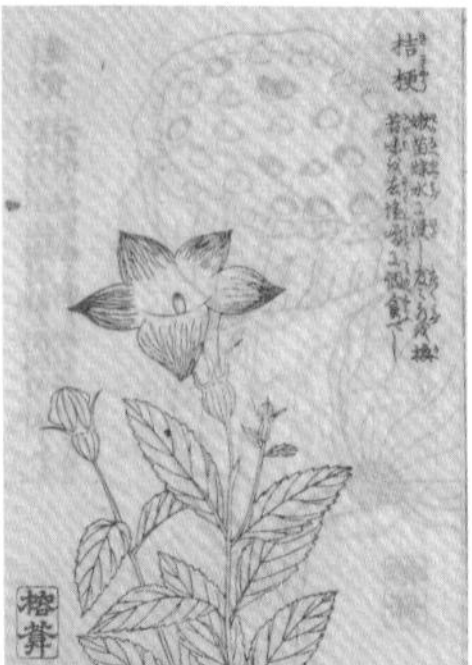

桔梗《ききょう》

若芽を茹でたあと、何度も水を換えて苦味を除く。

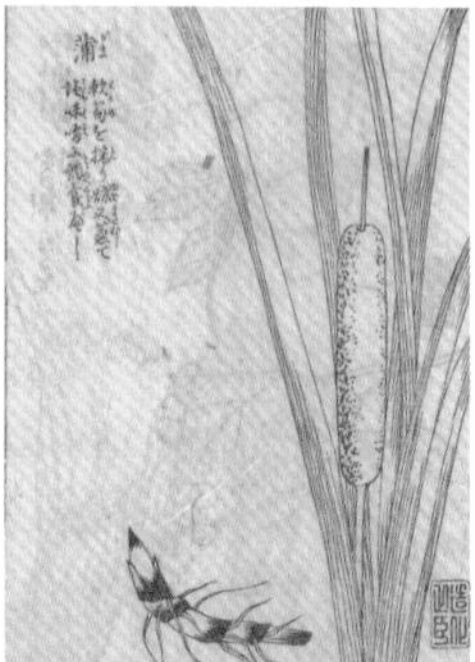

蒲《がま》

芽を茹でるか蒸して、塩や味噌で食べる。

巻丹《おにゆり》

主に根を食べるほか、葉も茹でて食べる。

（『備荒草木図2巻［1］』国立国会図書館蔵）

その中で、飢饉の際に米穀を節約するための代用品（救荒食物）についての知識を広く普及させるために救荒書が出版され、葛《くず》やわらび、ゆり、松などの山野に自生する葉・根・実から、猫やねずみといった動物まで掲載されていたという（『日本食生活史』）。救荒書の先駆けとなったのは、奥州一関《いちのせき》藩の藩医建部清庵《たてべせいあん》による『民間備荒録《みんかんびこうろく》』（1771）で、凶作に対する備えや植物の毒性などを含めた正しい食べ方が記され、藩に献上されたのち、江戸でも出版された。また、庶民にもわかりやすいよう絵入りで植物の調理法などを紹介した『備荒草木図《びこうそうもくず》』も著した。これらの書は、のちの天保の飢饉の際に注目されるとともに、多くの救荒書に影響を与えた。

また、救荒作物の栽培も奨励された。8代将軍徳川吉宗は享保の飢饉の際に薩摩《さつま》藩など九州地方で犠牲者が抑えられた要因として江戸初期に伝来していたさつまいもに注目、全国に栽培を奨励し、各地に広がる契機となった。同様にオランダ人によってもたらされたじゃがいもも救荒食物として注目されたことで普及した。

苦しむ人々を助けた御救小屋

江戸時代、飢饉や災害による窮民を救済するための臨時施設として造られた御救小屋《おすくいごや》に集まる窮民たち。このほか、大釜で粥を煮たり、医師が衰弱した人を診るところ、亡くなった人を見送るシーンも描かれている。

（『荒歳流民救恤図』国立国会図書館蔵）

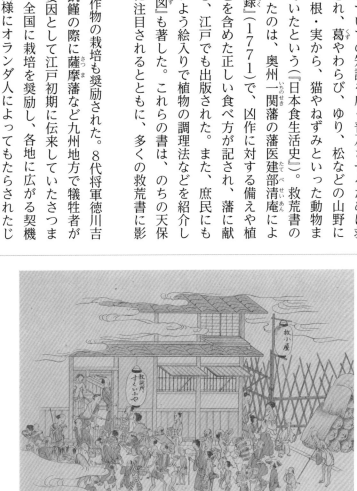

本膳料理と懐石料理をアレンジした酒を楽しむための料理

会席料理の登場

現代の日本料理店につながる料理屋が自由に編み出したスタイル

文化が爛熟した江戸時代後半の文化・文政期（1804～30）に繁栄した高級料理屋では、会談をしたり芸者をあげて楽しむなど酒を主体に食事をする客が多いことから、本膳料理（50ページ参照）や懐石料理（54ページ参照）をベースとして、新たな形式が考案された。当時の文献で「正式ではないもの」「アレンジしたもの」という意味の「懐石風」や「本膳崩し」などともよばれた会席料理の登場である。

時間や場所があらかじめ決められた、それまでの儀礼的な料理形式ではなかっただけに、料理の内容や提供する順番など自由に工夫され、料理屋ごとに特徴があったが、共通していたのは酒宴が中心のため、本膳料理や懐石料理とは異なり、初めから酒と肴が出され、最後に飯と汁が出ることだった。また、従来の本膳料理では最後の酒宴で供される肴は大盛りで各自が取り分ける形式が多かったが、会席料理では一人分ずつ時系列で出された（『日本食物史』）。江戸時代後期の料理本『素人庖丁』（1805）では「膳くずし」と称して紹介され、本膳料理とは異なり、料理が一の膳、二の膳と順番に運ばれたことを図で示している。このスタイルがしだいに会席料理として定着し、現代の日本料理店などで提供されている形式につながっていく。

なお、本膳料理の形式は二の膳つきなどに簡素化され、江戸中期以降に町人や各地の農村にも儀礼食や行事食として取り入れられるようになった。とくに婚礼は人生に一度のハレ舞台で、豪華な食事が用意された。また、正月のおせち料理は江戸時代には、現在のように重箱中心ではなく、重箱には3種ほどの祝い肴を入れた本膳料理形式の祝膳が一般的だった。

高級料理屋で出された会席料理

高級料理屋ではそれぞれの工夫で特徴のある会席料理が提供された。画像は、江戸の高級料理屋として有名だった八百善。

（『江戸高名会亭尽 下谷広小路』国立国会図書館蔵）

目でも楽しめる華やかな現代の会席料理

季節の食材も盛り込み、様々な料理法の品々の会席料理。江戸時代のように1品ずつ提供される場合が多い。

会席料理の特徴

成立	料理を出すタイミング	酒の提供	品数	位置づけ
江戸時代	ひと皿食べ終わったら、次の皿が供される	最初から、酒を飲みながら料理を食べる	料理屋によって異なるが、数種の酒肴（料理）のあと、飯、汁、香の物が提供される	酒を楽しむための料理として、各料理屋が工夫した

現代の一般的な会席料理の流れ

酒宴：前菜（先付）→ お造り（刺身）→ 椀物（吸い物）→ 焼き物 → 煮物 → 和え物（酢の物など）

→ 止め椀（味噌汁）飯・香の物

このほかに揚げ物、蒸し物などが追加される場合もある。

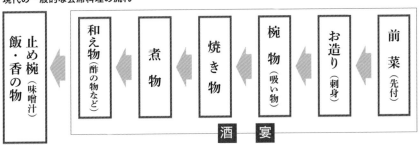

西洋医学の発展と開国

黒船を率いたペリーには不評だった日本側の饗応料理

江戸時代初期にキリスト教の禁令とともにポルトガルとの交流が絶たれ、それ以後はオランダが長崎出島《でじま》に限定されながら西洋文化受け入れの窓口となっていた。徐々に西洋の研究が進む中、18世紀後半に医師杉《すぎ》田玄白《たげんぱく》らが『解体新書《かいたいしんしょ》』を刊行すると、西洋学問（蘭学）の研究は一気に花開き、医学の面ではそれまでの本草学から西洋医学が次第に台頭し、「栄養」という言葉も使われるようになった。

また、幕末には来日したオランダ軍医ポンペに学んだ幕府医官の松本良順《りょうじゅん》が、著書『養生法』（1864）の中で、蘭学の影響から消化しやすく栄養のある食べ物であるとして肉食を勧めている。なお、肉食禁忌の江戸時代でも薬喰いとして「山鯨《やまくじら》」などと称し獣肉を

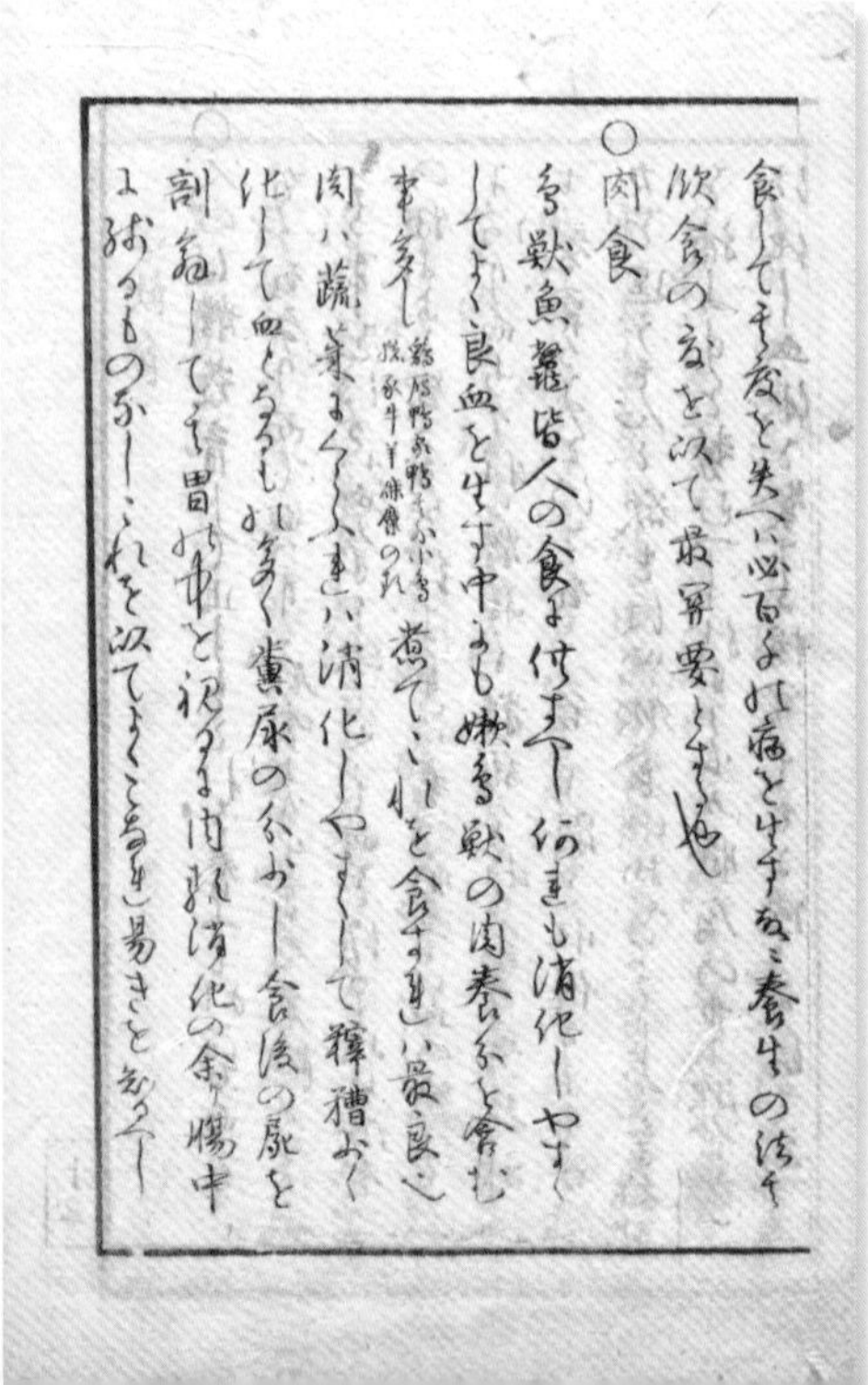

肉食を勧めた松本良順と『養生法』

『養生法』の「肉食」について記したページ。松本良順はまだ一般的ではなかった牛乳の効用にも着目し、明治初期に病院の患者に与え、奨励に努めた。

（左：『養生法　上』国立公文書館蔵）

（上：「松本良順肖像」国立国会図書館蔵）

食べることもあり、開港後には豚鍋、西洋料理を扱う店が登場する。

1853年（嘉永《かえい》6）に開国を要求するアメリカ、ロシアの軍艦が来航し、日本は開国への道をたどることになる。

翌年、アメリカのペリー提督が再来日した際に日本側が横浜でペリー一行をもてなした饗応では、江戸にあった高級料理屋「百川《ももかわ》」が料理を担当し、酒宴と豚の煮物や平目の刺身といった山海の珍味を駆使した二汁五菜の本膳料理が提供された（『武州横浜於応接所饗応之図』）が、ペリー自身は日本側の料理は魚中心で量も少なく不満だったと日記に残している。その日記には、のちにペリー側が日本側の談判委員を招いて午餐会《ごさんかい》を開いた際の様子もあり、牛肉や羊肉、ワインやシャンパンなどが振る舞われ、日本側に好評だったという（『ペリー提督日本遠征記』）。

このように西洋文化との距離が急速に縮まったことで、明治以降、日本の食文化は大きく変化を遂げることになる。

ペリー一行を饗応した際の様子

1854年（嘉永7）に、幕府側が横浜で再来日したペリー一行をもてなした様子を描いた当時の瓦版。山海の珍味やカステラ、アルヘイトウなどの南蛮菓子も供された。

（『横浜応接場秘図』真田宝物館蔵）

ペリーに供された料理の一例

吸物（鯛 ひれ肉）（上）、硯蓋（紅袍綸蒲鉾 伊達巻鮨 うすらい鮨 花形長芋 綿昆布 九年母 河茸線）（下右）、「鉢肴(鯛筏 反身二巻蒸 風干 ほうぼう 自然生土佐煮 土筆からし漬 酢取生姜）（下左）。このほかにも、20以上の料理があった。

（御食国若狭おばま食文化館提供。奥村彪生監修「日本の正月食の象徴『雑煮』〈常設展示〉」より）

明治・大正・昭和戦前の食文化

和洋折衷が進み、生活スタイルの変化とともに「家庭料理」という新たな価値観も登場

肉食の再開、新たな食材の流入、洋食の成立——。明治政府が欧米に追いつけと近代化にまい進していく中で、生活スタイルの変化とともに、食文化も徐々に洋風を取り入れ新たな形がつくられる。

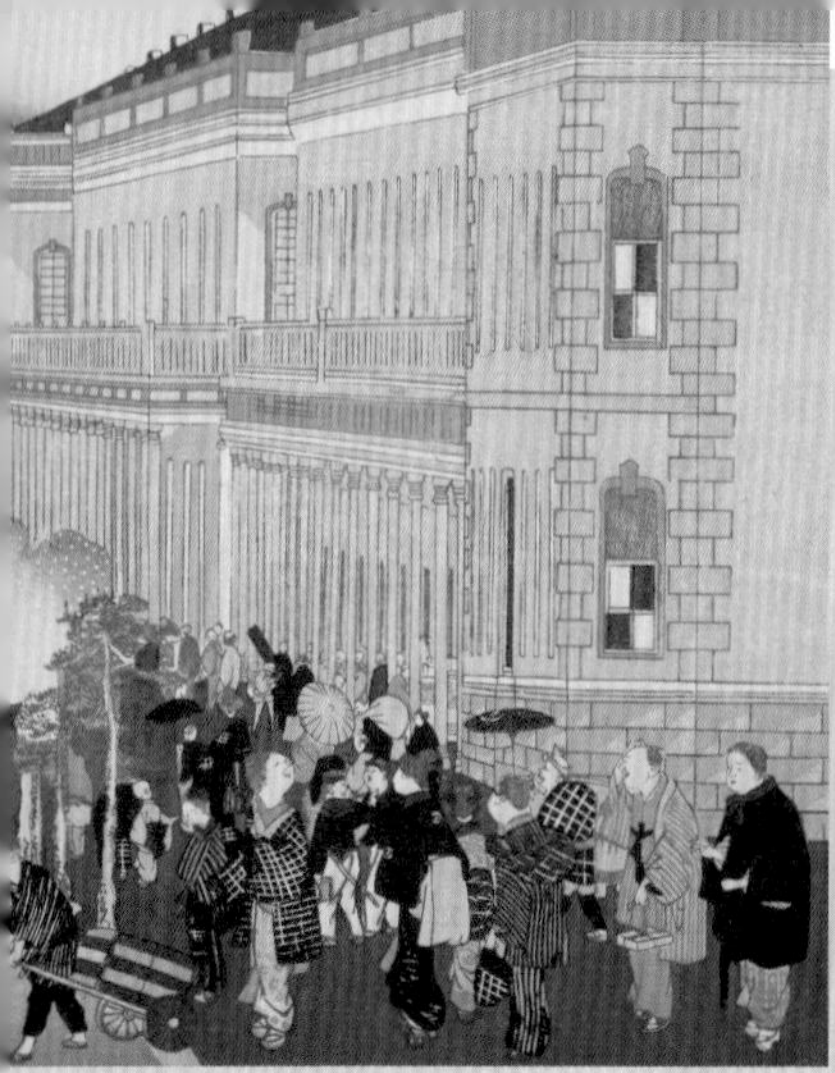

食に大きな変化をもたらした文明開化で、町の様子も一変した。浮世絵は洋館が並ぶ東京・京橋の街並み。（『第一大区従京橋新橋迄煉瓦石造商家蕃昌貴賤藪沢盛景』国立国会図書館蔵）

明治政府がめざしたそれまでとは異なる社会と食の在り方

医学・学校・産業・農業技術・芸術など、江戸時代まで育んできたものとはまったく異なる欧米の制度・文化を積極的に受容した明治政府は、食文化のうえでも、長らく禁忌とされてきた肉食を解禁・推進したことをはじめ、西洋料理の受容、栄養学の普及などを行っていった。

"和洋折衷"の代名詞。西洋料理を日本風にアレンジした洋食の成立

お雇い外国人などにより新たな食材や料理が伝わったが、とくに地方では、一般の人々の暮らしや食習慣

がすぐに変わったわけではなかった。明治後期頃から徐々に浸透していき、やがてライスカレーやコロッケ、トンカツ、すき焼きに代表される洋食が成立し、それまでの食事形式に取り入れられ、食文化にさらに多彩な広がりをもたらした。

日常の食生活に変化をもたらした「家庭」「家庭料理」という新たな価値観

家族の誰かが作った料理を、家族全員で食べることを重視する価値観は、明治後期になって広まった。産業構造の変化によりサラリーマンが増加し、いわゆる良妻賢母思想が学校教育に取り入れられたことで、主婦は子育てや料理などの家事に専念するという価値観が次第に浸透していった。

それまで、食事は手があいている人が作るもので、中流以上の家庭では、使用人が作るため料理を作らない女性も少なくなかった。その結果、新しい文化である西洋料理やそのあとには家庭料理を教える料理学校ができ、家庭向け料理書という新しいジャンルも登場した。

西洋料理を提供する明治後期の食堂車。
(『東京風景』国立国会図書館蔵)

欧米人に負けない体格づくりのため明治政府が奨励

文明開化の象徴となった牛鍋

長年の肉食禁忌は根強く、反対派も多かった

江戸時代には肉食を禁忌とする思想が根づいていたが、明治政府は欧米人に負けない身体づくりの必要性から、1869年(明治2)、東京築地に食肉、牛乳など乳製品の製造・販売を行う牛馬会社を設立、また陸海軍の栄養食として採用するなど、肉食の普及をめざした。牛馬会社のパンフレットに「肉食之説」(1870)という文章を寄せた福沢諭吉《ふくざわゆきち》は、肉食を穢《けが》れとするのは「無学文盲の空論」であり、そのため日本人は病弱の者が多く、健康のために牛肉や牛乳を摂取すべきだ、と力説した。1871年(明治4)12月には宮中で「古代以降、宮中では獣肉を避けてきたが、今後はこれを解き、共御(天皇の飲食物)に獣肉を用いしめらる」(『明治天皇記』二)とし、明治天皇の日常食に牛や羊が

洋装姿で牛鍋に舌鼓をうつ男性

当時は、テーブルではなく床に七輪を置くスタイルが一般的だった。
(『安愚楽鍋 牛店雑談 一名 奴論建 3編 上下』国立国会図書館蔵)

出されることになり、実質的な肉食の解禁となった。

こうした影響により、新たな文化になじみやすい都市部を中心に牛肉文化は広まり、「牛肉を好むもの増えて屠殺場も多忙」（「郵便報知」1876年7月12日）、「開化で牛肉屋急増」（「朝野」1877年11月8日）と、新聞が当時の様子を伝えている。

牛肉の食べ方は幕末に登場した牛鍋が主流だった。匂いを消すため味噌や醤油で煮込むことで日本人にも好まれ、西洋料理店にくらべて安価だったことも人気の要因だった。当初は角切りの肉も使用されていたが、やがて薄切り肉を使用したすき焼きが生まれ、全国に広まり国民的料理になる。

一方、耕作用の牛馬を家族同然として扱っていた農村部や、長年の穢れ思想から肉食に反対する人々も多く、先述した明治天皇の肉食導入の報道後には、反対派が宮中に乱入し死者が出る事件が起こるなど、各地で反対運動が相次いだという（「とんかつとすき焼き」『日本の食文化4　魚と肉』）。このような賛否ある中、肉食が一般的になるのには、明治末年頃までかかった。

作り方が違う関東風と関西風のすき焼き

関東風はまず、鍋にだし、醤油、砂糖、酒、みりんを加えた割り下を煮立たせてから、野菜や肉を煮る。

関西風は牛脂をしいた鉄鍋で牛肉を焼いたあと、砂糖や醤油で味つけ。野菜と肉を交互に入れながら、昆布だしや水で味を調整する。

現在も受け継がれている明治初期の牛鍋

1868年（明治元）創業の横浜・太田なわのれんで提供されている、角切り肉と味噌だれを使った牛鍋。

西洋料理店の開業

外交のために受容が急がれた西洋料理

慣れない食事マナーを克服するためマナー本も出版

幕末以降、多くの西洋人が来日するようになると、彼らの居住地には西洋料理店やホテルができ、当初は西洋人向けに西洋料理が提供された。

やがて上流階層の日本人も居留地の西洋料理店を利用するようになり、明治初年には築地精養軒《つきじせいようけん》など西洋料理を出す店が増え、新聞には「東京で日を追って繁昌」という見出しとともに、采女町西洋軒、築地日新亭、茅場町海陽亭を人気店として紹介している(「新聞雑誌」1873年10月)。

一方、明治政府は西洋料理の受容に積極的だった。それは、外国人の接待を目的に建てられた鹿鳴館《ろくめいかん》に象徴されるように、欧米諸国との不平等条約を改正するためなど、欧米人との付き合いに西洋料理が不可欠だったからだった。

しかし、会食時のマナーや食べ方を記した『即席簡便　西洋料理方』(1894)に、明治初年の頃の話として、ある西国の武士が横浜で外国人から食事に招かれた際に、置いてあったナプキンを、食べ残しを持って帰る包み紙と勘違いし、余った肉料理を包んで持って帰ろうとしたというエピソードもあるように、もてなす側の日本人には、西洋料理やテーブルマナーが不得手な者も多かった。

また、欧米人が満足する西洋料理自体の調理技術の向上のため、数々の西洋料理書が登場した。

なお、初期の西洋料理は非常に高価だったため、レストランやホテルで食事ができる層は限られていた。しかしその後、そうした場所で西洋料理の修業をした料理人により、大衆的な層のために洋食屋が開かれることになる。

鹿鳴館で行われた晩餐会のメニュー（レプリカ）

1883年（明治16）、外国からの国賓や外交官を接待する社交場として完成した鹿鳴館。晩餐会では、正式なフランス料理の形式に基づいたメニューが供された。

（御食国若狭おばま食文化館提供。奥村彪生氏監修「日本の正月食の象徴『雑煮』〈常設展示〉」より）

牛酪製機も出品された内国勧業博覧会

西洋料理店の登場とともに、西洋料理に欠かせないバター、チーズ、ハム、ソーセージなどを国内で生産するため、欧米から食品加工の専門家を招聘し、1873年（明治6）には北海道に官営の食品加工工場が建設されて本格的な製造が始まった。こうして導入された新たな技術の一端は、1877年（明治10）に東京・上野で開催された内国勧業博覧会で牛酪製機などが出品された。

（『明治十年上野公園地内国勧業博覧会開場之図』東京都立中央図書館蔵）

明治時代初期に出版された西洋料理書

『西洋料理指南』（1872）には、調理法、調理器具、食卓の準備なども盛り込まれている。（東京都立中央図書館蔵）

近代的な給食の誕生

学校、病院、工場、軍隊など様々な場所で提供されるようになる

貧困児童の救済が目的だった学校給食のスタート

集団給食自体は、古代律令国家の官人養成機関であった大学寮で生徒に出された食事をはじめ、陣中の兵士に支給される兵食などが古くからあった。

明治時代になり、政府がドイツ医学を採用すると、近代的な栄養学を取り入れたいわゆる現代の給食が、様々な場所で開始された。その先駆けは軍隊で、創設された陸海軍では、主食偏重による低栄養状態改善のため早くから肉食・洋食の導入が進められた。また、1888年（明治21）に順天堂医院の平野千代吉が西洋式の病院食を初めて導入するなど、食事療法の研究も進展した（病院食の完全給食は戦後以降）。

学校給食は、1889年（明治22）に山形県鶴岡市の大督寺《だいとくじ》という寺の本堂に設置された私立忠愛《ちゅうあい》小学校で行われたのが最初とされる。当時の児童は弁当持参か自宅で昼食を食べていたが、十分に栄養を摂れない貧困児童の就学奨励のため、慈善団体によって実施された。その後、こうした貧困・虚弱児童対策としての給食は、関東大震災（1923）後に被災した児童の栄養改善のため文部省が奨励して全国に広まっていき、昭和恐慌による全国的な経済不況に直面した昭和7年（1932）、政府は国庫から67万円（現在の貨幣価値で約14億円）を出して国の助成により学校給食を奨励した。その後、対象が栄養不良児や身体虚弱児にも広げられたが、太平洋戦争の戦況悪化により一時中断されることになる。

ただし、あくまで貧困や栄養補給対策目的に限られていたため戦前の学校給食を受けた児童の割合はかなり少なく、ほとんどは弁当持参で、全校児童を対象として給食が開始するのは戦後になってからだった。

戦前の欠食児童の健康を担った給食

東北の凶作により宿直室で給食を受ける欠食児童。(岩手県二戸郡小鳥谷小学校。1934年12月頃撮影。朝日新聞社提供)

学校給食の変遷
(各年代の一例)

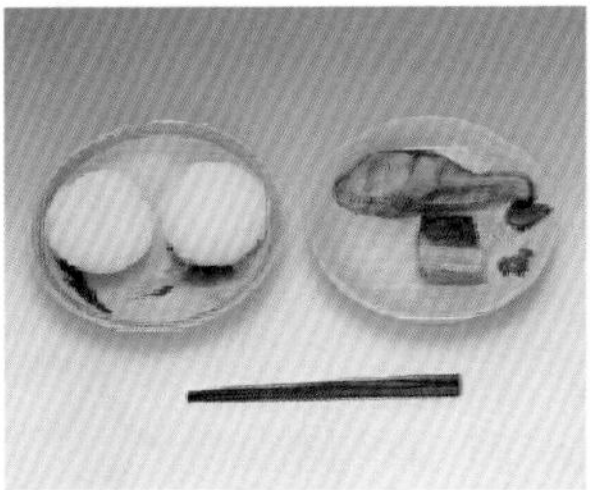

1889年(明治22)
おにぎり、塩鮭、菜の漬物

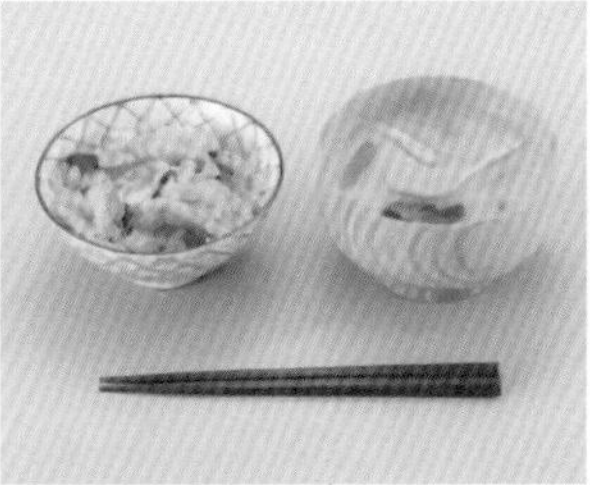

1923年(大正12)
五色ご飯、栄養味噌汁

1942年(昭和17)
すいとんの味噌汁

1952年(昭和27)
コッペパン、ジャム、鯨の竜田揚げ、千切りキャベツ、脱《だっ》脂《し》粉乳《ふんにゅう》

1979年(昭和54)
ご飯、牛乳、チーズ、がめ煮(郷土料理)、ヨーグルトサラダ

(5点すべて独立行政法人日本スポーツ振興センター提供)

「牛肉の代わり」から人気食材へ

日露戦争を契機に消費が拡大した豚肉

西日本と東日本で地域差のある豚肉の消費量

総務省統計局の家計調査（2020～22年平均）による主要都市別一世帯あたりの品目別年間支出金額のランキングを見ると、牛肉は近畿圏を中心に中・四国、九州地方の都市が上位を占めているのに対し、豚肉はさいたま市、新潟市、浜松市、東京23区、福島市…と東日本の都市が上位を占めている。

この地域差には、日清・日露戦争時（1894～95、1904～05）に兵士への配給として人気のあった砂糖、醤油、生姜《しょうが》で甘辛く煮た大和煮など、牛肉の缶詰が大量に戦地に送られたことで国内の牛肉が不足し、中国・韓国から牛肉と共に牛を輸入したことと関係している。

それらの荷受けが神戸や九州など西日本に集中したことから、周辺での牛の飼育や牛肉の消費が進んだためともいわれている（『日本食の文化』）。

一方、豚肉は最後の将軍徳川慶喜《よしのぶ》の好物だったことが知られるなど、江戸時代には出島《でじま》のあった長崎や鹿児島を中心に養豚も行われてはいたが、文明開化の象徴となった牛肉とくらべ味が劣るなどの印象により、人気はそれほど高くなかった。

しかし牛肉不足により牛肉の価格が高騰すると繁殖力が高く安価な豚肉が見直され、養豚が奨励されるなど、1910年代以降には、豚の屠殺数が牛のそれを上回ったという（「とんかつとすき焼き」『日本の食文化4　魚と肉』）。

日清・日露戦争後には、軍隊で肉食を経験した兵士たちがそのおいしさを伝えたことで、明治初年の解禁以来ようやく全国にも普及し、日本人の肉食消費量が高まる契機となった。

陸軍の缶詰工場

陸軍で使用した肉の缶詰は民間から買い上げたものもあったが、1911年（明治44）に広島に陸軍直営の缶詰工場が造られた。写真は昭和初期の缶詰工場の様子で、加工した肉を缶に詰める作業をしているところ。

（広島市郷土資料館蔵）

バラエティ豊かな豚肉料理

1916年（大正5）に発行された『田中式豚肉調理法』。焼き物、煮物、汁物、揚げ物といった調理法別のほか、細切肉および頭肉、内臓、脳脊髄といった部位ごとの和風豚肉料理のレシピを紹介している。著者の東京帝国大学教授（獣医学）である田中宏は鹿児島出身で故郷の名産豚肉の普及に努めた。写真は、現在のギョウザのような「茹饅頭」のレシピページ。

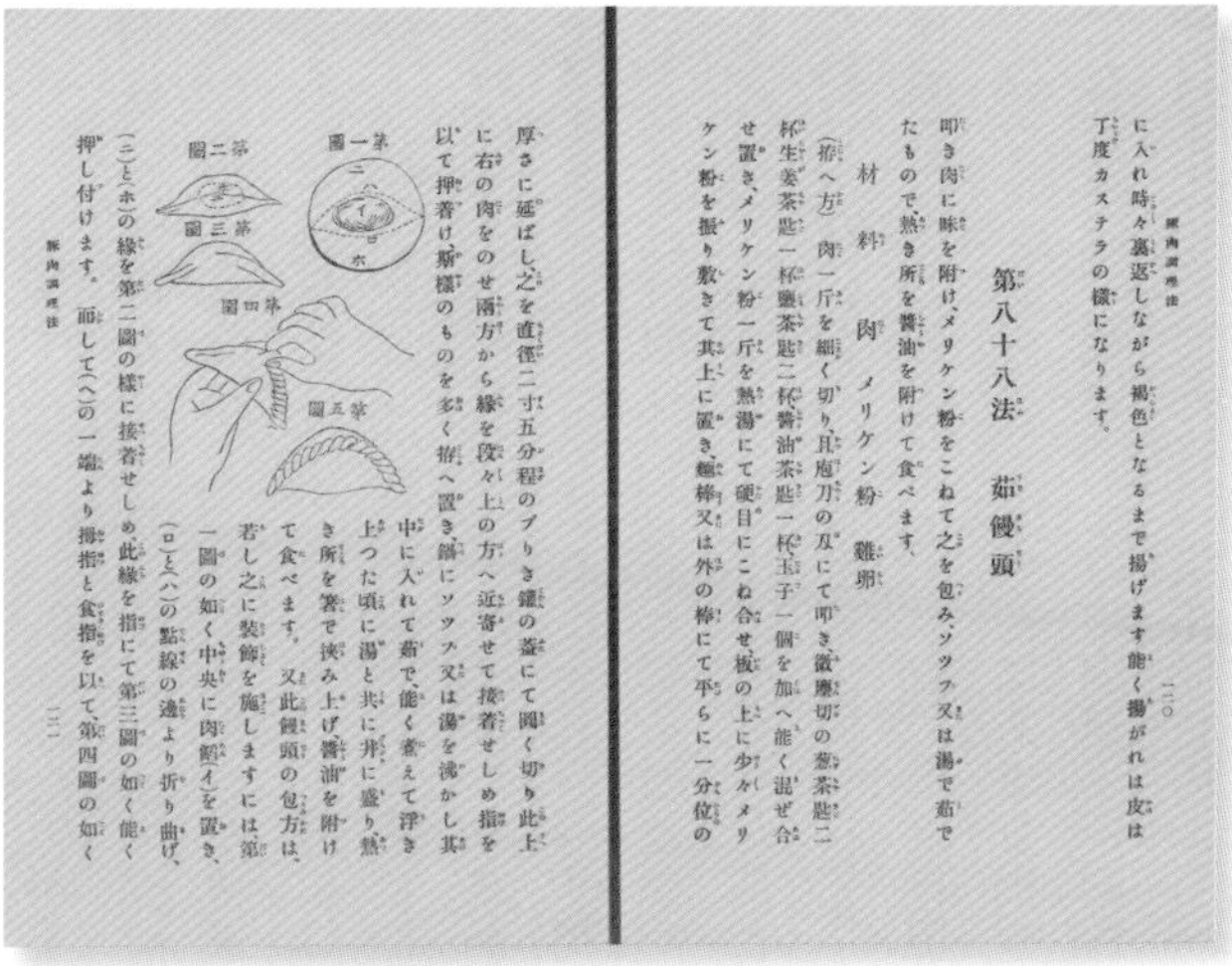

豚肉調理法　一二〇

に入れ時々裏返しながら褐色となるまで揚げます能く揚がれば皮は丁度カステラの様になります。

第八十八法　茹饅頭

叩き肉に味を附け、メリケン粉をこねて之を包み、ソップ又は湯で茹でたもので、熱き所を醤油を附けて食べます、

材料　肉　メリケン粉　雞卵

（拵へ方）肉一斤を細く切り、且庖刀の刃にて叩き、微塵切の葱茶匙二杯、生姜茶匙一杯、鹽茶匙二杯、醤油茶匙一杯、玉子一個を加へ能く混ぜ合せ置き、メリケン粉一斤を熱湯にて硬目にこね合せ、板の上に少々メリケン粉を振り敷きて其上に置き、麺棒又は外の棒にて平らに一分位の厚さに延ばし、之を直徑二寸五分程のブリキ罐の蓋にて圓く切り此上に右の肉をのせ兩方から縁を段々上の方へ近寄せて接着せしめ指を以て押着け、斯様のものを多く拵へ置き、鍋にソップ又は湯を沸かし其中に入れて茹で、能く煮えて浮き上つた頃に湯と共に丼に盛り、熱き所を箸で挾み上げ、醤油を附けて食べます。　又此饅頭の包方は、若し之に裝飾を施しますには第一圖の如く中央に肉餡(イ)を置き、(ロ)と(ハ)の點線の邊より折り曲げ、(ニ)と(ホ)の縁を第二圖の様に接着せしめ、此縁を指にて第三圖の如く能く押し付けます。而して(へ)の一端より拇指と食指を以て、第四圖の如く

豚肉調理法　一二一

（『田中式豚肉調理法』国立国会図書館蔵）

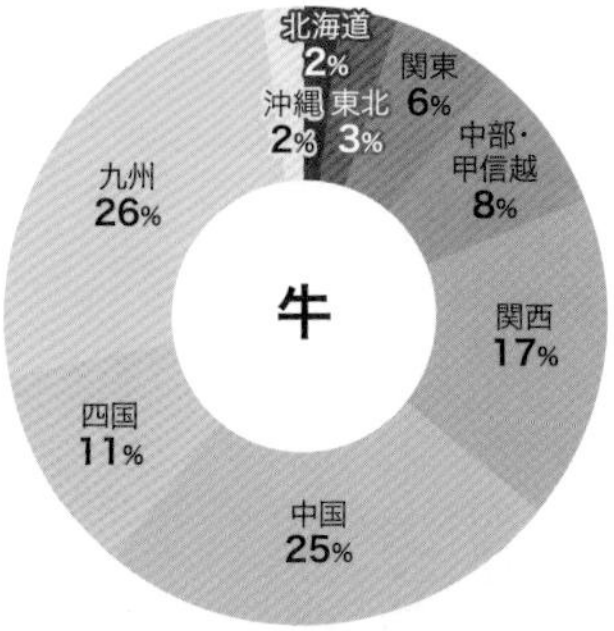

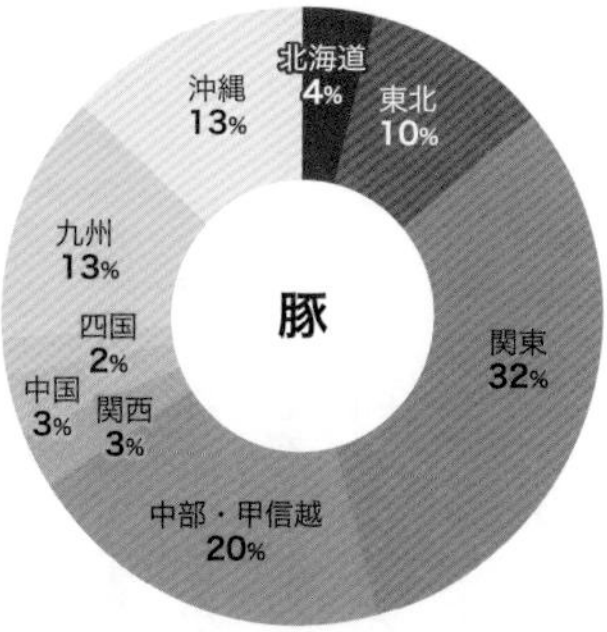

関東で多かった豚肉の飼育

グラフは、豚肉が全国へと普及していった1924年（大正13）の牛と豚の飼養頭数を地域別で示したもの。豚は関東と中部・甲信越に、牛は関西以西の西日本に多かった。

（『農林省統計表 大正13年』（国立国会図書館蔵）をもとに作成。）

西洋料理から誰でも楽しめる大衆料理に

日本風にアレンジされた「洋食」

ご飯に合わせて箸で食べる新たな国民食として広がる

洋食という言葉は、明治初期には西洋料理と同じ意味で使われていたが、料理人たちによって日本人の味覚に合うように工夫され、明治後半から大正時代には新たな洋食として定着した。なかでも「三大洋食」として人気だったのが、カレーライス（当時はライスカレー）、トンカツ、コロッケ（またはオムライス）だった。

明治初期の料理書『西洋料理指南』（1872）に取りあげられているように、カレーはインド料理ではなく、西洋料理として日本に入り、にんじんやじゃがいものを入った和風にアレンジされ、軍隊で採用されたことで一般に普及していった。トンカツは、フランス語のコートレットが語源で、本来は仔牛肉に衣をつけて焼いたものだが入手しやすい豚肉に替え、日本人になじみのある天ぷらの調理法に変化させた。1895年（明治28）に東京銀座の煉瓦亭でポークカツレツとして切って供されたのがその発祥とされる。コロッケの語源もフランス語のクロケットからきている。このような料理が誕生した背景には、コース料理が主の西洋料理が高価で、一般には手が届かなかったことから、手軽さを売りに単品でも楽しめるように考案されたことがあった。折しも資本主義経済の浸透によって都市部を中心に今でいうサラリーマンのような新中間層が増えたことも一因となった。また、どれも米の飯に合うように工夫されたことが特徴で、さらに箸で食べられることで、自然と和食文化に組み込まれていったのだろう。

なお、中国料理店は、西洋文化主体の近代化の中で当初はあまり根づかなかったが、日清・日露戦争による中国進出の影響により、中国で生活する者が増え、大正時代頃から一般向けに広がっていった。

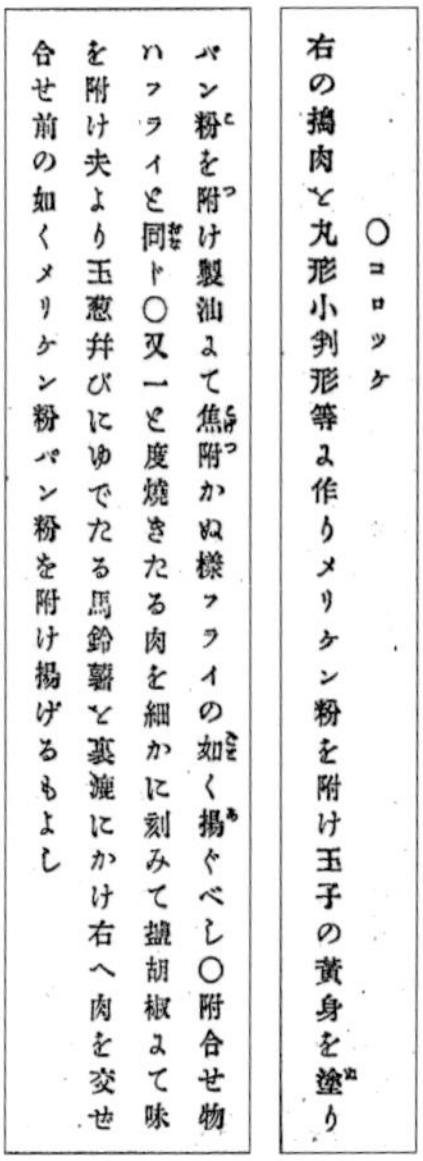
○コロッケ
右の搗肉と丸形小判形等ニ作りメリケン粉を附け玉子の黄身を塗《ぬ》りパン粉《こ》を附《つ》け製油ニて焦附《こげつ》かぬ様フライの如《ごと》く揚《あ》ぐべし○附合せ物ハフライと同《おな》ド○又一ど度焼きたる肉を細かに刻みて胡椒ニて味を附け夫より玉葱并びにゆでたる馬鈴薯と裏漉にかけ右へ肉を交せ合せ前の如くメリケン粉パン粉を附け揚げるもよし

明治期の料理書に記されたコロッケのレシピ

1888年（明治21）発行の『軽便西洋料理法指南：実地応用 一名・西洋料理早学び』の、コロッケのページ。搗肉《つきにく》（ミートボール）を作り、それに衣をつけて揚げるという、現代のミートコロッケのようなレシピが紹介されている。

（国立国会図書館蔵）

明治初期に発行された料理書に見られるカレーのレシピ

『西洋料理指南』（1872秋）	『西洋料理通』（1872春）
葱1茎、生姜半個、にんにく少々を細かくしてバターで炒め、水を加えてから鶏肉、海老、鯛、牡蠣、赤蛙などを入れてよく煮る。カレー粉を加えてさらに煮て、塩と小麦粉を水で溶かしたものを入れる。	葱を薄く切り、バターと共に鍋に入れて、鼠色になるまで炒める。カレー粉と小麦粉と塩をよく混ぜ、炒めた葱に加える。肉を薄切りまたは刻んで水またはスープを入れて煮る。皿に盛ってその周りをご飯で囲む。

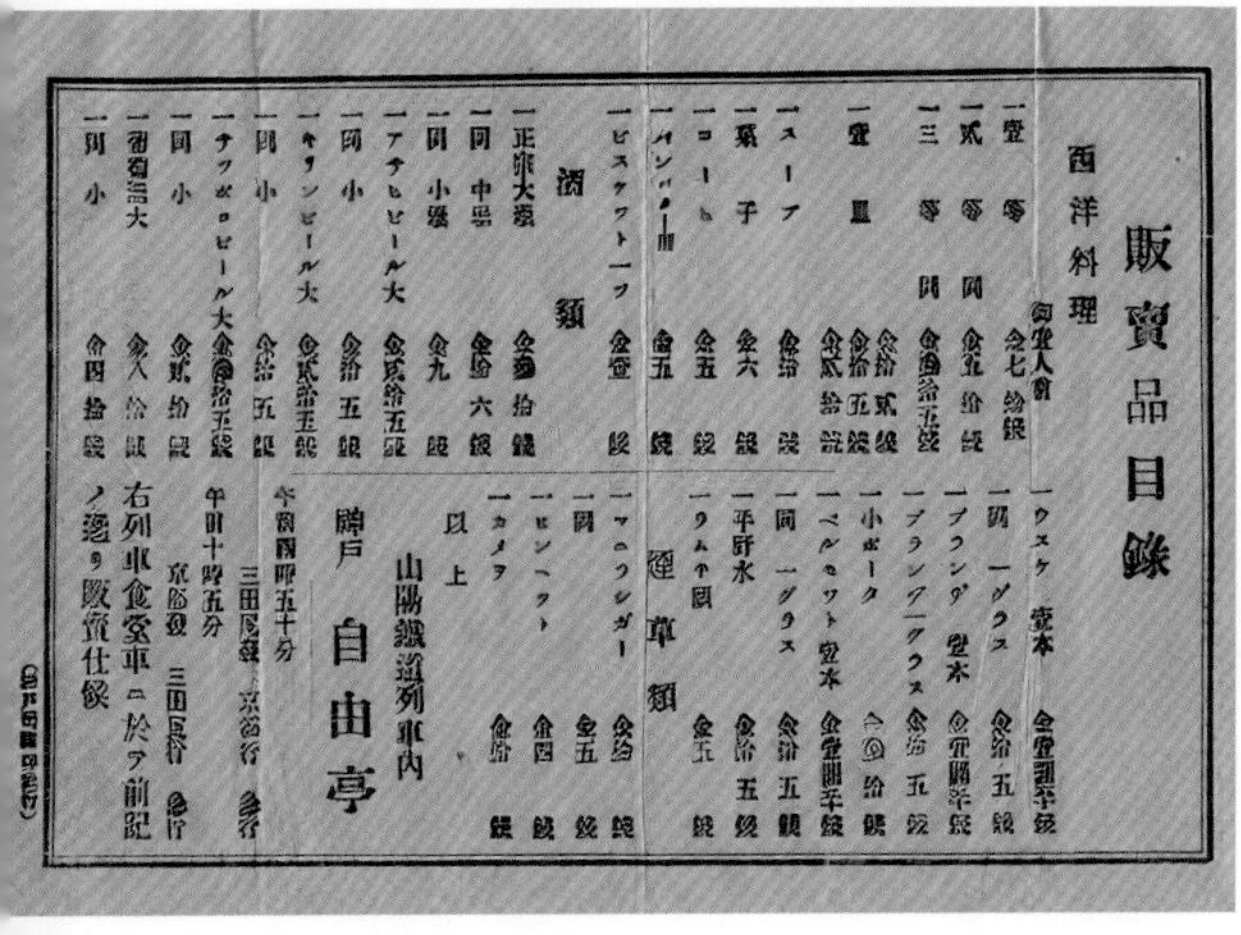
販賣品目錄
西洋料理
一壹等 御壹人前 金七拾錢
一貳等 同 金五拾錢
一三等 同
一スープ
一菓子
一コーヒー
一ビスケット一フ 金壹錢
酒類
一正宗大壜
一同 中壜
一同 小壜
一アサヒビール大
一同 小
一キリンビール大
一同 小
一サッポロビール大
一同 小
一ウヰスケ 壹本
一同 一グラス
一ブランデー 壹本
一ブランデー一グラス
一ベルモット壹本
一平野水
一ラムネ壹個
煙草類
一マニラシガー
一同
一ピンヘッド
一カメヲ
以上
山陽鐵道列車内
神戸 自由亭
右列車食堂車ニ於テ前記ノ通リ販賣仕候

1899年（明治32）に山陽鉄道に設置された、日本初の食堂車で提供されたメニュー

西洋料理方（一等が70銭。現在の価値で約1万4000円）と酒類が主に販売されていた。

（天理大学附属天理参考館蔵）

1900年代に生じた社会と食生活の変化

「家庭」と家庭料理の登場

雑穀食の減少・米食の増加と経済による身分差が生んだ食生活の格差

1900年前後の日本は、紡績・繊維産業を中心に産業革命の時代が到来し、第一次世界大戦後には大都市を中心にサラリーマン層が増加した。また教育の普及でほぼ全国民が文字を読めるようになり、大正デモクラシーという大衆文化が花開いた時代でもあった。

また、国民編成の単位を個人ではなく家単位とした明治政府は、旧民法（1898年施行）で、戸主の統率する家を構成する親族およびその配偶者を法律上家族と称するように定めた。こうしてこの時期に、「男は外で仕事をし、女は家を守る」といった近代家族の概念が創出されることになり、女性には「良妻賢母」という理想的な主婦像が求められるようになる。それまでほとんど使われなかった「家庭」という言葉もこ

1911年発行の本に掲載された、当時の家族団らんの様子。
（『衛生と衣食住〈家庭百科全書第31編〉』個人蔵）

の頃から一般に広がっていくことになった。

主婦に期待された家事のうち重視されたのが裁縫と家族の食事管理だった。当時の中・上流家庭では使用人が食事をつくる場合が多かったが、新しい料理を教えたり、食材を決めるなど主婦による管理も求められたため、家庭向け料理書や主婦向けの雑誌が発展した。

こうした本や雑誌には、毎日の献立づくりや健康管理を目的とした栄養に関する知識が記され、なかには一年間の献立を記したものもあった。また、家庭でも作れる西洋料理や洋食のレシピも紹介された。明治以後にトマトといった新たな野菜類が身近になったことも家庭で西洋料理がしやすくなった要因となった。

しかし、資本主義経済は格差も増大させ、低賃金で雇われた「女工」「職工」といった下層労働者を生み出し、都市部でも増税による物価高騰により貧民窟が生まれ、残飯屋から食べ物を購入する現象も見られた（『日本食の文化』）。このようにこの時期の資本主義経済の発達は新たな食文化を生み出す一方で、食生活の格差を生み出す要因ともなった。

地方別で見た明治初期の主食の割合

農商務省が1880年（明治13）に実施した全国調査「人民常食種類比例」をもとにしたもの。

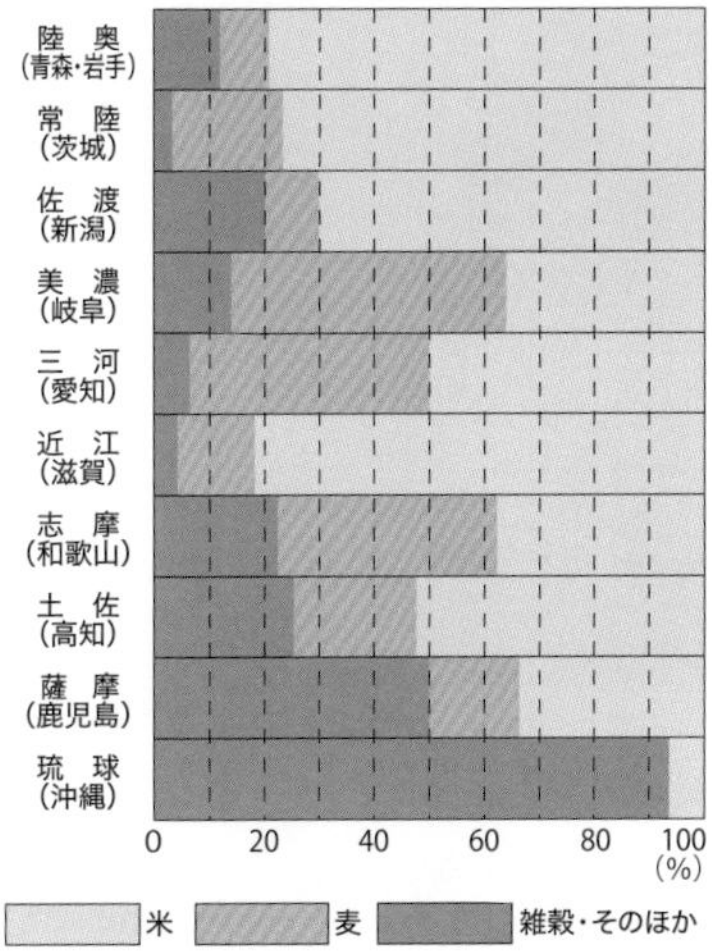

（農商務省「第二次農務統計表」をもとに作成）

明治中期に盛んになった養蚕。
（長久手市提供）

米の消費量が増え、雑穀食が減少

この時期の食生活の大きな変化に、経済的な階層による違いはあるものの、都市部以外でも主食として雑穀より米を多く食べるようになったことがあげられる。その要因として、養蚕業の発展により雑穀畑を桑畑へ転換し、養蚕から得られる現金収入で米を購入する農家が増大したことがあげられる。

ちゃぶ台が登場し、ガスや水道のインフラが整備

食卓と台所の近代化

家族でひとつの食卓を囲む新しい食事のシーン

前項で見た家庭料理の誕生は、家族の食事スタイルにも変化をもたらした。それまでは一人前の食事が載った銘々膳《めいめいぜん》をそれぞれが使用していたが、西洋の食卓であるテーブルの影響を受けて、核家族化したサラリーマン層を中心にちゃぶ台とよばれる共用の食卓が普及していった。ちゃぶ台は、日本家屋の畳の部屋でも使えるように高さを低くし、脚を折り畳めるようにしたもので、食文化研究者の石毛直道によると、明治初期の外国人居留地・横浜で使われた和製英語で食事や酒をすする擬音から食べることを「ちゃぶちゃぶ」とよんだことが語源だという（『日本の食文化史』）。

ちゃぶ台の登場によって、家族が同じ時間にひとつの食卓を囲む新しい食事スタイルへと変化したが、使

家族の食卓を生んだちゃぶ台

丸いちゃぶ台は、四角いものより人数の融通が利き、重宝された。使われないときは、脚を折り畳んでコンパクトにしまっておくこともできた。

（金沢くらしの博物館提供）

用人の多い商家やちゃぶ台に座りきらない農村部の大家族には普及が遅れ、大抵の家庭で使われるようになったのは１９３０年代後半だった（『同前書』）。なお、食卓がテーブルと椅子の形に変わるのは、戦後、全国に公団住宅が建設されるようになってからになる。

明治末期頃の都市部では台所事情も徐々に変わっていく。ガスが利用され始めたことで、ガスコンロやガス竈《かまど》など、ガス専用の料理器具が登場する。水道設備も整備されていった。江戸時代以来使われてきた上水井戸も老朽化し、１８８６年（明治19）にはコレラが大流行した。近代的な水道設備が望まれるなか、東京では明治末年までにかけて上水井戸が上水道へと転換され、大正期以降、都市部を中心に全国へ広がっていった。しかし、その普及率は１９６０年代にようやく50％を超え、80年代になって90％を超えた（厚生労働省「水道普及率の推移」）。ガス台や流し台を設置した台所が普及しはじめたことで、それまで床に座ったりかがんだりして行っていた料理も立って行うように変化していくことになる。

立ったまま調理できる高い調理台が設置された台所

ガスレンジが設置してあり、都市部でもかなり進んだ形の台所といえる。

（石澤吉磨『家事新教科書』上〈集成堂、1929年〉より。個人蔵）

戦争の拡大と配給制度

物資不足により、あらゆる日用品が国家統制下に置かれる

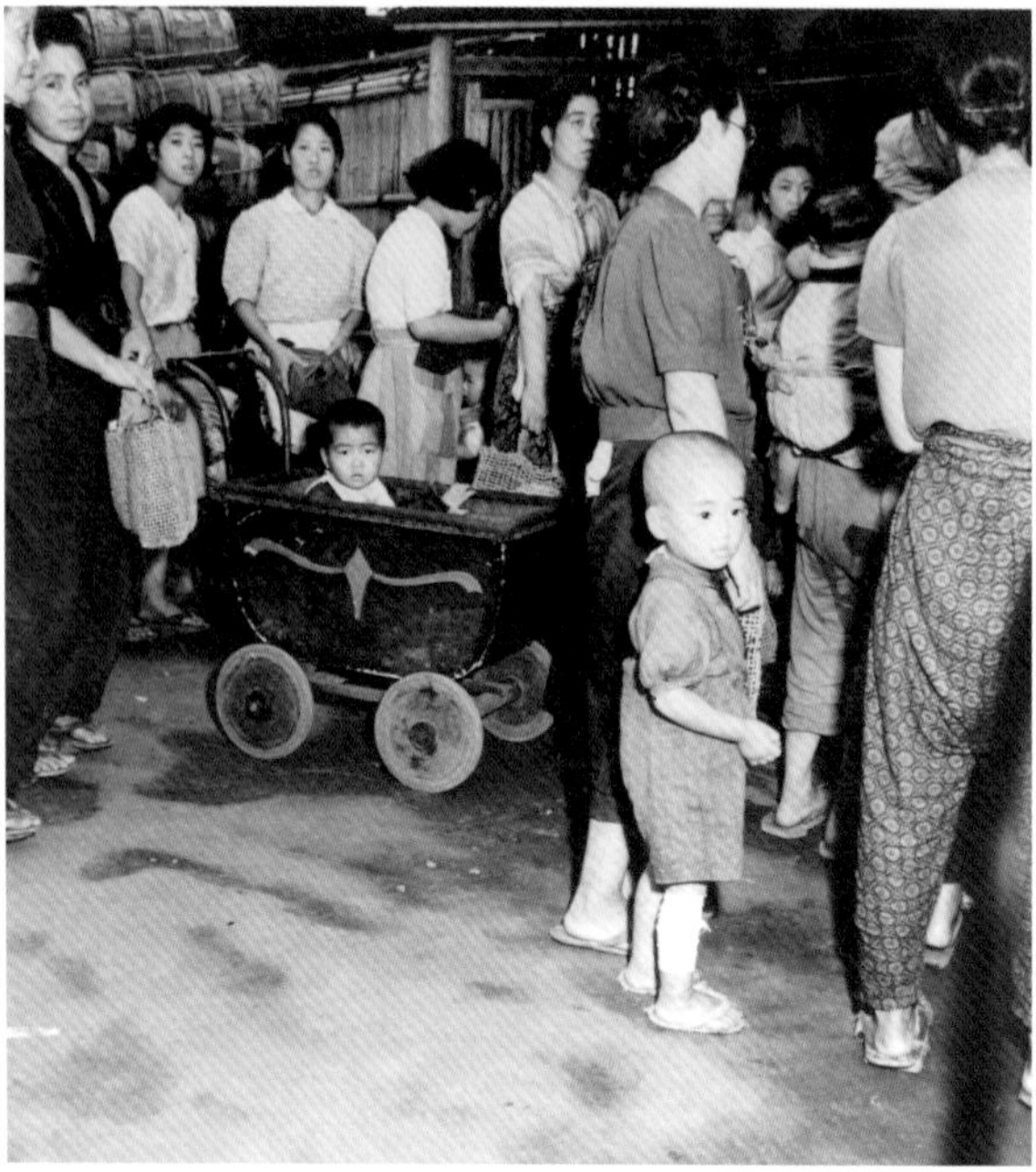

食料配給を待って列をつくる人々

終戦直後、1945年(昭和20)9月に東京で撮影された写真。戦後も食料不足、物資不足は続いた。(昭和館提供)

引き換え券や通帳を持参して割り当てられた量の食べ物を購入

1931年(昭和6)の満州事変により日本は戦争の時代に突入し、とくに1937年の日中戦争開戦以降、戦線は中国全土、東アジア、太平洋の南方へと拡大した。軍需産業の優先により生活関連産業は縮小し、国民の食料事情は悪化していく。太平洋戦争が始まると、連合軍による海上封鎖で海外からの食料供給が途絶え、国内では農業などの働き手が徴兵や軍需工場に徴用されていなくなり、食料不足はさらに深化する。

そこで、政府は食料需給と価格安定のため、管理・統制を強化し、生活物資や食料について各世帯の人数や年齢で一人に割り当てられる量を定めて切符を交付する、配給制度(切符配給制)を実施した。1940年、砂糖とマッチを皮切りに、木炭、育児用乳製品と続き、

米の購入通帳（1942年）と戦後の配給切符

米の購入通帳には氏名と家族の人数が記され、配給されるごとに日付と「配給済」の印が押された。右は栃木県支局のパン食券。

（東京家政学院大学附属図書館
大江文庫提供）

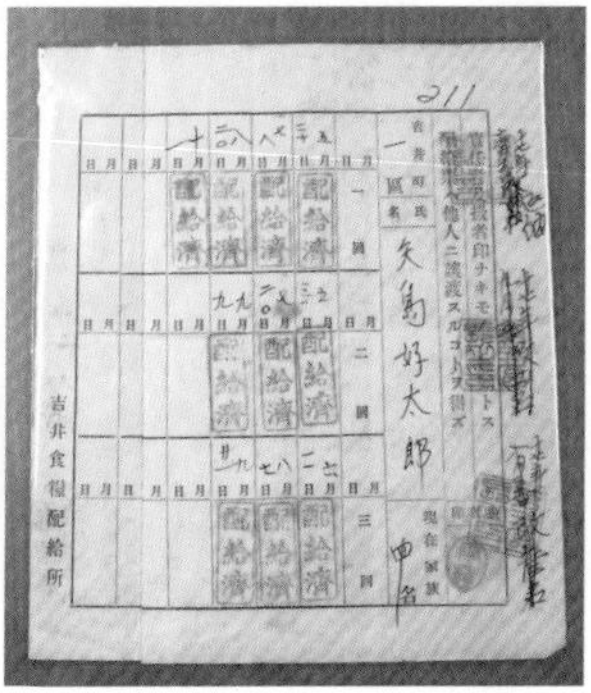

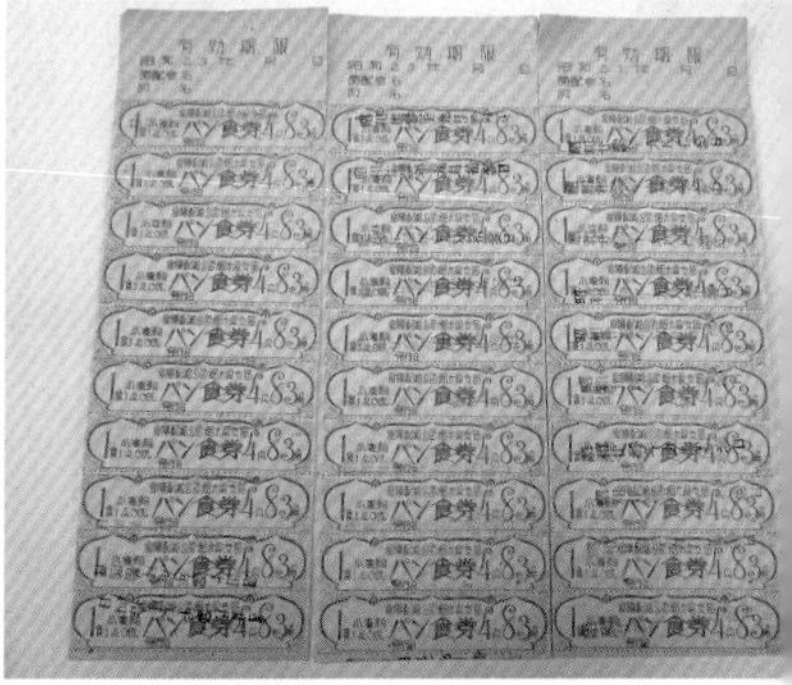

戦中に配給制度の対象に加えられた食料品

1940年（昭和15）	砂糖、乳児用乳製品、牛乳
1941年（昭和16）	米、小麦、酒、食用油、じゃがいも、卵、魚、さつまいも、菓子
1942年（昭和17）	塩、醤油、味噌、パン、青菜

小麦や酒、卵、パン、調味料などのほか、菓子、衣料品にも及んだ。国内生産量の4分の1を朝鮮・台湾からの移入に頼っていた米は、戦争拡大による船舶・燃料不足も拍車をかけ、国が農家から一定金額で買いあげる供出制が導入された。1941年に米の配給が6大都市（東京・大阪・横浜・名古屋・京都・神戸）で開始され、翌年には、米穀の強制買上、配給計画などを規定した食糧管理法が制定された。当初は、11～60歳には一日に米二合三勺（約330グラム）だったが、次第に麦や大豆が混入し、戦争末期にはさつまいもで代用されるだけでなく、遅配・欠配が日常化するなど悪化していった。また戦地でも連合軍による海上封鎖や後方支援が後回しにされたことにより食料補給が滞り、戦地での死者の大半は餓死や栄養失調死であった（『餓死した英霊たち』）。

なお深刻な食料難は、戦地や植民地からの帰還者により需要が増したことで戦争終結後には一層高まり、食料や生活物資の配給制度は、戦後も引き継がれ、経済復興とともに段階的に撤廃されていった。

戦時下の食と工夫

食料難の中で栄養の水準を保つための食材や調理法

栄養よりも精神主義が優先された官製国民運動

食料の国家管理が進む中、一般庶民は知恵を働かせ、食料難を乗り切ろうとした。とくに都市部では家庭菜園などで自給自足を行ったり、野菜の芯や皮、ふすま（小麦の外皮）、いなご、かえる、へび、どんぐりの粉など、これまで捨てたり食べなかったものを食用にした。主食は、米を節約するための代用食が広まり、日本赤十字社編『国民戦時食』（1941）には医学博士佐《さ》伯矩《いきただす》指導の「代用食製作の三法」として、米を用いない「代用主食」（ひきわり麦、じゃがいも）、米を一部代える「混主食」（七分づき米、押麦）、主食と副食を混ぜる「代用全食」（かぼちゃや油揚げを入れたすいとん）が、米飯に匹敵する栄養が補えるとして紹介された。

一方、政府は国民に戦争協力を求めるために様々な啓発活動を行った。1937年（昭和12）の国民精神総動員運動以降、生活の簡素化や物資節約をよびかけ、節米運動や玄米食奨励運動などが展開された。また、1939年9月からは毎月1日を「興亜奉公日」とし、「ぜいたくは敵だ」のスローガンのもと、飲食店の営業時間短縮、飲酒の禁止を強制し、サラリーマンや児童・学生の弁当には、ご飯の真ん中に梅干しを1個のせた「日の丸弁当」を持参することが奨励された。新聞・雑誌などのメディアも同調し、こうした運動の広報誌的な役割を担った。「おやつ時代はすぎた　藷飯《いもめし》で勝ち抜け」（『朝日新聞』1943年7月17日）という記事では、さつまいもの大増産を図る政府の閣議決定を伝えるとともに、従来の間食というさつまいものイメージが一掃され、「いまや立派な主要食となった」として、さつまいもを乾燥・加工した「芋飯」の試作を紹介、「芋飯が食卓を賑わすのも間近い」と結んでいる。

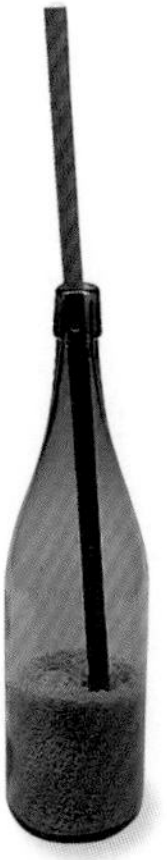

一升瓶に入れた玄米を棒で搗《つ》いて精米した

玄米はモソモソして食べにくかったことから、当時は一升瓶に入れて精米するのが日常的だった。

（昭和館提供）

戦中・戦後の食事の再現メニュー

左下は米と麦を7対3の割合で混ぜて炊いたご飯。当時は麦だけで食べることもあった。右下は小麦粉を練って汁に入れた「すいとん」。ほかにふかしたさつまいもとたくあんがついている。

（松戸市提供）

戦時下の1週間のメニュー例

雑誌『婦人画報』（1944年11月号）に掲載された献立表。「主食にご飯を食べなくても、喜んで皆が代用食を食べるよう腕を振るってください」という 駿河台女学院家政部のメッセージと共に紹介されている。

	朝	昼	夜
月	味噌汁（さつまいも） 割干漬	水餃子（魚または貝柱） 辛子醤油	親子蒸あんかけ 野菜スープ（キャベツ、ねぎ、にんじん）
火	味噌汁（はくさい） れんこんいため煮	カレーうどん ラッキョウ	八ツ頭ゆず味噌 りんご キャベツ 酢の物
水	葛汁（残り野菜） はくさい早びたし	ふかしいも（さつまいも） もやしごまよごし	さつま汁 ずいき甘酢
木	芋がゆ 佃煮	里芋 大根煮つけ	蒸しずし 豆腐清汁
金	蒸しパン（野菜入り） キャベツバター炒め 紅茶	さんま塩焼き 大根おろし	炊飯 福神漬け
土	味噌汁（わかめ、いんげん） 紅葉おろし	たまねぎ、トマト煮 乾パン 果物	煮込みおでん 辛子
日	味噌汁（長ねぎ） ぜんまい煮つけ	手打ちうどん（きつねうどん）	栗ご飯 しいたけつけやき おろし汁

世界に注目される「和食文化」
次世代への伝統の継承をめざして

戦後～現在の食文化

戦後復興、高度経済成長期の流通革命、外食産業の発展、世界とつながるグローバル化の中で、日本人の食生活は大きく変化した。豊かさの反面、失われつつある伝統的食文化を継承するか、未来に向けて「和食」とは何かを考える。

戦後すぐに見直されたたんぱく質・脂質不足の日本人の食生活

未曾有の食料難となった終戦直後、政府は食生活の改善を推進し、とくにたんぱく質・脂質を多く摂取し、主食も米以外の小麦を取り入れるよう、全国的に栄養指導を行う。その結果、それまで育まれてきた地域的な特色が薄れ、画一的な栄養的価値観が浸透し、地域ごとの特色が育んだ食文化は「遅れたもの」として、郷土食の多様性を尊重する視点が薄れる要因ともなった。

高度経済成長期以降、食の環境とスタイルが急激に変化

昭和30年代、高度経済成長期に突入すると、肉、魚、野菜などあらゆる食材が買えるスーパーマーケット、コンビニエンスストア、ファミリーレストランが登場。また、冷蔵庫や電子レンジといった電化製品の普及により、冷凍食品の需要も高まった。生活が便利になると同時に、家族で別々のものを食べるようになり、家庭の食生活は変化していく。

資本主義経済の発展や社会の移り変わりが、食にさらなる変化や課題をもたらすことになる。写真は現代の東京の街並み。

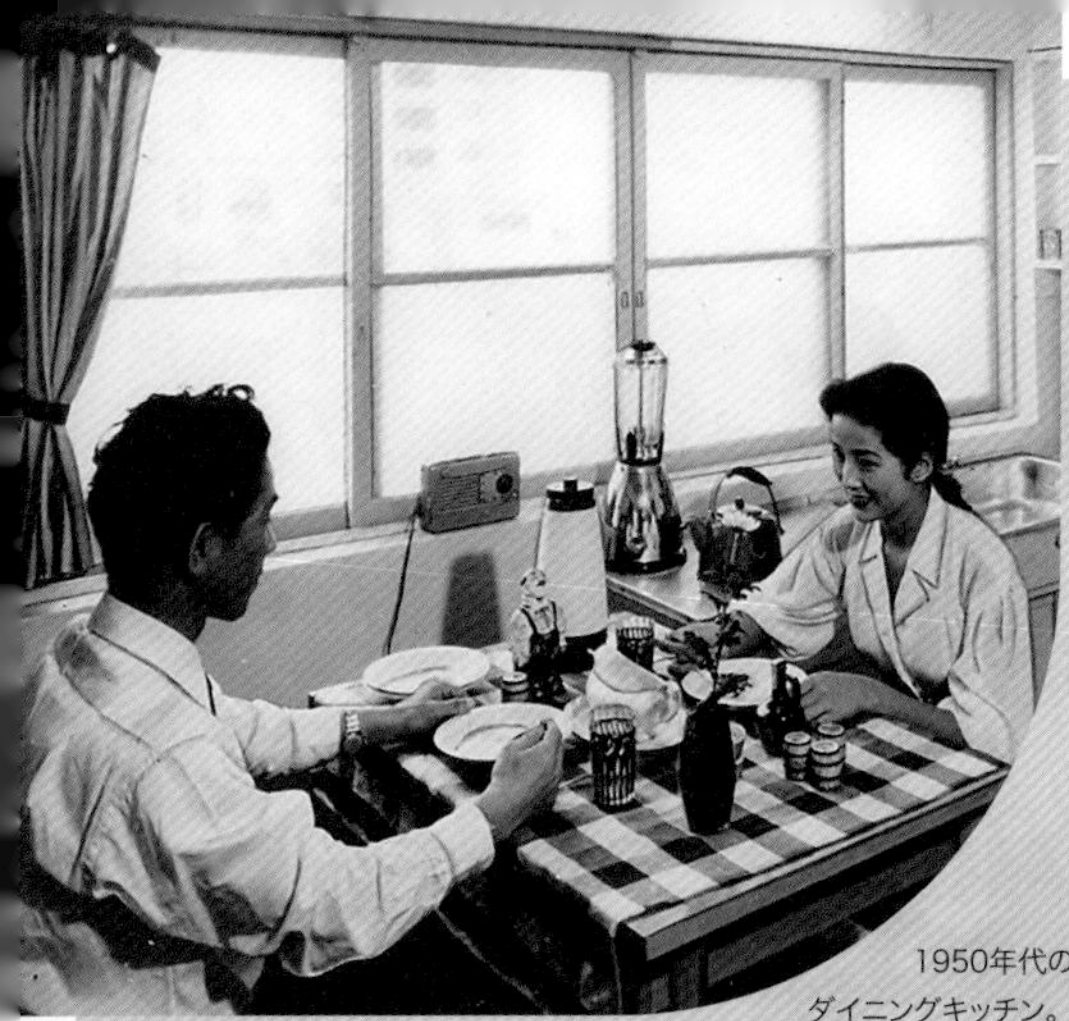

1950年代の
ダイニングキッチン。
（独立行政法人都市再生機構提供）

米の摂取量の減少につながったパンとミルクの学校給食

戦後すぐの子どもたちの栄養失調が問題視される中、学校給食は戦争による中断を経て再開したが、米不足の影響などから、パンとミルク（脱脂《だっし》粉乳《ふんにゅう》）中心の献立となった。このスタイルは、その後、1970年代まで続けられ、たんぱく質・脂質の摂取という面からおかずはくじらの竜田揚げなどの油もの、揚げ物が多く提供された。こうした状況は、大人になっても影響し、食習慣の欧米化は進むことになった。

未来に向けた、食育基本法の制定、そして「和食」のユネスコ無形文化遺産への登録

現代では家族全員が一緒に食事をする機会が減ってきた。それは同時に、子どもたちが食について学ぶ機会も減ったことにつながる。さらに、油脂類や肉類、乳製品類に偏った食事になっていったことで栄養バランスに優れた「日本型食生活」もくずれていった。そこで近年、子どもたちが健全な食生活を送ることを目的とし、米飯を中心とした伝統的な日本型食生活の見直しと、各地の郷土食の継承も含んだ食育基本法が2005年に公布された。さらに「和食」のユネスコ無形文化遺産登録（2013年）を機に、その動きはさらに高まりを見せている。

戦後の食料難が招いた食生活の大きな変化

米の摂取量の減少

従来の主食偏重の食事から、肉や油脂の摂取が推進される

終戦直後の食料難の中、日本を占領した連合国軍は、アメリカから大量の余剰小麦粉と脱脂粉乳を輸入した。当時はとくに児童の体位低下が問題となっており、政府はそれを学校給食に使用し、ユニセフなどからの寄付もあり、パンとミルク主体の学校給食が始まる。1947年(昭和22)1月に全国都市の児童約300万人に対して始められ、1952年にはすべての小学校を対象に実施された。「パン・ミルクに副食」という給食は、米飯給食の導入までその後約30年続くことになるが、学校給食で育った世代が成人するにつれ、家庭での食生活の変化を促した。

また、国民全体についてては、主食偏重による消費カロリー不足を栄養的に見直し、油脂類や動物性たんぱく質の摂取が求められた。1949年頃から栄養改善普及運動と称して、厚生省や各都道府県が主導し、脱脂粉乳や動物性食品としてのくじら肉などの消費指導が行われ、キッチンカーで職場や家庭を巡り栄養思想を啓発する活動が全国で展開された。こうした動きは、全国一律の食生活推進にもつながって、地域ごとの特徴ある食文化が薄れることにつながった。

1950年の朝鮮戦争勃発による特需景気を契機に経済復興を遂げ、食料の国家統制もようやく解除された。国策としての米の増産にも成功したが、国民一人あたりの米の年間消費量は、1962年の118・3キロから2021年には51・5キロと半分弱となった。その分、とくに高度経済成長期の中で肉類や牛乳・乳製品、油脂類が多くなり(農水省「食料需給表」)、これまでの食文化が欧米型に大きく変容を遂げていくことになった。

食卓から米が減り、肉類が増加

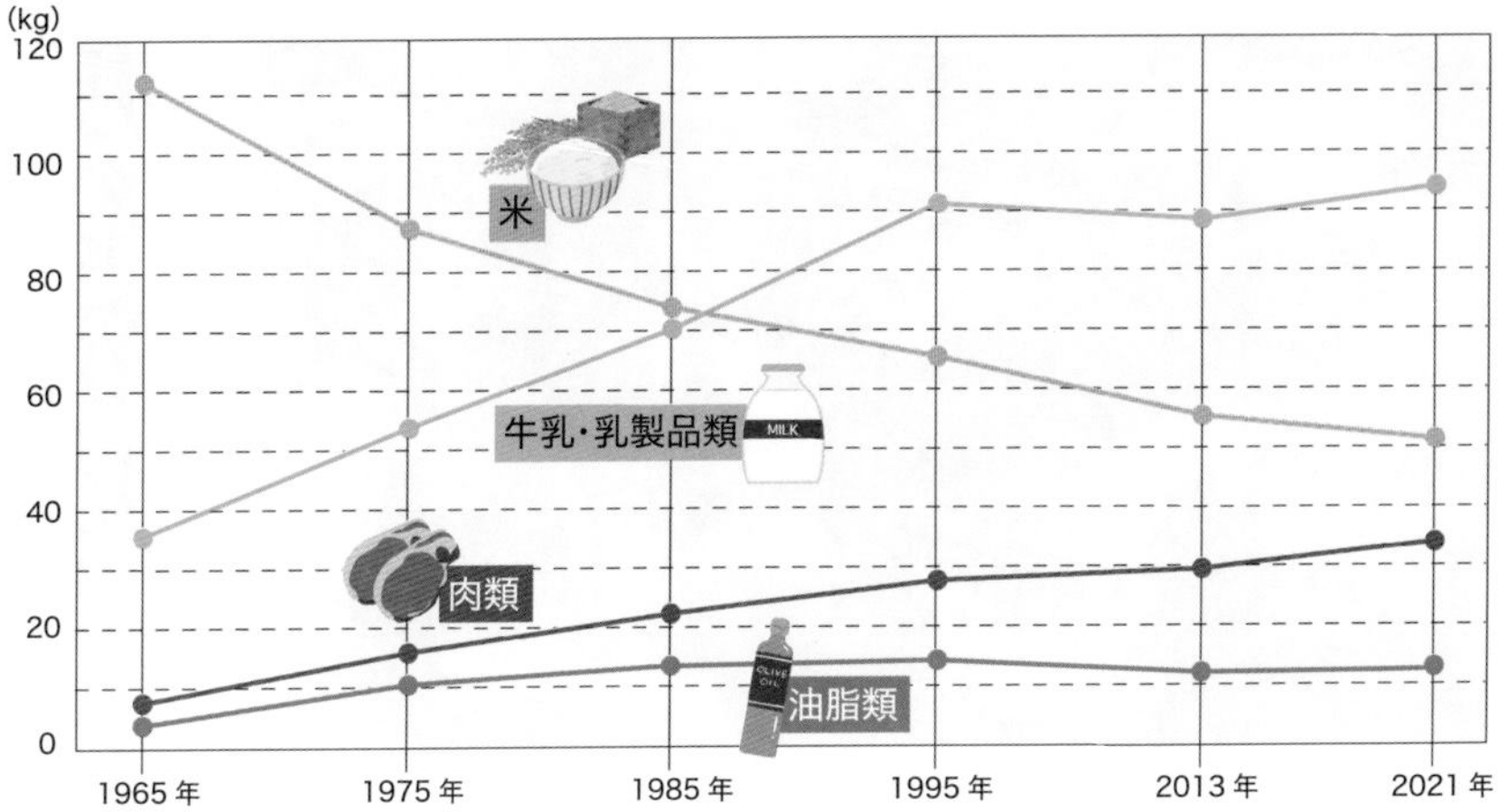

（農林水産省「食料需給表」）より

1964年（昭和39）当時の学校給食

揚げパンとミルク（脱脂粉乳）とおでん。栄養面を重視するあまり、こうした日本の食文化とはそぐわないメニューが出されることもあった。

（独立行政法人日本スポーツ振興センター提供）

戦後の栄養改善運動におけるスローガンの一例

1951年
- 献立をたてることを各家庭で実行しましょう。
- 偏らない食習慣を、子どもに身につけさせましょう。
- 赤ちゃんの栄養はお母さんの栄養から。
- 食生活の封建制をとりのぞきましょう。

1952年
- 粉食をもっととりましょう。
- 合理的な食生活を実行しましょう。

1953年
- 1日1回粉食を。
- もう1匙の油を。
- 利用しましょう 保健所の栄養相談を。

1954年
- つり合いのとれた栄養を。
- 粉食をもっととりましょう。

1955年
- 健康の近道は粉食から。
- 特殊栄養食品を利用しましょう。

1956年
- 1日1回粉食を。

（厚生省栄養課作成「栄養改善普及運動の歩み」『栄養日本』1958年8月号より）

大量生産・大量流通を可能にした大型小売店舗の登場

高度経済成長と流通革命

レジで精算する新しい買い物スタイル

「紀ノ国屋」の開店当時の様子。当時の一般的な店は、レジスターではなく、「溜め銭」というザルで代金のやり取りをするスタイルだった。

（株式会社紀ノ國屋提供）

スーパーやコンビニの誕生で気軽に買えるようになった食べ物

戦後の食生活の変化は1950年代後半からの高度経済成長期に加速した。個人所得の増大と都市化の進展から大衆消費社会が形成され、それを支えたのが大量生産・大量流通を可能にしたスーパーマーケットなどの大型小売店舗の登場であった。1953年（昭和28）、東京・青山にオープンした日本初といわれるスーパーマーケット「紀ノ国屋」。その特徴は、アメリカの流通産業を模倣した、セルフサービス、ひとつの店舗で買い物がすべてまかなえるワンストップ・ショッピングだった。

当初のスーパーは大量仕入れによる安売りという業態で、食品の管理・加工にかかる手間の分、利益率は低かったが、1960年代のチェーン店化で積極的に

セブン-イレブン1号店のオープン当時の写真

当初は店名の通り、朝7時から夜11時までの営業だった。

時代とともに増えていったコンビニで買える食品

1970年代	おにぎり、おでん、揚げ物
1980年代	手巻きおにぎり、そば、サラダ、弁当
1990年代	焼きたてパン、オリジナルアイスクリーム
2000年代	高級おにぎり、スープ総菜、チルド弁当、パウチ総菜、地域別商品、プライベートブランド商品
2010年代	コンビニカフェ

（「コンビニ食の変遷と未来」『vesta』112号、吉岡秀子『コンビニおいしい進化史』などを参考に作成）

多店舗展開をする新興企業が進出。その象徴として、中《なか》内《うち》功《いさお》が設立したダイエーは、1972年、老舗百貨店三越を抜き、売上高1位となった。

1970年代にはコンビニエンスストアがアメリカから日本に上陸した。1973年にファミリーマート実験1号店が埼玉県狭山市にオープン。1974年、東京都江東区にセブン-イレブン1号店、翌年にはローソン1号店が大阪府豊中市で開店した。

その後、24時間年中無休の便利さで、店舗数を拡大していく。当初、コンビニで扱われる調理済み商品は、おにぎりとおでんくらいだったが、80年代以降、パンや弁当、店舗にフライヤーを導入して作り立ての揚げ物が販売されるようになり、現在ではイートインスペースの拡大など、コンビニ食という独自の文化が形成されている。

「便利さ」という消費者心理を刺激したスーパーやコンビニは、都市部だけでなく全国に急展開したことで、それまでの少数の百貨店と大多数の中小規模小売店という様相を一変させた。

冷凍食品、インスタント食品、レトルト食品が続々登場する

多様化する調理済み加工食品

冷凍食品の普及の契機は、東京オリンピックと電気冷蔵庫

高度経済成長期の食生活の変化は、食品の生産・加工技術の革新も大きく影響した。そのひとつに、急速冷凍および解凍技術の向上で、ギョウザや揚げ物などの調理済み冷凍食品が普及したことがある。冷凍食品は1964年(昭和39)の東京オリンピックの選手村食堂で好評だったことから広まった。家庭では、当初、電気洗濯機、白黒テレビとともに「三種の神器」とよばれた電気冷蔵庫が、1960年代半ばまでに普及率50%を超えた。その結果、冷凍食品や生鮮食品をストックできるようになり、日常の食生活も変わっていった。

凍結乾燥技術が向上したほか、お湯を注ぐだけで作れるインスタント食品も普及する。1958年に日清食品から「チキンラーメン」が発売され、1食35円の手軽さで翌年には年間6000万食が生産された。1960年、森永製菓のインスタントコーヒー発売を機に「インスタント」という言葉が流行、インスタントラーメンという呼び名も定着する。1968年には大塚食品工業が日本初のレトルト食品「ボンカレー」を発売。保存期間が長く、袋ごと熱湯に入れるだけで調理済みカレーが食べられるという便利さで好評を博した。

高度経済成長期以降、こうしたインスタント食品やスーパーの弁当や総菜など、家庭の外で調理・加工されたものを購入して食べる「中食」の比率は伸びていき、総務省統計局のデータでは、一世帯あたりのひと月の支出金額は1989年を100とすると、2019年には中食168・8、外食103・3、内食83・0となっている。一方、家族が別々の時間に別々のものを食べる「個食」が増えるなど、家族団らんという食事のイメージは大きく変化していった。

日本で誕生したインスタントラーメン

発売当時の「チキンラーメン」。その後、インスタントラーメンは世界へと広がり、現在は海外でも需要がある。

（日清食品提供）

1968年（昭和43）に発売された「ボンカレー」

湯せんや電子レンジで温めるだけで、すぐに食べられるレトルト食品は、米飯類、ハンバーグ、ミートソースなどが開発された。

（大塚食品提供）

誕生当初のファミリーレストランの店内

1970年（昭和45）、日本で最初といわれる「すかいらーく」1号店がオープンし、70年代にはファミリーレストランは全国に普及した。気軽に利用できる分、外食がハレの日だけのものでなく、日常に使われるものに変化していった。写真は、1971年にオープンした、郊外型ファミリーレストランのロイヤルホスト1号店の内装（福岡・北九州市黒崎）。その3年後には、アメリカ資本と提携した「デニーズ」も横浜で1号店を開業するなど、各地でファミレスが登場した。

（ロイヤルホールディングス提供）

伝統的食文化の再普及へ

「日本型食生活」の推進と食育基本法

栄養面で理想的とされる昭和50年代の日本の食事

戦後、日本人の食生活は、主食偏重、塩分の過剰摂取、脂質やたんぱく質不足のものから、高度経済成長期を経て食生活の水準が上がり、様々なおかずを摂るように変化してきた。その結果、昭和50年代の日本人の平均的な食事内容が、欧米に比べて摂取エネルギーのバランスが理想値(たんぱく質13～20%、脂質20～30%、炭水化物50～65%)に近く、「日本型食生活」として世界に注目されていく。なお、1980年(昭和55)の農政審議会答申で「日本型食生活」が公文書に初めて記載されたが、当時、アメリカで糖尿病などの生活習慣病が大きな社会問題になっていたことから、日本人の脂肪摂取量の上昇や炭水化物摂取量の減少がこれ以上起きると国民の健康が悪化することが懸念され、歯止めをかける意味で取り上げられたという。また、低下する食料自給率への対策として、日本の伝統に基づく食生活を推進し国産品を積極的に取り入れるという目的もあった(「〈型〉としての「日本型食生活」の形成」)。

その後も栄養バランスは改善せず、対策として2005年に「食育基本法」が施行され、翌年、食育推進基本計画が策定(以後、5年ごとに策定)、食育を生きるうえでの基本とし、食に関する知識と食を選択する力を習得し、心身の健康を増進するための健全な食生活の実践が目的に掲げられた。「日本型食生活」も再注目され、学校給食では1976年以降に導入された米飯給食が週1～2回だったところ、食育基本法制定以後、2021年度には週平均3・5回となった。現在、農水省は「日本型食生活」の特徴として「多様な副食との組み合わせ」「日本各地の豊かな食材」などをあげ、その実践を推進している。

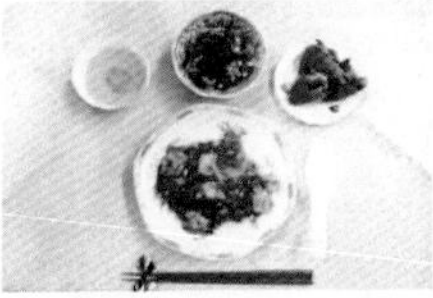

ごはんをベースに中食を組み合わせた日本型食生活の例

冷凍食品やレトルト食品、スーパーのお惣菜などを組み合わせて、ごはんを中心としたメニューをつくることも可能。

（農林水産省Webサイト「「日本型食生活」のススメ」より）

日本の食から摂れる栄養バランスの推移

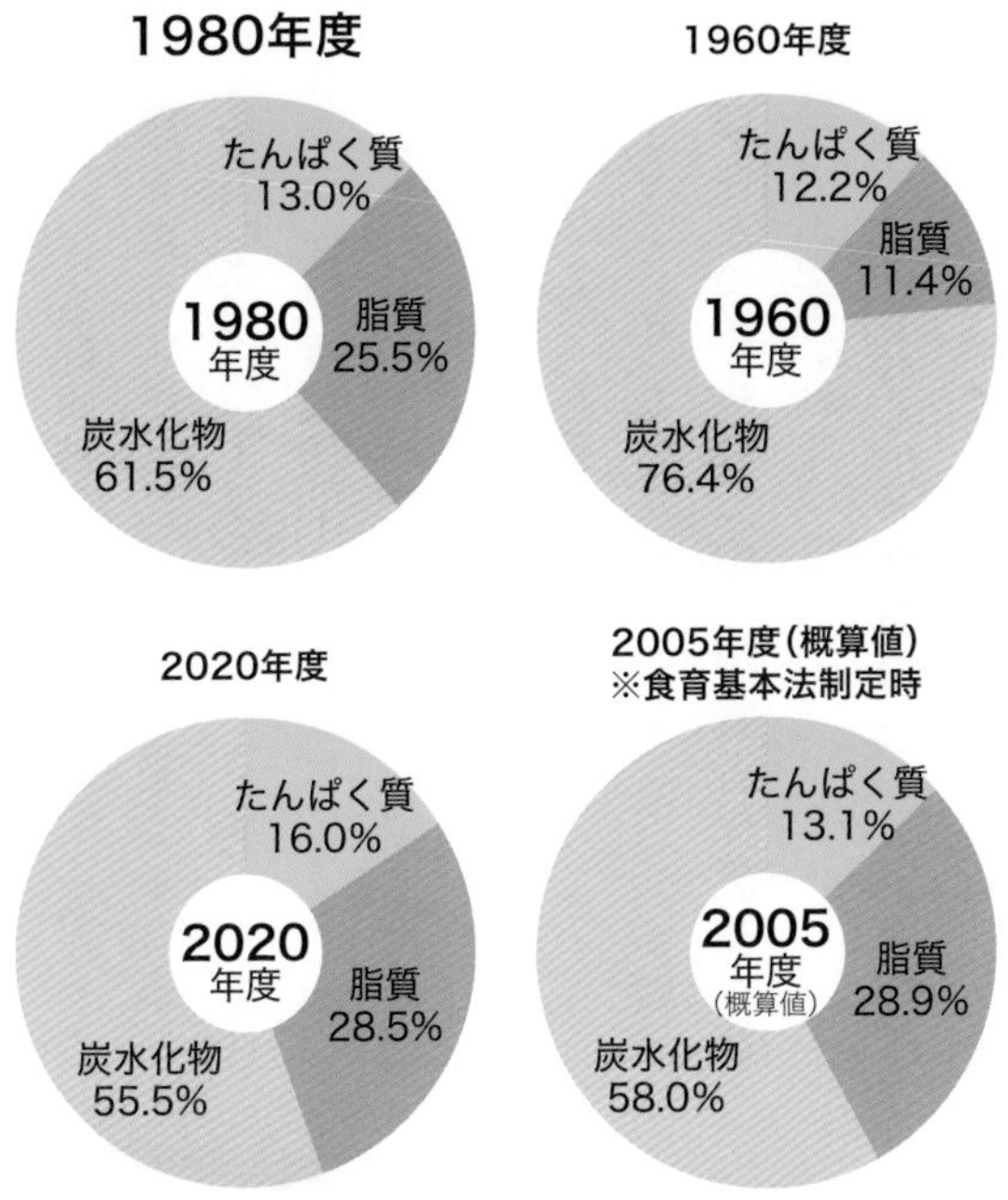

（1960年度、1980年度、2005年度：法務、外務、文部科学等担当室「食育基本法成立の背景」（平成26年12月1日。政策評価・独立行政法人評価委員会資料）より。2020年度：総務省「国民栄養調査　令和元年」より）

日本の食料自給率の推移

食料自給率とは、国民一人一日当たりに供給している全品目のうちの国産の食品が占める割合のこと。総供給熱量をもとにした「カロリーベース」と、国内生産の割合をもとにした「生産額ベース」で示される。

（農林水産省Webサイト「食料自給率の推移」をもとに作成）

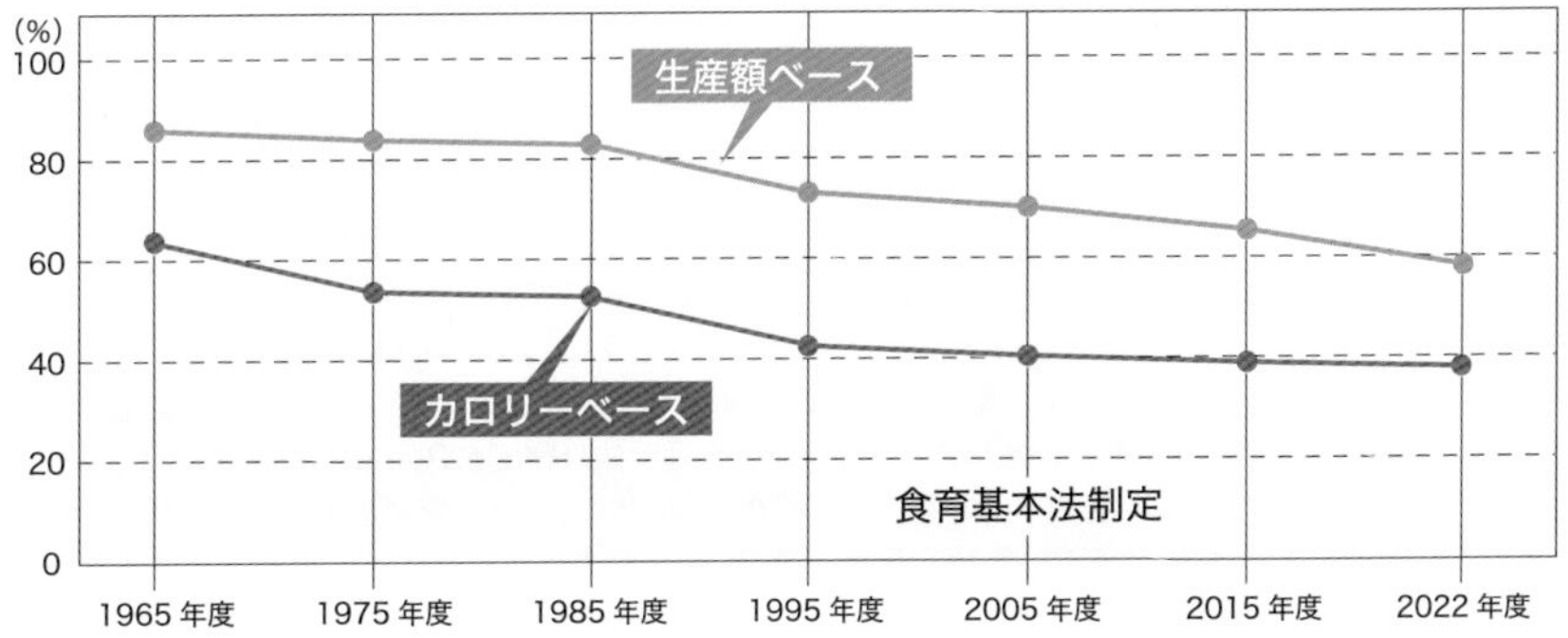

食の安全とSDGs

大量消費、グローバル化の中で生産者優先から消費者優先へ

高度経済成長期における大量生産・大量消費社会の到来は、公害による健康被害問題や、食品偽装などの消費者問題を顕在化させた。森永ヒ素ミルク事件（1955年）、水俣病（1956年）、ニセ牛缶事件（1960年）、第二水俣病（1965年）、カネミ油症事件（1968年）、人工甘味料チクロの発がん性問題（1969年）、PCB（ポリ塩化ビフェニール）汚染問題（1972年）、輸入農産物の残留農薬ポストハーベスト問題（1975年）などが社会問題となり、消費者優先の必要性が求められる中、消費者保護基本法（1968年）が制定される。

80年代以降、グローバル化で食品輸入が増え、消費者の安心・安全への意識は高まり、すべての食料品への

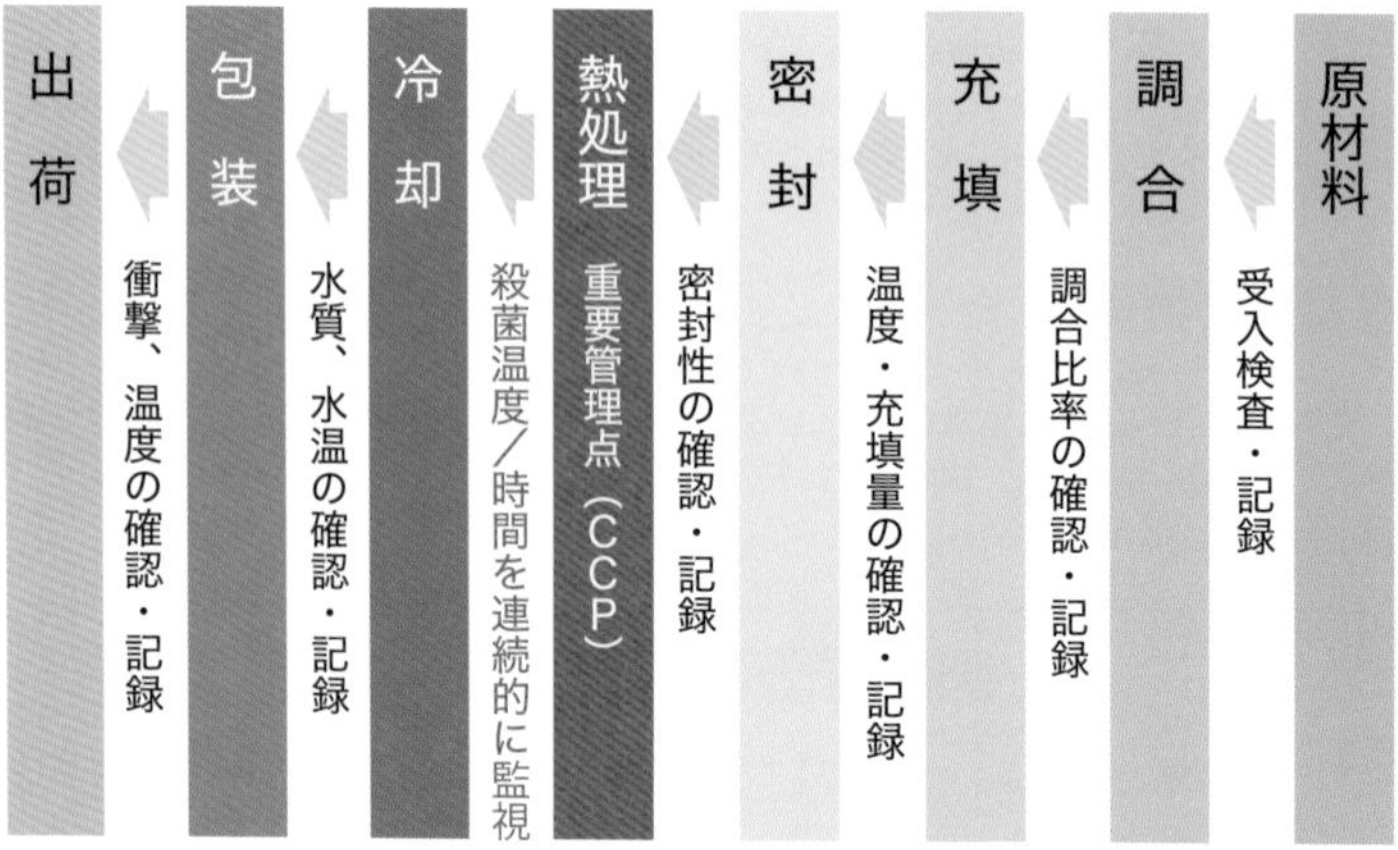

新たな食品衛生管理方式HACCPによる食品管理の流れ

環境や微生物によって汚染された食品を出回らせないため、日本では2021年から、すべての食品事業者を対象に、国連関連機関から各国に推奨されている衛生管理手法「HACCP《ハサップ》」に沿った衛生管理が取り入れられている。食品事業者が、原材料の入荷から製品の出荷までの、とくに重要な工程を連続的・継続的に異物混入などの危害がないか監視、記録するというもので、従来の最終食品だけを検査する方法に比べて、安全性に問題のある食品の出荷を防止できるとされる。（厚生労働省Webサイト掲載図をもとに作成）

品質表示、すべての生鮮食品への原産地表示の義務化を定めた改正ＪＡＳ法（２００１年）が施行。２０００年代には、ＢＳＥ（牛海綿状脳症）発生と牛肉偽造事件などにより、国・地方自治体・食品関連事業者に食品の安全性を確保するための総合的施策の策定と実施を求める食品安全基本法（２００３年）が施行された。

　近年では、２０１５年の国連サミットで採択されたＳＤＧｓ（持続可能な開発目標）が注目されている。「誰一人取り残さない」持続可能でよりよい社会をめざすための共通の目標として、世界が直面する社会・経済・環境問題解決に向けて、２０３０年までに達成する17のゴールが設定された。日本でも国や民間企業、市民団体などから様々な発信がなされ、目標のひとつ「海の豊かさを知ろう」に関連して、海洋プラスチックごみの問題が広く知られる契機になった。また、食品の衛生・安全管理、食品ロス、食品リサイクルへの取り組みをはじめ、食料・農林水産業の生産力向上と持続性の両立をめざした農水省による「みどりの食料システム戦略」の策定などもなされた。

現代の食をめぐる問題への対策

誤解されやすい「無農薬栽培」と「有機栽培」

「無農薬栽培」とは、生産工程でまったく農薬を使用しないことを意味するが、実際には土壌に農薬が残留していたり周辺の畑から飛散するなど、完全に防ぐことができないことから、2007年に農水省によって表示を禁止された。一方、化学肥料や農薬を使わず、堆肥や生物などで栽培する「有機栽培農業」（オーガニック農業）は、「生物の多様性、生物的循環及び土壌の生物活性等、農業生態系の健全性を促進し強化する全体的な生産管理システム」であると国際機関に推奨され、「有機農業推進法」が2006年に施行され、同法にもとづいた基準をクリアした農産物のみ「有機JISマーク」を表示できるようになった。

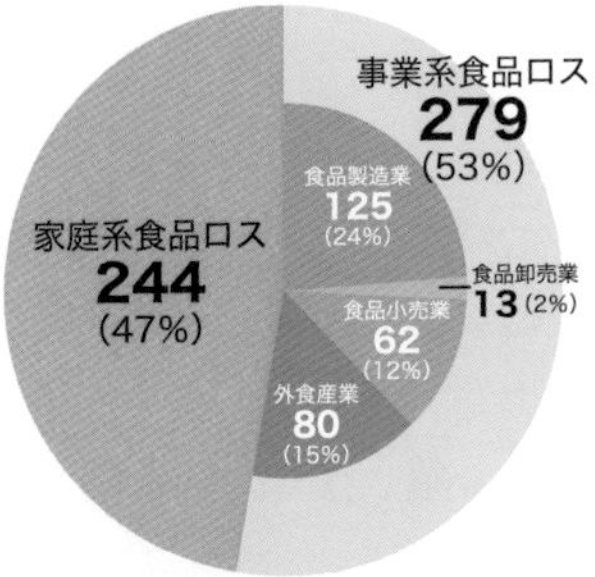

年間500万トン以上に及ぶ食品ロス問題

売れ残りや食べ残し、規格外品など、本来は食べられるのに捨てられてしまう「食品ロス」。農林水産省によると2021年度には年間523万トン（推定値）に及び、日本人１人が毎日茶碗１杯分のご飯を捨てているのに近い量だという。「食品ロスの削減の推進に関する法律」（2019年施行）により、消費者に対して消費期限と賞味期限の正しい理解の啓発や、小売業者に対して販売機会の損失を恐れた多量の発注の見直しを求めるなどの対策が各省庁で試みられている。

（「食品ロスとは」農林水産省Webサイト掲載図をもとに作成）

無形文化遺産登録後の様々な取り組み

和食の保護と継承

グローバル化の中で 食文化から多様性を考える

２０１３年、「和食：日本人の伝統的な食文化―正月を例として―」がユネスコの無形文化遺産に登録され、日本の食文化が人類にとって保護されるべき文化・伝統として国際的に認められることとなった。ユネスコに提出された提案書によると「和食」の特徴は、「自然の尊重を基本的精神とする」「多様な食材とそれを生かす工夫」「バランスのよい健康な食」「自然の美しさの表現」「正月などの年中行事と関連し家族や地域の絆となっていること」などで、食文化の実践者はすべての日本人であると記載されている。

登録後、健康面から世界の注目が高まり農林水産物や味噌などの輸出が伸びる一方、国内では和食文化の継承と保護の動きが高まり、家庭や学校での食育、地域の伝統食（郷土食）への見直しが一層推進されるようになった。また、「伝統的酒造り」（２０２１年）、「菓銘をもつ生菓子（煉《ねり》切《きり》・こなし）」「京料理」（共に２０２２年）が登録無形文化財に登録されるなど、食文化を国民的財産として保護する動きも高まっている。

２０１４年には山形県鶴岡市が、２０２１年には大分県臼杵市が、固有の在来食物の存在や伝統的な行事食・郷土料理の継承という観点から、ユネスコから「食文化創造都市」に認定されるなどの動きもある。

本章で見てきたように、日本列島に人類がやってきて以降、「和食」（和食文化）は、自然や社会、各時代の人々に合うように変化してきた。今後も社会に合わせて変化しつつも、伝統的な献立や食べ方、自然の尊重と食材への感謝、地域との絆といった要素を次世代に継承していくことが、グローバル化が進む世界の中でアイデンティティを発揮するために重要だろう。

ユネスコ「食文化創造都市」に認定された鶴岡市

「出羽三山」に伝承された精進料理、だだちゃ豆や焼き畑かぶなどの在来作物が約60種継承されている鶴岡市は、学校給食発祥の地でもある。

（山形県観光公式サイト「やまがたへの旅」提供）

海外でも売られる日本の食材

写真はニュージーランドのスーパーの商品棚。わさびやすし酢、豆腐、カレーなどが並ぶ。

（PIXTA提供）

無形文化遺産登録後、増加する清酒の輸出量

日本の食品や調味料だけでなく、清酒の輸出額、輸出単価も増加している。

（「最近の清酒の輸出動向について」国税庁Webサイト〈2021年12月時点〉をもとに作成）

— コラム —
「世界の中のWashoku」

海外に広がる日本食レストラン

「和食」がユネスコの無形文化遺産に登録されて以降、日本の食文化はどのように海外に広がっているのだろうか。その指標のひとつは海外における日本食レストラン数の推移である。農水省が外務省と協力して行った調査(「海外における日本食レストランの概数」「同　国・地域別概数」)によると、全世界で、無形文化遺産に登録された2013年に約５万5000店であったのが、2023年には約18万7000店と３倍以上に増えた。とくにアジア、ヨーロッパ、中南米で顕著で、2023年現在で店舗数が多いのは、中国(約７万8760店※香港・マカオを除く)、アメリカ(約２万6040店)、韓国(約１万8210店)、台湾(約7440店)、メキシコ(約7120店)、タイ(約5330店)、フランス(約4680店)、インドネシア(約4000店)と続く。また、訪日外国人が体験したいことでは「自然や風景の見物」「桜の観賞」に続き、「伝統的日本料理」が３位に入っているように(DBJ・JTBF「アジア・欧米豪訪日外国人旅行者の意向調査　2023年版」)、世界における日本食の受容は高まっている。

2023年の海外における日本食レストランの数 ( )内は2015年のもの。

総数　2006年　約**2.4**万店　2013年　約**5.5**万店　2017年　約**11.8**万店
2021年　約**15.9**万店　2023年　約**18.7**万店

(参考：農林水産省「海外における日本食レストランの概数」より)

2章

歴史からたどる、「和食」に欠かせない

食材と調味料

主食

米はどのように食べられてきたのか

和食文化の中心である米、米を補った麦と雑穀

日本史上、米は政治・経済の中心であったが、日常食となるのは戦後になってから

主食・副食は近代以降の呼び名だが、平安末期から鎌倉初期の絵巻物『病草紙《やまいのそうし》』には、飯を中心に汁やおかずのある食事風景が描かれている。この頃から和食は「飯・汁・菜《おかず》・漬物」を基本形として現在に継承されている。なかでも飯の量が最も多く必要なエネルギーの大半を飯から得る食事がその後、長く続いた。

夏の高温多湿な気候や連作障害がほとんどなく単位当たり収量の多い米は、水田稲作の伝来以降、日本各地で栽培されるようになる。古代には課税の対象となり、江戸時代まで国家経済の基盤として、支配者の主食となった。また、餅は古代以来、正月をはじめとする儀礼や行事食に欠かせないものとなった。

しかし、日本人が食べてきた主食は米だけではない。中世以降、麦の栽培も盛んになり、ひえ、あわなどの雑穀も栽培された。農村では米はハレの日に食べ、日常の主食は麦や雑穀が中心だった。江戸時代には江戸・大坂・京都などの大都市では庶民も日常に米を食べたが、その周辺で麦や雑穀類を米に混ぜて食べていた。明治時代以降、米飯の比率は増加したが地域差も大きく、農商務省による１８８０年（明治13）の調査では、主食の比率は米53％、麦27％、雑穀14％、野菜・木の実・昆布６％だった（「第二次農務統計表」）。

戦後しばらくしてから米が日常食となったが、主食偏重などの栄養面から米だけでなく副食やパン食を充実させることが推奨され、１９６２年（昭和37）をピークに米の摂取量は減少し、現代では、主食の米より副食から摂るエネルギーのほうが多くなっている。

江戸時代頃の1年間の米作りの主な工程

①苗を植える前の水田を耕す田起こし。②田植え。③稲刈り。④脱穀《だっこく》。唐竿《からさお》という道具で稲から籾《もみ》をはずす。⑤籾摺《す》り。籾から籾殻をはずして玄米にする。⑥唐箕《とうみ》という道具で籾殻と玄米を選別する。

（『農家耕作之図』国立国会図書館蔵）

都市別で見た明治初期の主食の割合

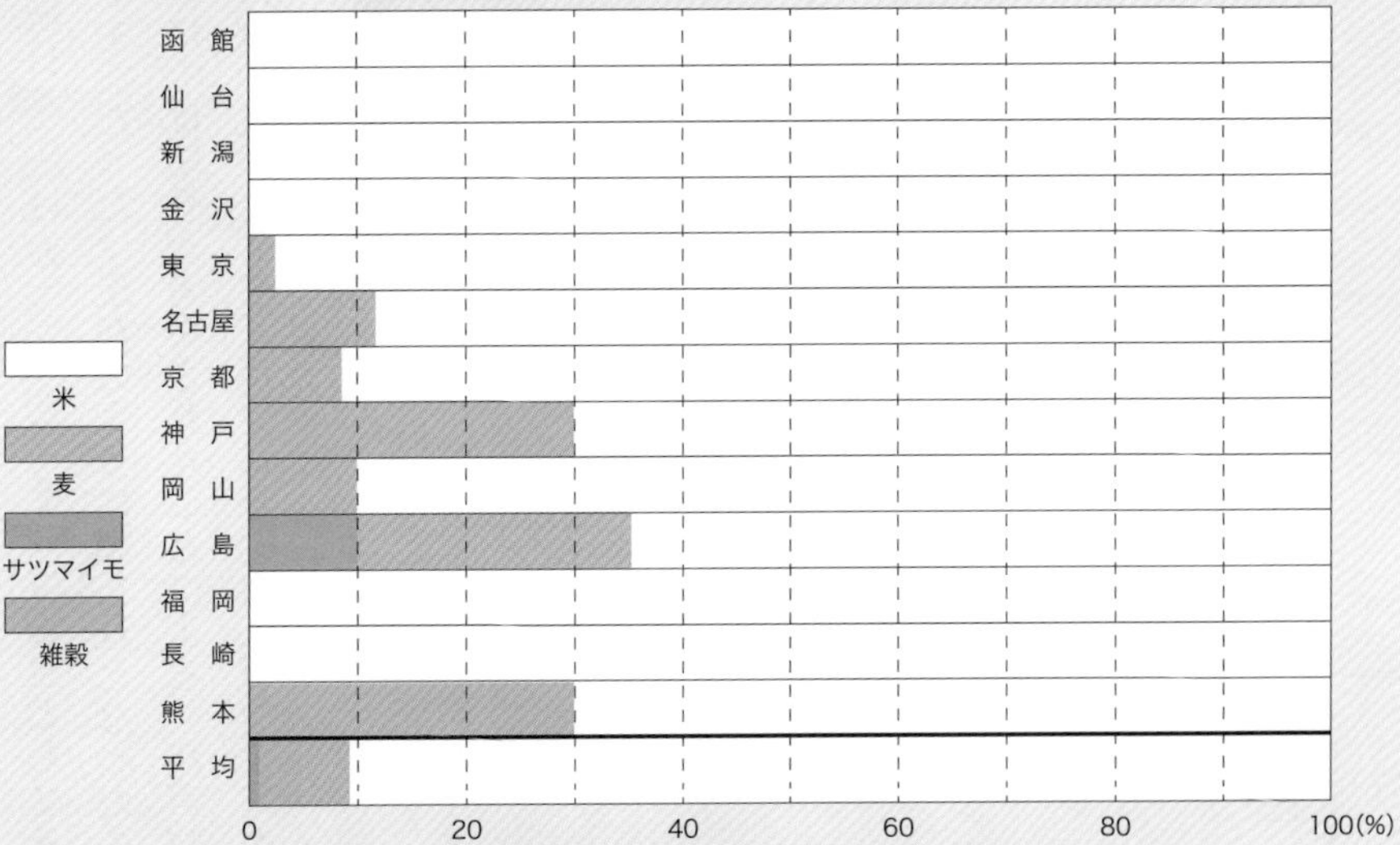

農商務省が1880年（明治13）に実施した全国調査「人民常食種類比例」を元にしたもの。（農商務省「第二次農務統計表」より）

米と共に主食の代表であるパンや麺類はどのように食べられてきたのか

現在、日本人の主食構成は米食39％、パン食21％、麺類15％と、米とパン・麺類がほぼ同じ比率となっている（農水省「食生活・ライフスタイル調査　令和4年」）。小麦は大麦と共に朝鮮半島から弥生時代に日本へ伝わったが、うどんなどの麺料理は中国から伝来した。室町時代に広く流布した初級の教科書『庭訓往来《ていきんおうらい》』に「饂飩《うどん》」「索麺」が出てくるが、当時は点心《てんしん》といって僧侶たちが間食として食べていたもので、江戸時代にかけて一般化していった。パンは16世紀に南蛮貿易で入ってきたが、主食として広まったのは戦後の食料難からパン食主体の学校給食が始まったことが契機となった。ラーメンも同様に、安く作れることから闇市などで販売され定着していった。

そばは縄文時代にはすでに渡来しており、平安時代には、小麦などと共に米の凶作や干害に対する救荒作物として栽培が天皇によって奨励された記録が残る（『続日本紀《しょくにほんぎ》』ほか）。当初、そばは粉食としてそばがきが主流だった。現在のように麺料理となったのは16世紀にそば切りが考案されたことによる。江戸時代には外食の代表として江戸で爆発的な人気をよんだ。

芝居見物の前にそばで腹ごしらえ

江戸の歌舞伎小屋の前に出ているそばの屋台。江戸ではそば屋でうどんも、上方ではうどん屋でそばも扱った。

（『大江戸しばゐねんぢうぎやうじ　風聞きゝ』東京都立中央図書館蔵）

各地で食べられている主なご当地うどん&そば

福井県

おろしそば

茹でて水でしめたそばに冷たいつゆをかけ、大根おろしや鰹節、ねぎなどをのせて食べる冷たいそば。年越しそばとして食べられる。※

山梨県

吉田のうどん

富士山北麓の富士吉田市で食べられるうどん。歯ごたえとコシの強い麺をだしのきいた汁で食べる。

（出典：農林水産省「うちの郷土料理」。以下、同一の場合は「※」で記載）

岩手県

わんこそば

少量の麺が入った椀に、薬味を少しずつ加えながら、何杯もお代わりして食べる。

栃木県

ちたけうどん

ちたけ（割くと白い汁が出るきのこの「ちちたけ」）となすを炒めただし汁の中にうどんを入れたもの。

『ふる里の和食 宇都宮の伝統料理』（柏村祐司／半田久江）提供）※

京都府

茶そば

お茶処、宇治の抹茶を練り込んだ見た目の美しさと、抹茶の香りが楽しめる。

神奈川県

にごみうどん

具の野菜を煮た汁に直接うどんを入れて煮込んだ相模原市津久井地域の郷土料理。味つけは味噌味、醤油味などがある。※

島根県

割子そば

出雲そばとよばれ、そばの実を外皮ごと挽く「挽きぐるみ」のそばを、円柱状の丸い重箱「割子」に入れ、冷たい汁で食べる。

（画像提供：公益財団法人、島根県観光連盟）

兵庫県

出石皿そば

５皿１組を１人前として、直径13cm程度の出石焼の白磁の小皿に盛って出される。汁と薬味を加えていただく。

（出石皿そば協同組合提供）※

山口県

瓦そば

アツアツの瓦の上に茶そば、錦糸卵、甘辛い牛肉などをのせた具だくさんの料理。※

菜

時代とともに増えていった食材と調理法

様々な国の文化と融合しながら日本人の嗜好に合う料理へ

「菜」の数や内容を変えることで、日常とハレの日を使い分ける

平安時代頃には、すでに現在のように、主食である飯と菜《さい》(おかず)が分かれていたという記録が残る。中国文化にならった貴族の饗応の際の大饗《だいきょう》料理では食膳に酢、酒、塩、醤《ひしお》(醤油・味噌の前身)が並び、料理をこれらの調味料につけて食べた。その調理法は、味つけせずに食材を切った生物《なまもの》や干物、焼き物が中心だった。食材としては、肉食が禁忌《きんき》とされていたため魚が中心で、各地から税として納められた魚介類の加工食品なども並んだ。またこの時代にはねぎ、大根、なすなどが中国やアジアから伝来している。

調味料を使った料理が広まるのは、中世以降のこと。精進料理や本膳料理の成立・発展によって、それまで見られなかった煮物、和え物といった、あらかじめ味つけされた「菜」も広まっていった。

江戸時代には、外食文化が発達する中で数々の料理法が考案され、卵や豆腐などひとつの食材で百種類を超える料理が掲載される料理書が出版され、「菜」のバリエーションがさらに広がっていった。近代には、西洋文化の影響で油やバターで炒めるソテーや揚げ物が加わり、日本風にアレンジされた洋風のおかずが徐々に家庭でも作られるようになっていった。

また、「菜」の数や内容の変化でハレの日にも日常にも対応できるのが、和食の特徴のひとつ。1807年(文化4)の三河《みかわ》国稲橋村(現・愛知県豊田市)の豪農古橋家では婚礼の本客に飯、膾《なます》、坪(煮物)、香の物の本膳と汁と二品の二膳、焼物の二汁七菜の料理を供した記録も残る(「古橋家文書」)。

（　菜　）

現代まで受け継がれた和食の日常食の例

菜

●主菜
（肉、魚、卵、大豆などを使ったおかず）

●副菜
（野菜、芋類、きのこ、海藻、大豆を除く豆類などを主な材料としたおかず）

漬物

汁

飯（主食）

（〈一社〉和食文化国民会議提供）

各時代に食べられた魚介類と地方の名産品

奈良・平安時代

天皇や貴族のもとに遠国からさまざまな品が献上された。

鮨《すし》年魚《あゆ》

塩を加えて発酵させた鮎。写真は、1300年の歴史がある岐阜県の「鮎なれずし」。

伊和志《いわし》腊《きたい》

いわしの干物。奈良時代の平城宮の遺跡からこの品を納めた際の木簡が出土している。

熨斗《のし》鮑《あわび》

あわびの肉を薄く引き伸ばしたもの。食用だけでなく儀式の際や進物に添えて贈られた。

鎌倉〜戦国時代

鎌倉時代には鯉、鮎、きじがとくに尊重された。
室町時代には地方の名産が都市部にも出回った。

隠岐《おき》（島根県）のあわび

都市部にも流通し、豊かな階層のおかずとしても食べられた。

越後（新潟県）の塩引き

塩漬けした鮭を乾燥させたもの。江戸時代には大名たちの年末年始の贈答品となった。

江戸時代

大量の水産物が全国に流通するようになり、
各地の名産品がもてはやされた。

越中（富山県）・能登（石川家）のぶり

北海道の海域から産卵のため、能登周辺へ南下する寒ぶり。

伊勢（三重県）のえび

活きづくりや、殻のまま輪切りにして煮る具足煮《ぐそくに》などがあった。

松前（北海道）の身欠きにしん

内臓や頭を取り除いたにしんの干物。

洋風でも中華風でも応用できる、和食の基本形のメリット

現代では、こうした伝統的な和食の組み合わせを応用して、栄養バランスに優れたおかずの献立作りをするため、「主食・主菜・副菜」の組み合わせが厚生労働省などで推奨されている。

主菜とは、肉、魚、卵、大豆などを使ったたんぱく質を多く含むもので、副菜とは野菜、芋類、きのこ、海藻、大豆を除く豆類などを主な材料とした、ビタミンやミネラル、食物繊維が摂れるおかずのこととしている。

例えば、主菜が焼き魚なら副菜は野菜の煮物、また主菜がハンバーグなら副菜をサラダにするなど。「菜」を主菜と副菜として考えることで、和風、洋風、中華風など様々なメニューに対応できる。「飯・汁・菜・漬物」という和食の基本スタイルは、おかずを何にするか決めれば、家庭での日々の献立を簡単に立てられるというメリットもある。

大隈重信邸の台所の風景

真ん中に食材が並び、本膳と思われる料理が盛りつけられている。

（村井弦斎『増補註釈食道楽』春の巻〈報知社出版、1903年〉口絵より。個人蔵）

各地の伝統野菜

江戸東京野菜

内藤かぼちゃ

信州高遠藩主内藤家の屋敷だった現在の新宿御苑で栽培された。

寺島なす

通常のなすよりやや小ぶり。関東大震災により生産が途絶えたが、2009年に復活した。

滝野川ごぼう

北区滝野川周辺で、元禄年間（1688～1704）から栽培が始まったとされる。

京の伝統野菜

えびいも

粘りが強く、風味のよい高級食材。えびのような形状から名付けられた。

九条ねぎ

1300年以上の歴史があるといわれる、葉を食べられる葉ねぎの代表格。

伏見とうがらし

長いものでは20センチにもなる。濃い緑色で、唐辛子という名だが辛くない。

加賀野菜

加賀太きゅうり

直径6～7cm、長さ22～27cmと太め。柔らかい食感で日持ちがよい。

打木赤皮甘栗かぼちゃ

1つ1キロ程度の小ぶりだが、粘りがあり、しっとりとした味わい。

源助だいこん

肉質が柔らかいうえ、煮崩れしにくく、名物の金沢おでんにも使われる。

画像提供元：江戸東京野菜／公益財団法人 東京都農林水産振興財団、京の伝統野菜／公益財団法人 京のふるさと産品協会

汁物

メインディッシュにもなる伝統的な食事に欠かせない要素

味噌汁や各地の郷土料理として継承

中世の本膳料理では数少ない温かい料理として出されていた

日本の伝統的な食事形式には必ず汁物がついた。古くは羹《あつもの》とよばれ、奈良時代頃成立の『万葉集《まんようしゅう》』に「水葱《なぎ》（みずあおい）の羹」として登場する。野菜や魚、肉を具にした汁物は、精進料理、本膳料理などでも様々な形で出された。

16世紀末に来日したポルトガル人宣教師ジョアン・ロドリゲスは自身の日記で当時の宴会の様子を「汁物だけが温めて出され、鶴や魚など貴重な食材を入れた汁が宴会の主要な料理であり、その他の料理は添え物として出され冷たくてまずい」と記している（『日本教会史』）。また、江戸時代の婚礼などで出される儀礼食の多くは二汁五菜の形式が多く、日本の伝統的な食事様式にとって汁物が重要な要素であったことがわかる。

なお、1582年（天正《てんしょう》10）に織田信長が徳川家康を饗応した際のメニューには「集汁」と記載されているほか、夏に冷やして作る冷たい冷汁もあった。和食で最もなじみ深い汁物である味噌汁は、精進料理で使用するすり鉢が普及した15世紀半ば頃から一般に食すようになった。

こうした汁物は、飯に合う重要な要素として各地の郷土料理として、様々な形で現在に受け継がれている。また、汁物は豚汁のように肉と野菜を入れて具だくさんにすることでメインのおかずにすることもできる。また、ほかのおかずで足りない栄養素を含む食材を具とすることで、比較的簡単にバランスのとれた食事ができるため、現代でも日常の献立作りのキーになる存在ともいえる。

おかずとの取り合わせが楽しいバラエティ豊かな汁物

味噌汁、吸い物以外にも、具だくさんのもの、主食にもなるものと、汁物の種類はじつに多彩。広範囲で食べられているもののほか、汁物は各地の郷土料理にもある。

あら汁

魚のあらの部分でだしを取った汁。味噌仕立てと吸い物仕立てがある。魚の身も使う場合は潮汁とよばれる。

潮汁《うしおじる》

魚介類でだしを取った汁。あさりやはまぐりなどが一般的で、塩で味つけすることが多い。昆布を入れることもある。

豚汁

豚肉が入った汁物で、具にはごぼうやにんじん、大根などの根菜類を使うことが多い。味噌仕立てが一般的。

みぞれ汁

すりおろした大根やかぶなどをだしに加えた汁。食材の白さをみぞれに見立てて、この名でよばれる。

せんべい汁

青森県南東部から岩手県北部の伝統食品・南部せんべいを入れた汁。とりだしに醤油味で、具はとり肉や根菜などが多い。

（出典：農林水産省「うちの郷土料理」）

けんちん汁

根菜類などを油で炒めて煮込む汁物。精進料理が発祥のため、だしは昆布やしいたけで、具にも動物性の食品は使わない。

（出典：農林水産省「うちの郷土料理」）

すいとん

根菜などと共に、小麦粉に水を加えてこねた「すいとん」が具の群馬県の郷土料理。味つけは醤油や味噌。

（画像提供：こころをつなぐ まえばしの味 前橋市健康部健康増進課、前橋市食生活推進員協議会）

果物

かつては菓子と同様の意味だった間食と食後の嗜好品

砂糖普及以前の甘味の供給源

現在食べられている果物のほとんどは、明治以降に入ってきたもの

果物と菓子は現在、別のものとしてとらえられているが、古代の日本では、「菓子」は果物も含め、栗などの堅果類もさす言葉であった。やがて小麦や豆類の粉から作った甘い菓子が登場すると、果物は「水菓子」として区別されるようになる。

江戸時代に砂糖が普及するまでは、甘味を取るための重要な食物であったが、我々が普段口にする馴染のある果物の多くは、元々日本列島に原生していた梨や栗を除くと、各時代に海外から入ってきたものである。奈良時代には、桃、柿、みかん、枇杷《びわ》、梅、棗《なつめ》など中国から伝来した果物も主食や副食ではなく、食事と食事の間に採る間食として食された。その後、主に嗜好品として、茶道でお茶とセットで出されたり、懐石料理の最後に出されるようになる。

現在、国内消費量の1位、2位であるバナナとリンゴ、さらにイチゴ、サクランボなどは近代以降に定着した果物で、バナナは1963年（昭和38）に輸入が自由化されるまでは高級品だった。現在国内生産量が最も多いみかんも、一般的に食される甘みの強い温州みかんが広まったのは明治時代になってからで、それまでは種があり酸味の強い紀州みかんが主流であった。

厚生労働省と農林水産省による「食事バランスガイド」では、1日1人あたりの必要摂取量の目安をみかん2個、リンゴ1個相当の200グラム以上としているが、2019年の国による「国民健康・栄養調査」では平均96グラムで、最も多かった1975年（昭和50）の約半分に減少し、世界的に見ても低い水準だという。

千葉ではスイカも作られた

明治初期の浮世絵。下総国は江戸の人々が食べる野菜や果物の産地だったが、現在の千葉県北西部の台地は畑作地に利用され、スイカも作られた。（『大日本物産圖會　同西瓜畑之圖』東京都立図書館蔵）

古来、食べられてきた日本原産の果物

栗

乾燥させて臼《うす》で軽く搗《つ》き、外皮と渋皮を取り除いた搗栗《かちぐり》は、戦国時代には縁起物とされた。

柿

平安時代の律令の法典『延喜式《えんぎしき》』にも記されるなど、古くから親しまれてきた。

梨

現在の品種とは異なるが、奈良時代の歴史書『日本書紀』に栽培が推奨されたと記されている。

江戸時代に庶民に愛された紀州みかん

紀州から江戸に紀州みかんを運んで巨万の富を得たとされる豪商、紀伊国屋文左衛門は有名。温州みかんが広まるまでは主流だった。画像は現在のキシュウミカン。

（PIXTA提供）

酒

神聖な供え物から日常的な嗜好品へと時代と共に変化

米の栽培技術と共に製法が伝来

今も暮らしの中に根づく古代から続く酒にまつわる風習

現在、飲まれている様々な種類の酒のなかでも、日本で最も長く親しまれてきたのは日本酒(清酒)である。米を加工する製法技術は弥生時代に中国から稲作と共に伝わったとされるが、酒の原料となる麹菌は日本独自のものだった。

古代には神と人を結びつけるものとして、神に供えたり、儀礼の際に飲むことで、豊作や無病息災などを祈る神聖なものだった。鎌倉時代以降の武家社会では、戦いの勝利を祈願する出陣の儀礼として、式三献《しきさんこん》の盃が交わされた。こうした、特別なものとされた酒の意義は、今も神棚に供えるお神酒《みき》や結婚式の三々九度の盃などの風習に見ることができる。

このように多くの場合、飲酒はハレの日に行われる特別な習慣だったが、技術改良により大量生産が可能となった江戸時代、各地で酒造が行われるようになる。また江戸など一大消費地の出現と、人口集中により酒屋や酒を提供する料理茶屋・居酒屋が盛んになり、個人でも飲酒をする習慣が増え、庶民にも広まった。

また、調味料として使われた歴史も古く、その始まりは奈良時代。中世以降には酒の旨みや香りを利用する料理法もあった。そのひとつである、鰹節や梅干しなどと共に酒を煮て作る「煎《い》り酒」は、刺身などにつける調味料として使われた。

一方、洋酒は、室町時代にイエズス会宣教師によってワインが、江戸時代中期にオランダ人によってビールが伝えられた。明治維新以降に関心が高まり、欧米志向が重視された戦後、広く一般にも取り入れられた。

近代醸造法の基礎を確立した「清酒発祥の地」

古代の酒は、今でいう「どぶろく」のような白く濁った酒が多かった。室町時代、奈良市の正暦寺《しょうりゃくじ》で「諸《もろ》白《はく》」とよばれる酒が作られ、今日の日本酒造りの原型となる技術が誕生。これ以降、酒を作る際、濁り酒と透明度の高い清酒がはっきり区別されるようになったという。

(画像提供元：正暦寺)

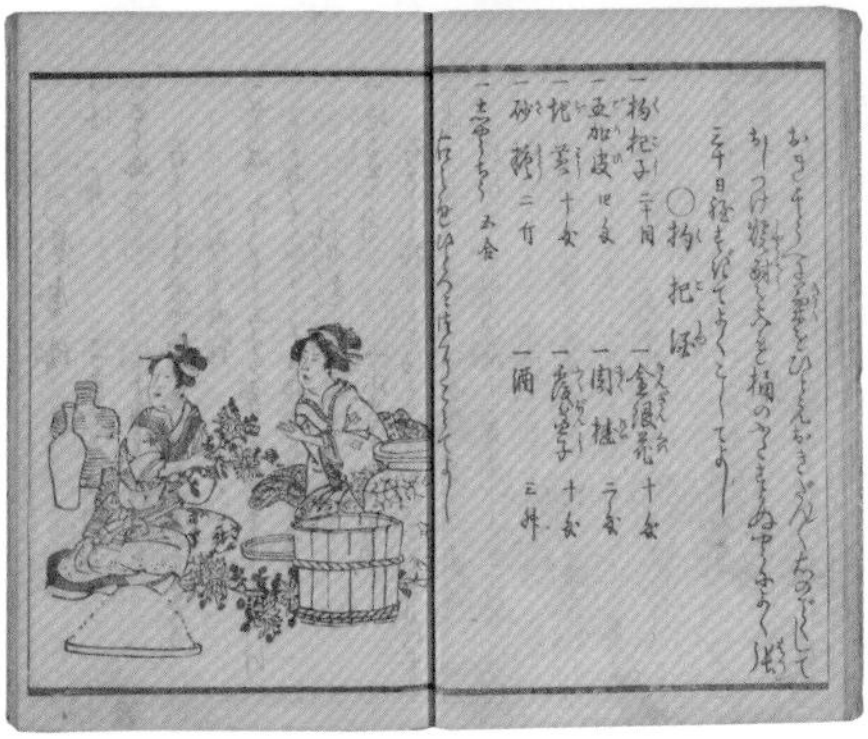

酒を手造りするための江戸時代後期のレシピ本『手造酒法』

1813年刊。『東海道《とうかいどう》中《ちゅう》膝栗毛《ひざくりげ》』で知られる十返舎一九《じっぺんしゃいっく》の著。清酒や梅酒のほか、豆腐酒などの珍しいものまで様々な酒作りの材料と製法が記されている。

(国立国会図書館蔵)

江戸時代後期には飲酒は日常的に

『二十四好今様美人《にじゅうしこういまようびじん》』というシリーズものの浮世絵の1枚。当時、人気があった芝居(歌舞伎)や植木、旅、花見などと共に「酒好」も描かれている。

(『酒好(二十四好今様美人)』(1863)国立国会図書館蔵)

手間暇をかけた江戸時代の酒作り

日本酒を作る土台ともいえる「酒母《しゅぼ》」に、水、麹、蒸し米を加えて発酵を促す。数段階を経て行われる仕込みは、唄を歌ってタイミングを計りながら行われたともいわれる。

(画像提供元：白鶴酒造資料館)

醤油

「醤」から「溜」、そして醤油へ

元々は貴族など上流階層のみが味わえる貴重な調味料だった

他の食品を作る際の副産物として誕生

醤油の起源は中国から来た「醤《ひしお》」とされる。穀類や野菜、魚、肉を塩漬けにしてうま味を分解した汁のようなもので、日本では古代には製造されていた。このうち、大豆を主原料とした醤がのちに現在のような醤油となった。魚醤は秋田県のしょっつるなどにその影響が見られるが、肉醤《ししびしお》は仏教との関連であまり普及しなかった。平安時代の『延喜式《えんぎしき》』によると、醤の材料は「大豆、米、もち米、小麦、酒、塩」で、形状は液状であった。また味噌は同じような材料で作られ「未醤《みそ》または末醤《みそ》」とよばれ、共に料理の調味料や、うりやなすなどの漬物にも使用されていた。

古代社会で塩と共に珍重され、平安時代の市で売られるなど流通もしていた。また、貴族の饗宴では食材に塩や酢などの調味料をつけて食べる形式であったが、醤は上客に使われたようだ。

鎌倉時代に、味噌から「溜《たまり》」（たまり醤油）とよばれる液体を抽出する方法が生まれる。伝承では禅宗の留学僧覚心《かくしん》が持ち帰ったなめ味噌「径山寺《きんざんじ》（金山寺）味噌」の製法を紀州湯浅《ゆあさ》（現・和歌山県湯浅町）の人に教えた際、鍋の底に溜まった味噌から分離した液体がおいしいことがわかり、それを煮物に使い始めたという（『日本食物史』）。その後、調理技術の発達により醤油が生まれ、天文《てんぶん》年間（1532～55）には紀州湯浅で、永禄《えいろく》年間（1558～70）には下総《しもうさ》野田（現・千葉県野田市）などで醤油業が興った。16世紀末の国語辞書『易林本　節用集』に掲載されるなど、一般にも広まっていくこととなり、次の江戸時代に完成期を迎える。

昔ながらの醤油の仕込み

醤油は、短時間で人工的に作る方法も発達したが、かつては自然に委ねて1年以上かけて醸造するものだった。写真は、巨大な木樽で古式醸造に取り組む湯浅醤油の仕込み。

（画像提供元：湯浅醤油有限会社）

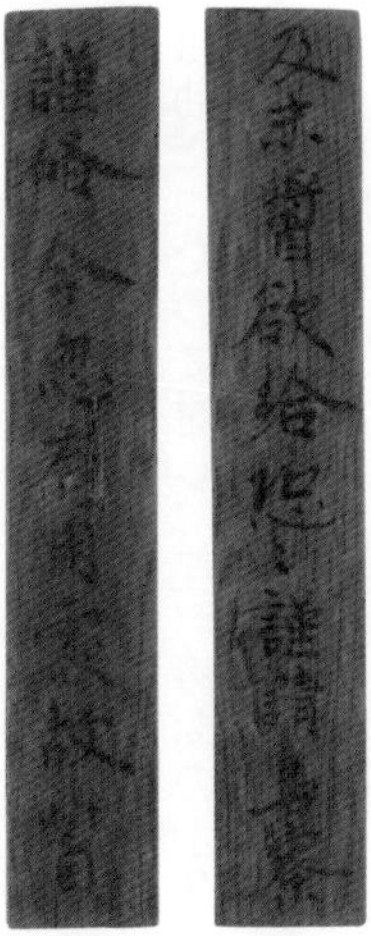

「醤」「未醤」と記された飛鳥時代の木簡《もっかん》

藤原京の遺跡から出土。馬の飼育などを担当した役所の馬寮《めりょう》から食品担当官司に、醤と未醤を請求した文書。左が表面で最後の1文字に「醤」、右が裏面で上から2～3文字目に「未醤」と記されている。

（出典：木簡庫。https://mokkanko.nabunken.go.jp/ja/6AJAUB30000130）

江戸時代の関西周辺の主な醤油の生産地

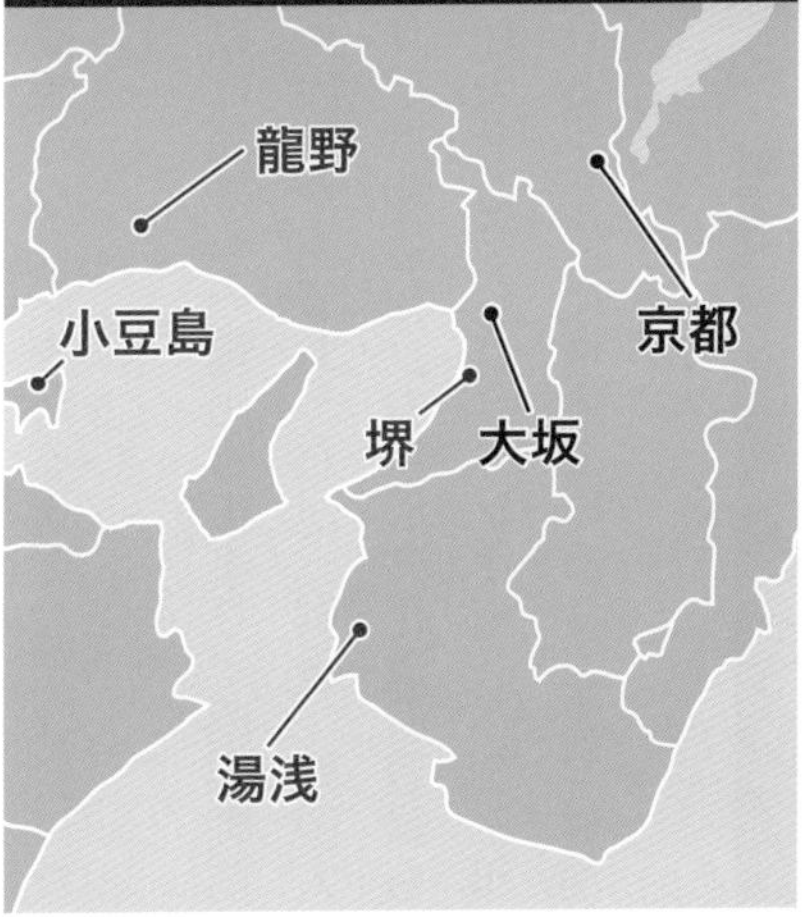

江戸時代の関東の主な醤油の生産地

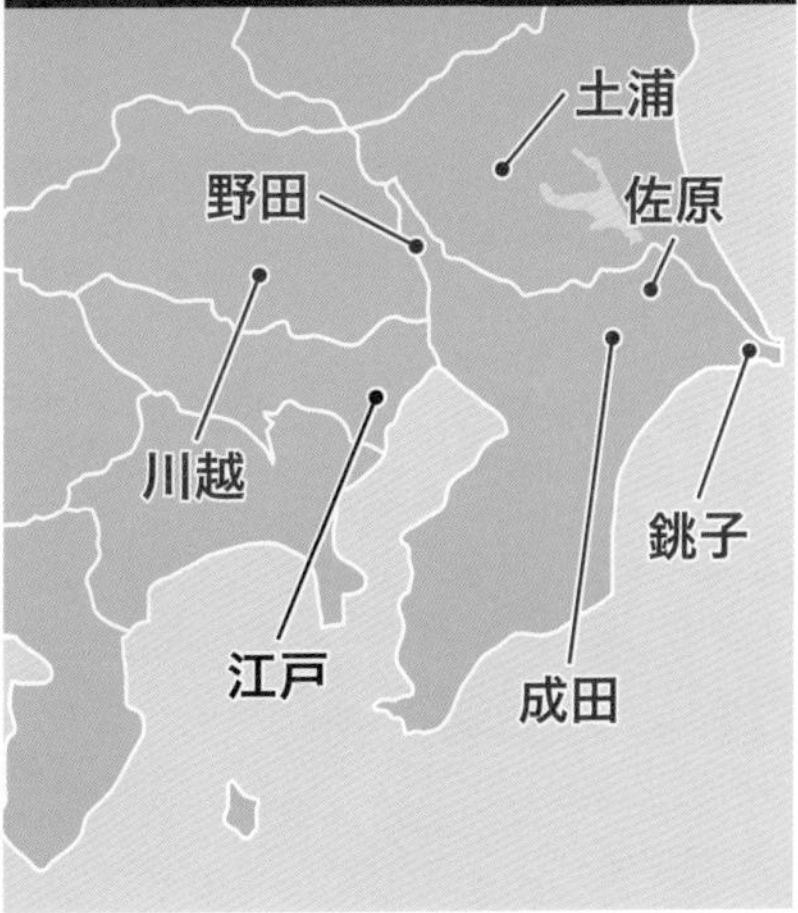

関東・関西それぞれで地元のニーズに合わせて開発・発展

江戸時代、初期の醤油製造は上方《かみがた》が中心であった。質が高く、大量の醤油が「下りもの」として一大消費地・江戸へ大量に運ばれた。上方では、もろみを布袋に入れて搾る「澄み醤油」が登場した。原料も大豆と大麦の使用から小麦を使うことでうま味と香りが増し、現在に近い形が完成した。一方、江戸近郊では下総の野田や銚子などで醤油業が発展する。江戸の町は男性の単身労働者が多かったことから濃い味が好まれ、屋台などの外食産業が発達する江戸後期になると、品質も向上し、上方にくらべ安価な関東の濃口醤油が次第に販売量を増やしていく。その結果、江戸中期の1726年（享保《きょうほう》11）には江戸に入荷した醤油のほとんどが上方醤油だったのに対し、江戸後期の1821年（文政4）には98％以上が関東産の醤油と逆転した（『百万都市江戸の灯を支えた油問屋〈東京油問屋史　追補WEB版〉』）。こうして江戸で広まったそば、握りずし、天ぷら、うなぎの蒲焼きなどを支える重要な調味料になっていった。

明治時代以降には海外への輸出も広まり、昭和戦前までは在外日本人向けが主であったが、戦後、外国人へも徐々に広まり、近年は和食の無形文化遺産登録もあり、2013年の2万2000トンから2022年には4万7000トンと倍に増えている（農水省「醤油の輸出実績」）。

上から、小麦をかき混ぜながら炒る「麦挽場」と「麦煮場」、醤油を樽に詰めて出荷する「焼印場」と「樽拵場」。

麹からもろみを作る「仕込蔵」。

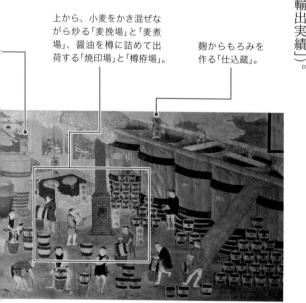

貴族から武士へ、そして一般の人々へ
和食全体に大きな影響を与えた醤油

江戸時代に海外にも輸出された

長崎などからヨーロッパに醤油を輸出する際に使われた、コンプラ瓶とよばれる瓶。栓にコールタールを塗り付けるなどして、輸送中の変質を防いだ。

（野田市郷土博物館蔵）

江戸城に届けられた醤油の「御膳御用箱」

野田や銚子の醤油は江戸城の御用醤油としても用いられた。写真は、その際に使用されたと考えられる漆塗りの御膳御用箱。

（画像提供元：キッコーマン国際食文化研究センター）

何段階もの工程を経て生産された醤油

小麦と大豆で作った麹を塩水で発酵させたもろみを絞る「船場」。

醤油の原料である塩を処理する「塩室《しおむろ》」。

蒸した大豆と炒った小麦で麹を作る「糀室《こうじむろ》」（奥）と、大豆を蒸す「釜場」（手前）。

原料を精選する「穀蔵」。

（『押絵扁額「野田醤油醸造之図」』（明治初期）野田市郷土博物館提供）

味噌

醤油登場以前まで、長く日本の発酵食品の中心にあった

食べるものから味噌汁へ

高級品から庶民の食べ物へ、すり鉢の登場が変えた加工法

味噌は元々「未醤」などとよばれ、醤油の元となった「醤」（142ページ参照）と共に中国から伝わった。平安時代の『延喜式』に記された製造方法は未醤も醤もほぼ同じだが、より収量の多い未醤は醤のように搾ったものではなく、粒状であったと考えられている。未醤はなめ味噌として食材をつけたり、味噌煮などでも使用されていたが、古代には高級品であった。

現在、味噌を使った料理として最も代表的なのは味噌汁だが、一般に食べられるようになったのは中世になってからだった。鎌倉時代に中国から伝わった禅宗は精進料理を発展させ、武士や庶民にも普及するなかで、精進料理を作るのに欠かせない調理道具としてすり鉢も広まった。その結果、すり鉢を使って味噌をペースト状にできるようになり、15世紀半ばには味噌汁も一般的に作られるようになった。また、大豆が大量生産されるようになるのも鎌倉時代以降で、これにより味噌の生産量も増え、副食や酒肴としての「なめ味噌」から、味噌汁や和え物などの調味料として普及し、庶民的な食べ物となっていった（『日本食物史』）。

また、味噌は栄養面で優れているうえ、保存性も高いことから、戦時の兵糧として戦国大名に重宝された。現代でも信州味噌で名高い長野県で味噌作りが普及したのは、武田信玄が行軍用に作らせた「川中島溜《たまり》」が起源とされる。また、伊達政宗は仙台城内に味噌を自給するために、「御塩噌蔵《ごえんそぐら》」という味噌工場を建設したことで知られる。この時期には京の白味噌など、各地域で特色ある味噌作りが開始されるようになった。

日本各地で作られる味噌

味噌は、主原料から豆味噌、米味噌、麦味噌に大別され、全国で様々な味噌が作られている。

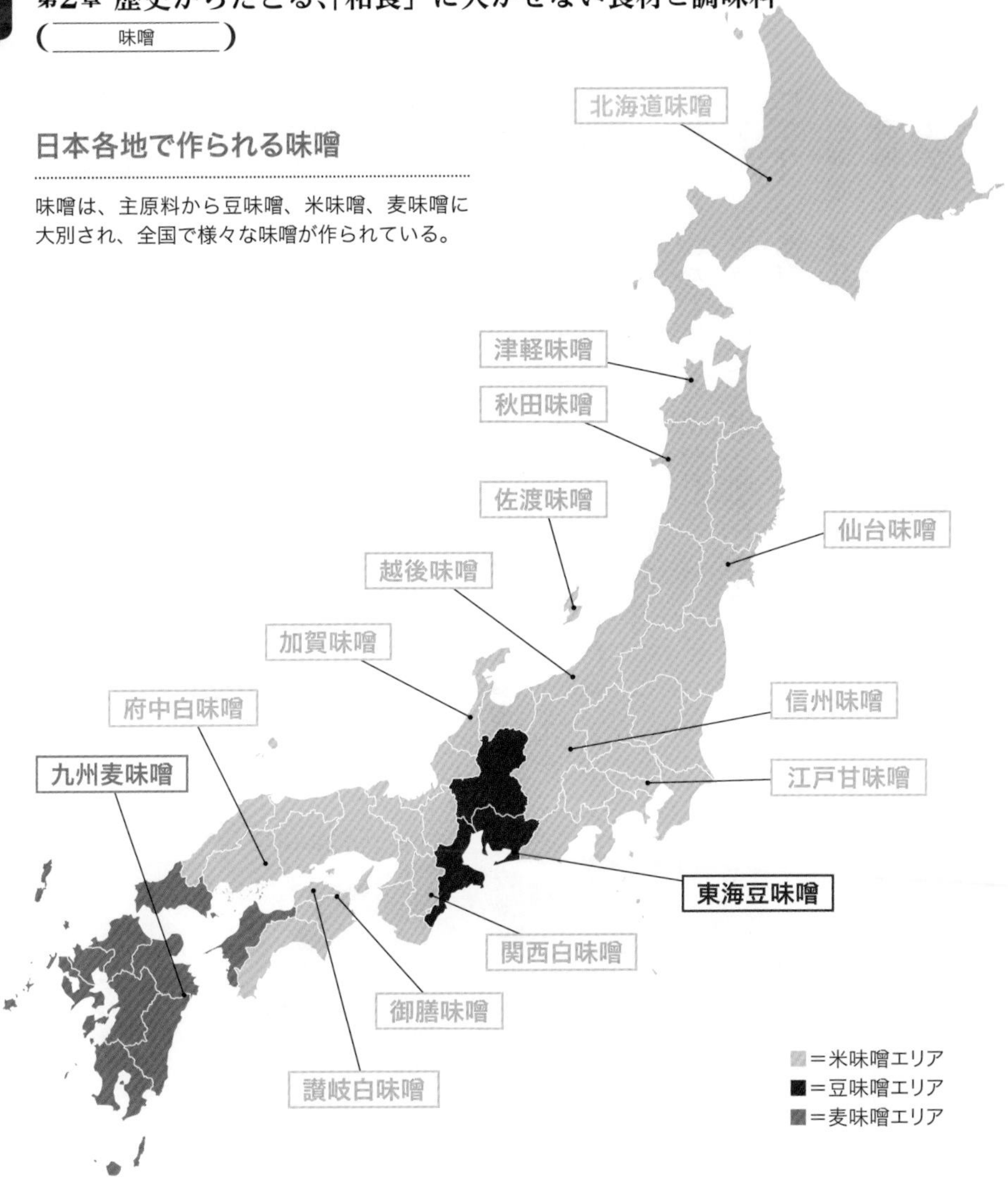

麦

大豆と麦麹で作られる。麦麹の割合で色は様々だが、豆味噌などよりうすいのが特徴。甘口のものが多い。

豆

大豆と豆麹で作られる。濃厚な味が特徴。八丁味噌、三河味噌、三州味噌など様々な呼称や銘柄で知られる。

米

大豆と米麹で作られる。麹の分量や熟成期間により甘み、色が変わる。代表格は仙台味噌(右)と関西白味噌(左)。

味噌の画像提供：みそ健康づくり委員会

味噌が庶民にも普及し、各地の郷土料理へ発展する

自分で自分のことを褒めることを「手前味噌」というが、これは江戸時代当時、どの家でも味噌を作っており、各自が味噌作りに独自の工夫をこらしていたことからきている。食生活を記した本草書《ほんぞうしょ》『本朝食鑑《ほんちょうしょっかん》』（1697）の「味噌」の項には、「味噌はわが国で毎日用いる汁」で、「昔から穀食の助けとして、一日も無くてはならぬもの」とあり、この頃には味噌汁がかなり浸透していたことがわかる。一方で、醤油が普及する中で18世紀頃には、煮物の味つけに醤油が使われることが多くなった。味噌は、魚などの煮物や田楽などの焼物、汁物、あえ物などに広く使われた。

　また、江戸時代には味噌を商売にする味噌屋が盛んになり、大都市の江戸では仙台味噌や信州味噌、三河の豆味噌、高級品であった江戸甘味噌など各地の味噌が流通していたという（『江戸の食文化』）。都市部だけではなく農村部でも味噌が売買されるようになったことで、各地域の特色ある食材を使用した味噌汁が作られるようになり、それらは現在も郷土料理として受け継がれている。

江戸時代に味噌を売っていた味噌屋

左は江戸時代の味噌屋の店先を再現したもの。上のように竹の皮に包んだ形で売られていたものもあったほか、町中を売り歩く振り売りの味噌売りもいた。

（画像提供元：合資会社 八丁味噌[カクキュー]）

自宅でも外食でも様々な味噌料理が広がった江戸時代

江戸時代に人気だった豆腐田楽

左は江戸時代中期の絵入り戯作本、黄表紙の図。右側の男性が、豆腐田楽を食べている。左下の女性は豆腐田楽を焼いているようだ。

(『大食寿乃為 2巻』国立国会図書館蔵)

江戸時代から続く味噌作りの様子

豆味噌の代表格である八丁味噌の仕込みの様子を再現したもの。八丁味噌発祥の地・八丁町では現在も山のように重石を積み上げた大きな杉桶で、2年以上熟成させて作られている。

(画像提供元:合資会社 八丁味噌[カクキュー])

酢

米酢だけでない様々な原料
酒から生まれた塩に次いで古い調味料

酢の需要を高めた握りずしの流行

米と麹菌を用いて作る日本酒の原型は弥生時代までさかのぼるといわれるが、酒作りに失敗して酸味をもったことから苦酒《からざけ》ともよばれた酢が作られるようになった。塩に次いで古い調味料とされ、平安時代の貴族の大饗料理には、塩や醬、酒と共に酢が並んでいたように、古代から高級品として珍重されていた。

その後、料理法の発展とともに様々な料理に使用され、醬油や煎り酒の登場以前、刺身はわさびやしょうがを入れた合わせ酢や酢味噌で食べられていた。

料理文化が発達した江戸時代、酢も味噌などと同様、都市部での大量の需要をまかなうため、各地で製造される。料理書『料理早指南』(1801~04)には、酢に醬油や酒を加えた三杯酢などの多くの合わせ酢が紹介され、会席料理の一品として酢の物が定着するなど、酢を使った料理も発展した。その中で江戸時代後半、江戸の屋台で誕生した握りずしに用いられた粕酢が人気を博した。高級な砂糖を使用せず甘味をだせておいしい酢飯が作れること、酒作りで余った酒粕が原料のため米酢より安価なことから庶民向けのすしに好都合だった(『江戸の食文化』)。

こうして酢が広く普及したが、近代には、安く大量に生産できる氷酢酸《ひょうさくさん》、酢酸を水で薄めた「合成酢」が登場した。戦中・戦後の食料難の際には米から酢を作ることが禁止されたため、市場の大部分を合成酢が占めたが、現在では日本の市場に流通する食酢のほとんどは醸造酢となった。また、戦後の食の欧米化で、リンゴ酢、ブドウ酢などの国産化も行われるようになった。

現代の主な食酢の分類と特徴

	醸造酢	穀物、果実、野菜、その他の農産物、蜂蜜、アルコールを原料として、酢酸発酵（酢酸菌の作用で発酵させる）させたもの。氷酢酸、酢酸を使用していない。
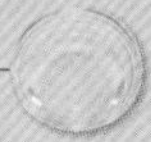	穀物酢	醸造酢の一種で、米、麦、コーンなどの穀物を1～2種以上、醸造酢1リットルにつき40グラム以上使ったもの。米酢、米黒酢、大麦黒酢は穀物酢にあたる。
	果実酢	醸造酢の一種。果実の搾汁を1～2種、醸造酢1リットルにつき300グラム以上使ったもの。リンゴ酢やブドウ酢が果実酢にあたる。
	合成酢	氷酢酸（純度の高い酢酸）や酢酸を水で薄め、調味料を加えたもの。酢漬けなどの業務用に使われることが多い。

（全国食酢協会中央会『食酢のやさしいガイドブック』を参考に作成）

酒造業者が作り出した酒粕

江戸時代後期、酒作りで出た、あまり使い道のなかった酒粕を利用した粕酢作りに挑戦したのが、現在のミツカングループの創業者、中野又左衛門だった。写真は、江戸時代の酢作りの様子を伝える、ミツカンミュージアムの展示。

（画像提供元：ミツカンミュージアム）

江戸への海運に恵まれた尾張

愛知県北西部から岐阜県南部に広がる濃尾《のうび》平野は、江戸時代から米作りが盛んなことで知られ、尾張産の酒や酢は江戸へと運ばれた。

（画像提供元：『尾張名所図会附録』愛知県図書館蔵）

塩

縄文時代から作られてきた生命の維持に必要不可欠な成分

江戸時代には全国の消費をまかなう一大生産地が登場

古代から現代にいたるまで、工夫され、進化し続けてきた製塩法

縄文時代後期の遺跡から製塩土器が出土していることから、約3000年前には塩が作られていたと考えられている。

諸外国では岩塩層や塩湖から塩を得ていた中、そうした資源がない日本列島では、海水から製塩が行われた。

しかし、海水の塩分濃度は約3％と薄く、多雨多湿の気候は天日製塩にも適さなかった。そのため、古代には干した海藻に付着した塩分を海藻で洗い出して土器で煮詰める「藻塩焼《もしお》き」、中世以降は塩田に海水を撒いて抽出する「揚浜式《あげはましき》」という、海水を濃縮して塩分濃度を高めてから煮つめて塩を得るという、独特の製塩法が発達していった。

塩は調味料として利用されてきただけでなく、食材の保存・防腐用として漬物や魚の干物、塩鮭などに用いられ、醤《ひしお》（142ページ参照）や味噌など発酵調味料の材料ともなるなど、日本の食文化と切っても切れない関係にある。

さらに、製塩できる地域が限られていることから、早くから商業的に流通しており、古代律令国家では税として全国から貢納させて、米などと共に給料として使用するなどその需要をまかなっていた。

また味噌と共に軍事戦略物資としても重要視され、戦国時代には今川氏・小田原北条氏が手を組み、戦略として甲斐武田氏への塩の供給を遮断したり、徳川家康は江戸入府後、兵糧確保のため、すぐに江戸に近い下総行徳《しもうさぎょうとく》を天領《てんりょう》として保護、流通網の整備を行った。

古代に行われた土器による藻塩焼きの再現

土器に濃度の濃い塩水を入れて煮詰め、土器の内側にできる塩の結晶を取り出す。製塩に使った土器は、東日本では縄文時代、西日本では弥生時代のものが多く出土している。

（画像提供元：（公財）広島県教育事業団）

室町時代の塩作りの様子

塩作りで成功し、長者となった男・文正《ぶんしょう》の立身談を描いた御伽草子『文正草子』の１シーン。揚浜式塩田による塩作りの様子が描かれている。

（『文正草子』屏風（部分・室町時代末）茨城県立歴史館蔵）

海沿いに広がる入浜式塩田

潮の干満を利用した入浜式塩田は寛永年間（1624〜44）に確立した。画像は、江戸時代の赤穂（兵庫県）。堤防を築いた塩田では釜屋から塩水を煮詰める湯気が立ち上っている。

（『西国名所之内 赤穂千軒塩屋』赤穂市立歴史博物館蔵）

地理的・気候的に塩作りに適していた瀬戸内海沿いの「十州」

現在でも名高い塩の生産地、赤穂《あこう》（兵庫県赤穂市）の名が全国的に広まったのは江戸時代初期。潮の満ち引きを利用し、海水を自動的に塩浜へ導入する「入浜式《いりはましき》塩田《えんでん》」方式が開発されたことによる。大都市が生まれ塩の需要がより高まっていた中、大規模な塩田、大きな干満差、長い日照時間などの気候的・地理的条件に恵まれた瀬戸内海沿いの10カ国を中心に築造され、昭和30年代頃まで続く製塩の中心地となった。「十州《じっしゅう》塩田」で製塩された塩は主に海路で全国へと運ばれ、文化期（1804～18）には全国の生産高の9割を占めた。

明治時代、日露戦争の戦費調達目的から塩は専売制となる。当初は収益目的であったが、タバコなどの嗜好品と異なり生活必需品であるため国民の不満が大きくなった。そこで大正時代になり価格を低く抑えるための公益専売制にシフトし、1997年まで続くことになる。1970年代には、日本の製塩法は電気の力を利用して海水を濃縮するイオン交換膜法に移行した。広大な塩田を必要とせず製塩工程が機械化したことで、天候に左右されず、能率よく優れた品質の塩が生産されるようになった。

江戸に塩を運んだ塩廻船（再現模型）

主に醤油・油・紙などの日用品を運んだ菱垣廻船、酒樽を運ぶために考え出された樽回線と並び、塩廻船は上方～江戸間の主要廻船のひとつだった。

（画像提供元：赤穂市立歴史博物館）

江戸時代、日本全国の塩の需要を一手に引き受けた「十州塩田」

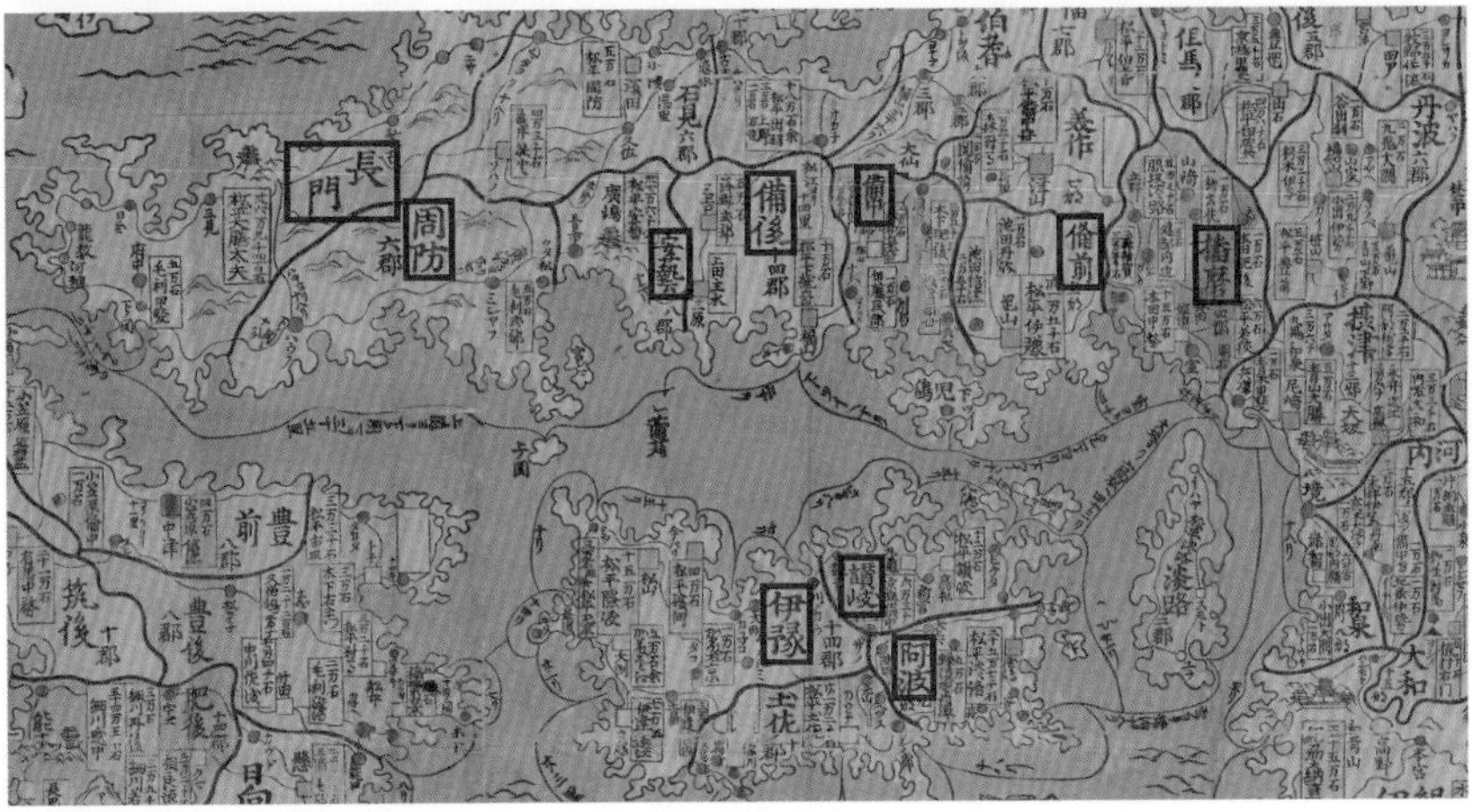

江戸時代に全国の塩をまかなった瀬戸内の10カ国

元禄時代の日本地図に10カ国を示したもの。なかでも、播磨（兵庫県）の赤穂、備前（岡山県東南部）の児島、安芸（広島県西部）の竹原、周防（山口県東部）の三田尻などの生産量が多かった。

（『元禄日本国図』国立国会図書館蔵）

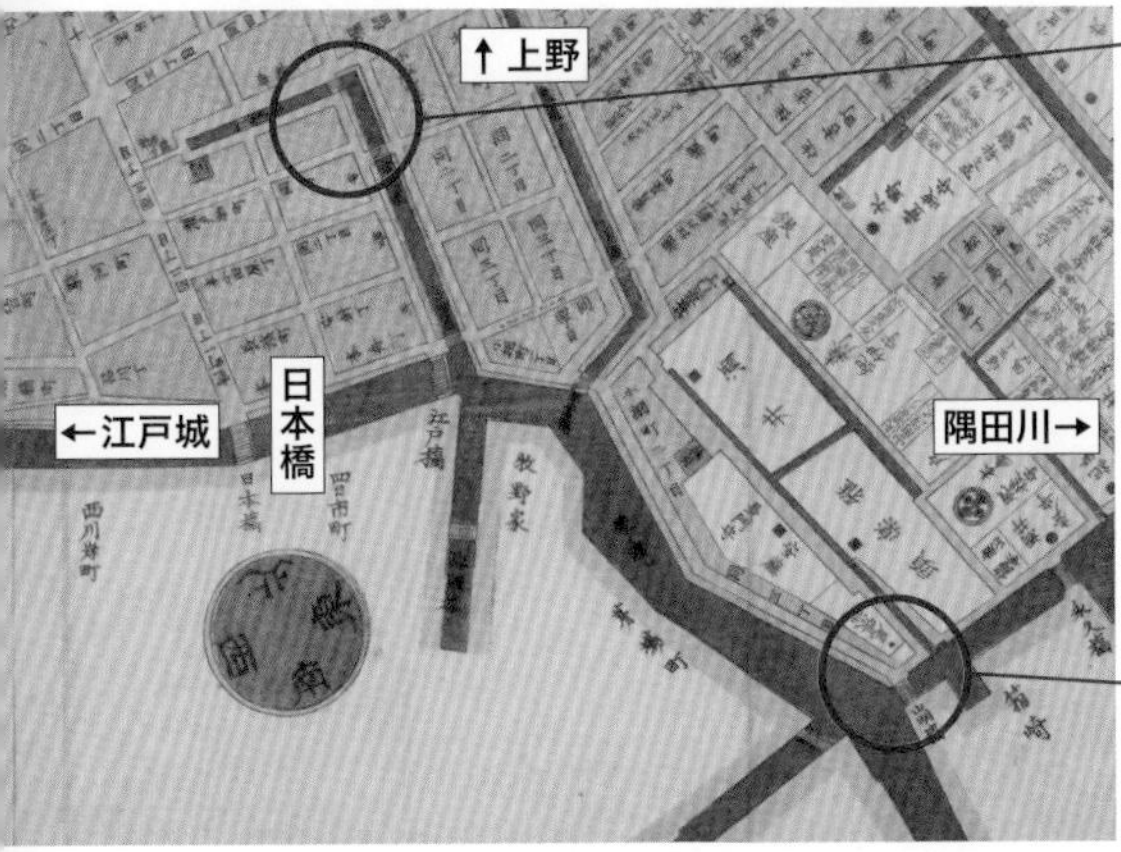

塩は荷ごとに定められた河岸に運ばれた

河岸とは、船で江戸へと運ばれた荷の上げ下ろしをする場所のこと。塩は塩問屋の集まる塩河岸へ運ばれ、塩などの行徳からの荷は行徳河岸で荷揚げされた。

（『江戸切絵図日本橋北神田浜町絵図』国立国会図書館蔵）

塩河岸

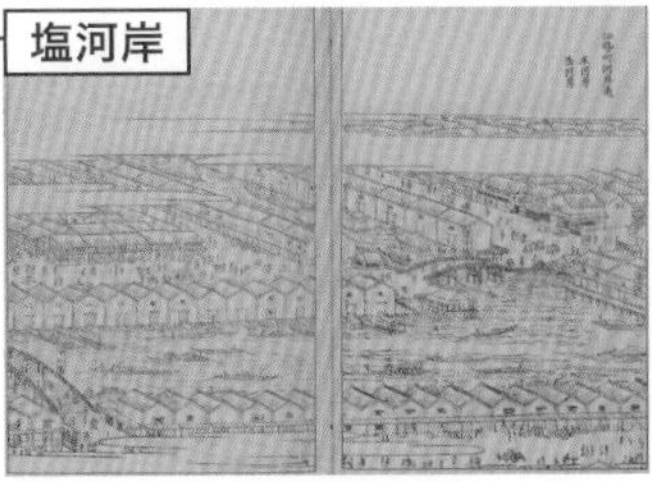

現在の日本橋小網町に位置した。

（『江戸名所図会』国立国会図書館蔵）

行徳河岸

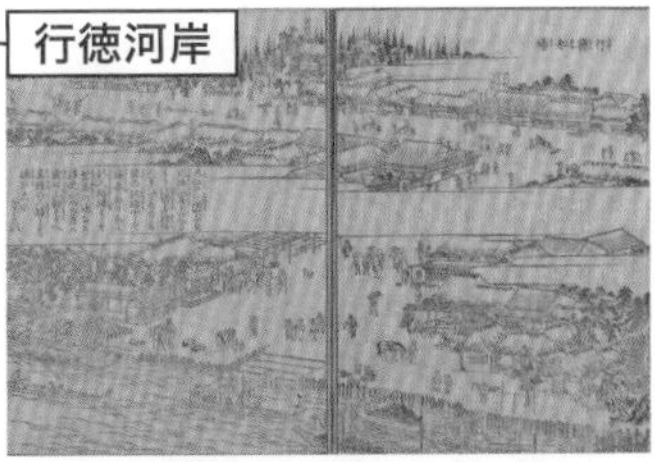

江戸～行徳間を行き来する船が着いた。

（『江戸名所図会』国立国会図書館蔵）

江戸時代まで人々の憧れであった甘味

薬から菓子、和食に欠かせない調味料へ

料理に砂糖を使用するようになるのは近代以降のこと

砂糖は、奈良時代に遣唐使が中国からもたらしたが、薬として一部の限られた層しか手にすることができない貴重な輸入品だった。甘みを求める際には果物、穀物や芋のデンプンから作った飴、甘葛《あまづら》煎というつたなどの植物から取った汁を煮詰めたものがあった。『枕《まくらの》草子《そうし》』には甘葛煎をかけた削り氷を「あてなる（高貴な）もの」として食したとあるが、それは限られた人が楽しめる高貴な甘味だった。中世には禅僧によって点心《てんしん》（間食）として砂糖羊羹《ようかん》、砂糖饅頭《まんじゅう》が食されるようになり、また16世紀には南蛮貿易でカステラなどの南蛮菓子と共に砂糖が輸入され、その存在が一般にも知られることとなった。

江戸時代になると社会が安定し京で上菓子が登場するなど、砂糖の需要は高まっていったが、輸入に頼っており高級品であることには変わりなかった。日本の金銀が海外に流出することを危惧した八代将軍徳川吉《よし》宗《むね》によって、18世紀中頃に国内でのさとうきび栽培や製糖を奨励したことで国産製糖が始まり、江戸時代後半になると民間にも砂糖が普及し、高級菓子だけでなく、庶民の菓子にも砂糖を使ったものが広まった。

なお、砂糖の普及とともに、幕末頃には煮物や照り焼きなど料理にも使われるようになったが、まだそれは料理書のうえでのことで、多くの料理に使用されるようになるのは近代に入ってからだった。それも都市部以外ではハレの日など特別な日に使用する場合が多く、第二次世界大戦後になり、日常食の多様な料理に使用された。

長崎の出島に集まった輸入砂糖

江戸時代、出島で砂糖などの輸入品を天秤で計量する様子。元禄期（1688～1704）には、現代の価値に換算すると砂糖1キロの小売価格が1500円以上だったことを示す記録も残る。

（画像提供元：長崎市経済局文化観光部出島復元整備室）

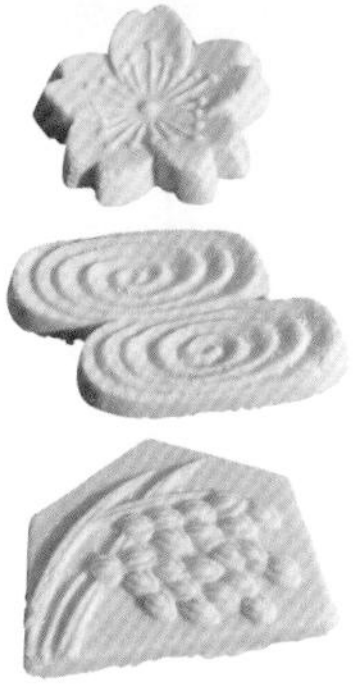

香川・徳島特産の和三盆《わさんぼん》で作った干菓子

伝統的製法で作られる和三盆は粒子が小さく、くちどけがよいことから高級和菓子に使用される。

（画像提供元：讃州井筒屋敷）

国産白砂糖作りに成功した讃岐

幕末期、讃岐産白砂糖は大坂市場で取引された国産白砂糖の6割を占めた。上はさとうきびの汁を絞り、下は絞り汁を煮詰めてミネラルなどの糖蜜とよばれる成分を抜く、讃岐産の上等な白砂糖、和三盆作りの工程が描かれている。

（『大日本物産図会　讃岐国白糖製造ノ図　同三盆糖製造之図』高松市歴史資料館蔵）

独自に培われた「うま味」の抽出方法

日本の食文化になくてはならない鰹節と昆布

江戸時代に発展を遂げただし文化

和食の大きな特徴のひとつに、食材の「うま味」成分を濃縮・抽出する、日本独特の調理手法「だし」の使用がある。とくに使用頻度が高い鰹節と昆布から取る「だし」の文化は江戸時代に大きく広がった。

縄文時代より食された鰹は、古代には身を干して乾燥させた鰹節の前身の「煮堅魚《にかたうお》」、鰹を煮た際の汁「堅魚煎汁《いろり》」が各地から都への貢納品として納められ、調味料として使われた。鰹節は室町時代に登場し、料理流派四条《しじょう》流の秘伝書『四條流庖丁書』（1489）に、削り節を雑煮や和え物に使用した調理法がある。しかし当時の煮て干す製法では乾燥が十分ではなく、長期保存には向いていなかった。江戸時代、現在の高知県で、煮てから煙で燻《いぶ》しながら乾燥させる荒節《あらぶし》の製法が生まれ、長期保存、長期輸送が可能になり、全国に広がる。その後、カビ付けと乾燥を繰り返す枯節《かれぶし》の製法が生まれ、幕末頃にはカビ付けを4回以上行う高級品の本枯節ができた。

昆布は古代陸奥国（東北地方）からの貢納品として記録に残る。青森県以北でしか採れないため、一般にはあまり出回っていなかったが、室町時代から江戸時代に開拓された日本海航路で北海道から上方《かみがた》へ大量に運ばれるようになった。動物性の材料を使わない精進料理に欠かせないものとして寺社で重宝された。

東は鰹節、西は昆布というだし文化の地域差は、昆布は上方でほとんどが消費され江戸にあまり届かなかったこと、江戸の硬度が京都などより高く、昆布のだしが取りにくかったことがその要因とされている。

（上『日本山海名産圖會５巻［４］』 下『日本山海名物圖會 四』 ともに国立国会図書館蔵）

技術や流通の発展で広く使われただしの素材

上は土佐の鰹節作り、下は北海道の昆布を描いたもの。これ以外に、いわし漁が発展した戦国時代以降に加工されるようになった煮干しや、人工栽培法が確立される昭和中期まで高価だった干ししいたけもだしの食材の代表格。

日本各地の主なだし

郷土料理を中心として、各地方で異なる食材で取っただしが好まれている。

（一般財団法人日本educe食育総合研究所ウェブサイトなどを参考に作成）

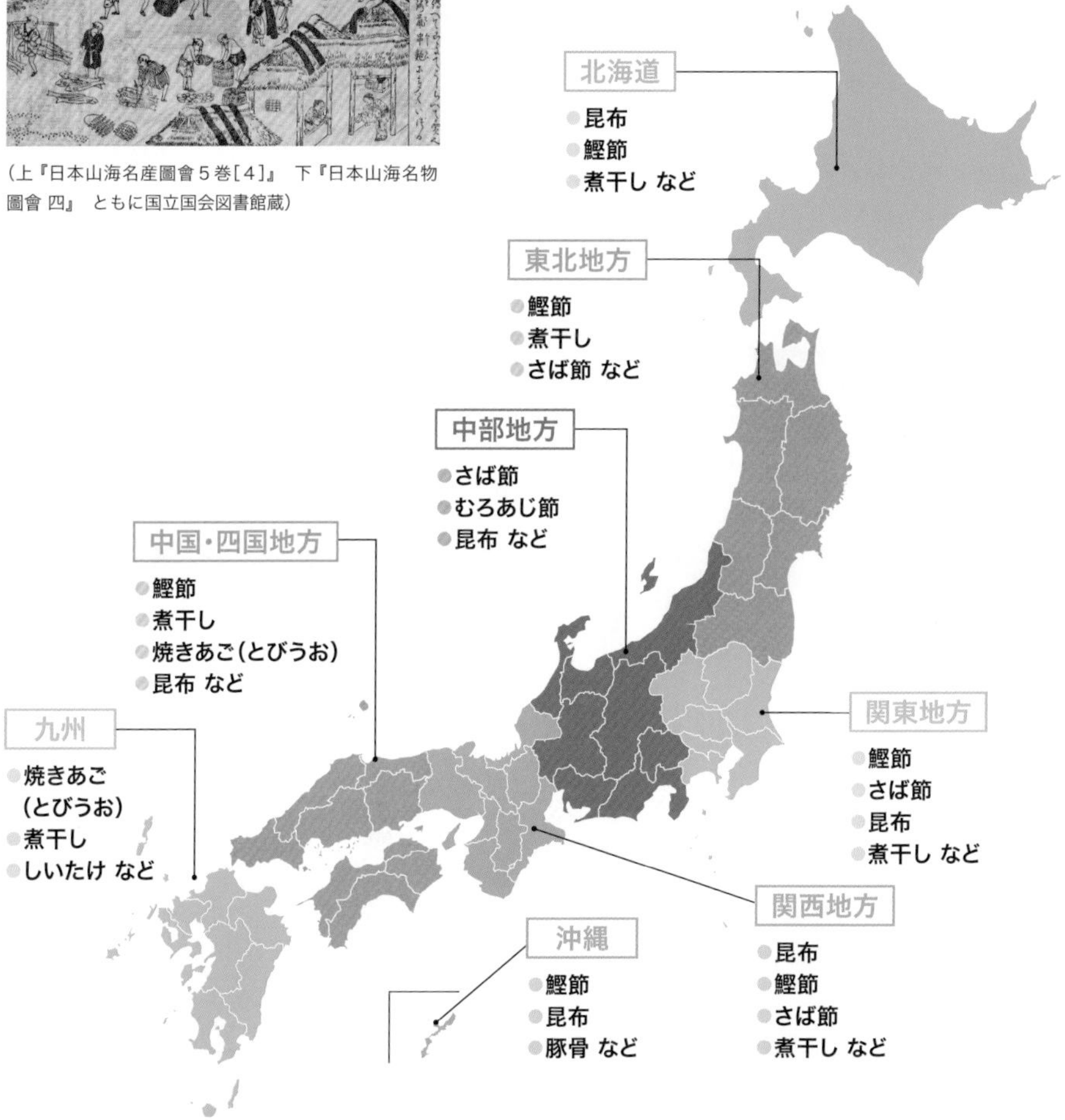

茶

抹茶と煎茶の異なる歩み

平安時代に一時中断して、中世になって花開いた喫茶文化

一服（1杯）の茶を売る露店

室町時代頃から登場した、社寺の門前など、人が集まる場所で茶を売る行商人「一服一銭《いっぷくいっせん》」。庶民が気軽に茶を飲む習慣が広まっていった。
（『職人尽歌合［1］』国立国会図書館蔵）

本家中国で廃れ、日本にだけ残った抹茶の製法

一般的に日本茶というと、室町時代の茶の湯から発展した茶道で用いられる抹茶と、玉露や番茶を含む煎茶に分けられる。

日本史上、最初に茶が登場するのは815年（弘仁《こうにん》6）に、唐で修行した大僧都永忠《えいちゅう》が近江《おうみ》（滋賀県）で嵯峨《さが》天皇に茶を奉じたという『日本後《にほんこう》紀《き》』の記事であるという。しかし喫茶文化は普及せず、鎌倉時代に臨済宗《りんざいしゅう》の開祖栄西《えいさい》が宋から抹茶の製茶技術と飲み方を持ち帰り、著書『喫《きっ》茶《さ》養生《ようじょう》記《き》』（1211）に薬として紹介した。これが日本人の口にも合い喫茶文化は急速に受容

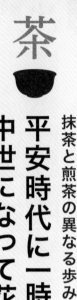

主な日本茶の製法

煎茶	番茶	玉露	抹茶
なまの葉を蒸し、揉んで水分を揉み出し、熱を加えてさらに水分を飛ばして乾燥させる。	伸びて硬くなった葉や茎などを原料に煎茶と同じ製法で作る。これを焙じたのがほうじ茶。	製法は煎茶と同じだが、よしずなどで直射日光を避けて育てた新芽を原料とする。	玉露のように遮光して育てた新芽を蒸して乾燥させ、石臼などで挽いたもの。

宇治から江戸城に茶を運んだ御茶壺道中

江戸時代には、美濃（岐阜県）、伊予（愛媛県）、土佐（高知県）、日向（宮崎県）、肥後（熊本県）などでも茶が栽培され、大坂市場で扱われた。また、幕府は宇治茶を納めることを明示、茶壺を運ぶ道中が制度化された。画像は、その道中の様子と、京都の老舗茶業家、上林《かんばやし》家に伝わる茶壺籠。

（「御茶壺道中籠」宇治・上林記念館蔵『御茶壺之巻』国立国会図書館蔵）

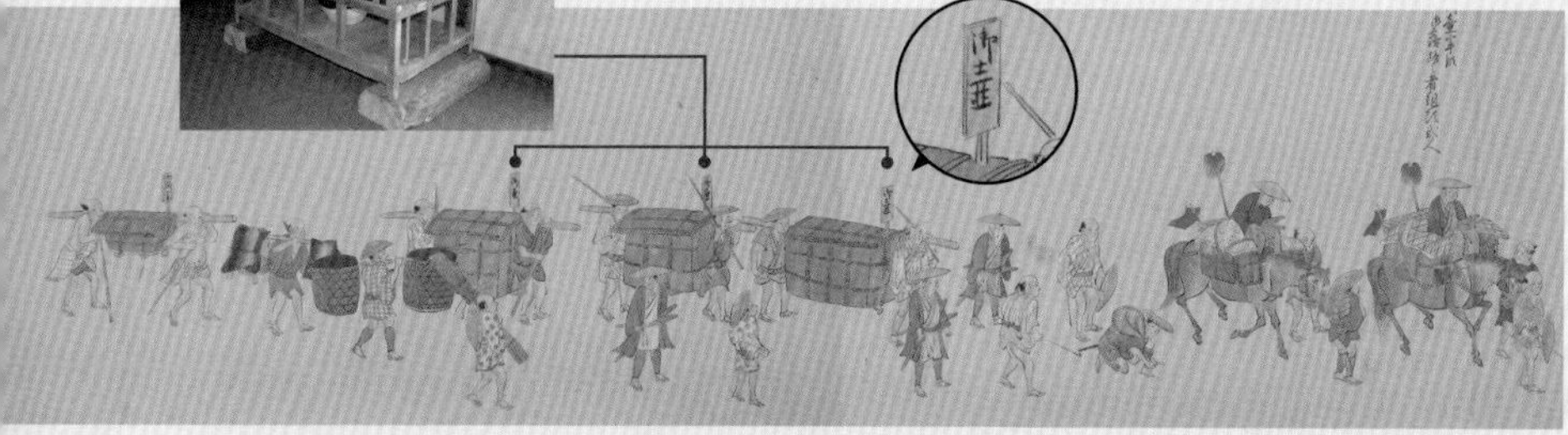

された。各地で茶が栽培されるようになるとともに、室町時代の終わりには千利休《せんのりきゅう》が茶の湯を大成し、江戸時代以降、茶道として広く受け入れられていくことになる。なお、本家中国では抹茶の製造は廃《すた》れ、日本にだけ受け継がれることとなった。

一方で中世の庶民の間では手のかかる抹茶ではなく、葉茶を煮出して飲む、現在の番茶に近い煎茶を飲んでいたのではないかといわれる（『和食とは何か』）。

江戸時代に抹茶を用いる茶道が家業化し、大名や貴人のものから上層町人などの遊芸となる一方で、18世紀には中国風の煎茶を好む文人たちが現れた。その後、急須が使用されるようになり、品質のよい玉露が誕生し、現在の緑茶が完成した。

高品質の緑茶は宇治《うじ》や静岡をはじめ各地で商品化され、幕末から明治時代には絹と並んで外貨獲得の大きな輸出品となった。

— コラム —

ユネスコ無形文化遺産に登録された 各国の「食文化」

ユネスコ無形文化遺産は、世界遺産が建造物や遺跡、景観、自然などの有形のものが対象であるのに対して、口承で伝わる伝統や表現、社会的慣習、儀式や祭礼行事といった形のないものが対象で、和食以外にも世界各国の食文化が登録されている。

和食が登録されたのは「代表リスト」（人類の無形文化遺産の代表的な一覧表）だが、「ウクライナのボルシチ料理の文化」などが緊急保護リスト（消滅の危機に瀕し緊急に保護する必要があるもの）に登録されているほか、「ケニアの伝統食の普及と保護に関する成功例」のように、「ベスト・プラクティス」（無形文化遺産保護の最良の実例）として登録されているものもある。下記の図にその一部を紹介する。

( )内は登録年。2023年現在

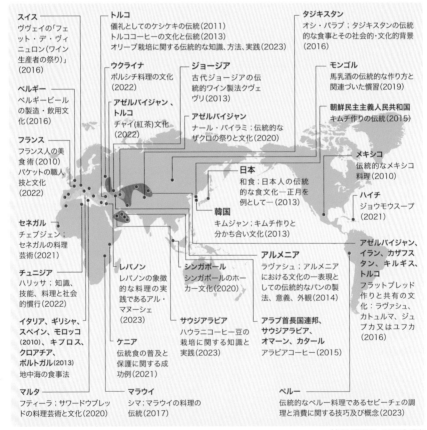

3章

都道府県別

現代の郷土料理

時代とともに地域で親しまれてきた料理

「郷土料理」の特徴と、これからのあり方

郷土料理といっても その背景には様々な要因がある

「郷土料理」とはおおまかには、各地域の風土や環境にあわせて、保存法や味など独自の工夫をしながら人々の暮らしに根づいてきた料理をさす。各地域の産物を活かした料理が中心である一方で、必ずしもその地域の産物ではないなど、その背景には様々な要因がある。

大別すると、

①食材や調理法が地域で伝えられているもの。京都の「千枚漬」「すぐき漬」、長野の「野沢菜漬」、秋田の「きりたんぽ」、滋賀の「ふなずし」など。また、

②気候・風土などの生活環境によるもの。寒さが厳しい地域に多い「のっぺい」は、汁が冷めにくく体も温まるようにとろみをつけるように工夫された。また、冷涼な気候で稲作に不向きな長野の「信州そば」などもあてはまる。

③歴史的背景によるもの。山間部の海産物を利用した料理では輸送のため長期保存に優れた干物が使われたり、京都の「にしんそば」は江戸時代の北方交易により北海道のにしんが上方に運ばれたことが発祥とされる。また海外交易の窓口であった長崎では中国式の大皿料理にオランダやポルトガル料理を折衷させた卓袱《しっぽく》料理が作られた。

本章では、こうした今も各地に継承されている特徴ある料理を、都道府県別で取り上げていく。

次世代への保護・継承に向けた取り組み

戦後の高度経済成長期、食の欧米化や海外からの食材輸入による食生活の全国的な画一化の中で、郷土料

理は一時その価値が埋没することになった。その後、スローフード運動、地産地消運動、食育基本法制定（2005年）による食育推進基本計画の策定により、郷土料理の掘り起こしや見直しが進み、現在では、地域の重要な歴史・文化資産としてとらえられるようになっている。また、伝統野菜とよばれる、古くからその地方で栽培され、食文化と密接に関わってきた形や味・色など個性あふれる野菜への再評価も進んでいる。

2013年、「和食」がユネスコの無形文化遺産に登録されたことで郷土料理の見直しの動きは一層加速し、各地で学校給食の献立に取り入れられたり、訪日外国人や海外に向けて発信するなど、郷土料理の伝承と保護・継承へ向けた取り組みも積極的に行われるようになってきた。

郷土料理として親しまれている各地の主な料理
—うどんの場合—

- **東北地方**：あんかけうどん、しっぽこうどん、すっぽこうどん
- **関東地方**：耳うどん、おっきりこみ、小豆うどん、ちたけうどん、のしこみうどん、煮ぼうとう、冷や汁うどん、おざら、ねじ
- **中部地方**：ほうとう、吉田うどん、おしぼりうどん、お煮かけ、味噌煮込みうどん
- **近畿地方**：うどんすき、きつねうどん
- **中国地方**：倉敷ぶっかけうどん
- **四国地方**：年明けうどん、しっぽくうどん、たらいうどん
- **九州地方**：小倉焼うどん、かしわうどん、博多うどん、五島うどん地獄炊き、胡麻だしうどん、釜あげうどん、魚うどん、神楽うどん、皿うどん

「おしぼり」とは長野県の北信地方の郷土料理。辛味大根をすりおろしたしぼり汁に味噌を溶かして薬味を加えたものに、うどんをつけて食べる。だし汁ではなく、大根であることが特徴で、主に冬に食べられている。

茹でた乾麺を五島沖で獲れたとびうおのあごだしで食べる、長崎県の「五島うどん地獄炊き」。ねぎ、鰹節、醤油を入れて溶いた卵に麺をからめて食べることもある。出典：農林水産省「うちの郷土料理」（以下、同一の場合は「※」で記載）。

北海道・東北エリア

北海道
青森
秋田
岩手
山形
宮城
福島
新潟
石川
富山
福井
群馬
栃木
茨城
長野
埼玉
千葉
東京
山梨
神奈川
岐阜
愛知
静岡
滋賀
京都
三重
大阪
奈良
和歌山
兵庫
鳥取
島根
岡山
広島
山口
香川
愛媛
徳島
高知
福岡
佐賀
長崎
大分
熊本
宮崎
鹿児島
沖縄

北海道
全域で鮭、じゃがいも料理が多い

石狩鍋、**チャンチャン焼**などの鮭料理、国内生産量の8割を占めるじゃがいも料理が多いのが特徴。羊肉を使った**ジンギスカン**や、身欠きにしんの甘露煮をのせた**にしんそば**も全域で親しまれている。道央・道南では、全国で収穫量のほとんどを占める昆布で鮭やにしんを巻いた**昆布巻**、いかと昆布で作る**松前漬**があり、酪農が盛んな道東では**牛乳豆腐**や十勝地方の**豚丼**が知られ、各地の特産物を活用した地域性がみられる。

蒸したじゃがいもをつぶして焼いたおやつ。明治時代の開拓者たちのエネルギー源として重宝され、道民に親しまれているおやつ。片栗粉を入れる場合もある。※

米麹に魚と野菜を漬けて乳酸により低温発酵させたもの。漁師の家庭料理が発祥とされ、冬の保存食でもあり、鮭やほっけ、にしん、さんまなど様々な魚で作られる。※

青森県
県の東西で、文化も環境も異なる

青森県は、西部の津軽地方と東部の南部地方とに大別できる。自然環境も異なり、津軽は米、南部は**せんべい汁**や**豆しとぎ**など小麦や雑穀が発展し、それぞれ海産物を使った料理も多い。津軽には、たらのアラを入れた**じゃっぱ汁**、**ほっけのすり身汁**、南部にはうにとあわびを入れた吸い物**いちご煮**などがある。また、寒さが厳しい土地柄のため汁物が多く、津軽ではさいの目切りにした根菜類、山菜、きのこを入れた**けの汁**が知られる。

津軽弁で「じゃっぱ」とは「捨てるもの」という意味があり、本来は捨てるような骨や皮、内臓を使ったことからきている。津軽では、たらが正月に欠かせない「年取り魚」とされている。※

青大豆を煮てつぶし、米粉と砂糖、塩を加え、ぬるま湯でこねた生菓子。焼いても食される。南部では米が貴重だったため大豆を加えた。ハレの日のお供えとして用いられた。柴田学園大学短期大学部提供。※

岩手県

麦、雑穀を加工した料理が発展

県北から沿岸部にかけては寒さが厳しく安定した米作りが難しいため麦や雑穀を使った食文化が発展した。小麦粉団子に黒砂糖を入れた**まめぶ汁**、そば粉を練って野菜やきのこと煮た**柳ばっと**などがある。県央・県南では、**ひっつみ汁**、米粉で作る**お茶餅**といった米や麦、そばを粉にしてこねる「しとねもの」文化が発展した。山間部では多雪により米や麦の収穫が難しい一方、山菜やきのこといった山の幸が豊富で、**みずとろろ**などがある。

そばかっけ

県北の郷土料理。そば粉をこねて薄くのばし三角形に切り、大根、豆腐、しいたけと共にだしで軽く茹で、にんにく味噌をつけて食べる。来客などハレ日のもてなし料理として親しまれてきた。

ひっつみ(ひっつみ汁)

県央地域を中心に県内全域で年間を通じて食べられる。こねた小麦を手でちぎる動作の「ひっつまむ」から転じた名称。鶏肉、ごぼう、にんじん、きのこなどを入れるが、地域で川がに、川魚を入れる場合もある。※

宮城県

産物を活かした伝統食 ハレの日の餅料理が強み

県内の穀倉地帯や海岸線などで育まれた産物を活かした昔ながらの食文化がある。水田開拓は江戸時代から行われ、**仙台味噌**も当時から続く伝統の保存食である。県全域では餅をよく食べ、**くるみ餅**、**じゅうねん（えごま）餅**など、種類も豊富。河川流域では鮭の切り身といくらをのせた**はらこめし**が親しまれている。県北一帯では練った小麦粉と野菜の汁物**はっと汁**が有名。おやつはふかし芋や凍《し》み餅など各家庭で作られる伝統食が多い。

しそ巻き

宮城県の名産のひとつである「仙台味噌」に、ごまやくるみを入れて練り、青じそに包んで巻き、油で揚げたもの。おかず以外にも、砂糖を加えておやつやお茶うけにも好まれている。

ずんだ餅

ゆでた枝豆を粗く刻んでからすり鉢ですりつぶし、砂糖と塩を加え、餅にからめたもの。「ずんだ」の語源は諸説あるが、枝豆を用いた和え衣は江戸時代にはすでに定着していたという。

秋田県

米を加工した料理と発酵食が多彩

米どころでもある秋田県は、主食のほとんどが米料理。ご飯を粒が残る程度につぶしてだんご状にした**だまこもち**を入れただまこ鍋、つぶしたご飯を串に刺して焼いた**きりたんぽ**を入れた鍋は有名。米どころならではの米麹などを使った発酵食も多い。大根を甘酒に漬けた**なた漬**、大根と渋柿を塩と砂糖で漬けた**柿漬**なども親しまれている。魚醤のしょっつるは秋田ならではの発酵調味料で、これを用いた**しょっつる鍋**も冬の馴染みの味。

一般的な小豆よりも色がよく出て、皮がしっかりしていて胴割れしにくいてんこ小豆を用い、砂糖を加えるのは秋田ならでは。今でも祝い事、法事で食べられる。※

「がっこ」は漬物の意味。一般的な漬物は大根を天日干し後に発酵させるが、地域的に日照時間が少ないため、室内の囲炉裏端で大根をいぶしたことに始まる。酸味より甘みが強い。

山形県

豪雪地帯ならではの乾物や保存料理も

標高の高い山々と日本海側からの季節風が吹く山形は、寒さも厳しい豪雪地域。この自然環境を利用した保存食が多く、大根を凍らせてから乾燥させるなどの工程を経て作る**凍み大根**や、まだらを干物にした**棒だらの煮付け**などがある。山菜類は年間を通じて食べられるように、塩漬けや乾物にすることも一般的だ。正月に欠かせない**ひょう干し**の煮物は、道端などに自生する「ひょう」(スベリヒユ)を天日干しにして保存し、煮物にした料理。

「山形青菜《せいさい》」という高菜の一種を大根、にんじんなどの野菜と一緒に刻んで塩漬けにした、県内を代表する漬物のひとつ。晩秋の収穫期に家庭で作られることが多い常備菜。やまがたの広報写真ライブラリー提供。※

起源は、江戸時代に最上川で船の荷揚げをしている人々が里芋と干しだらを煮て食べたという説と、旧暦8月15日の「芋名月」に里芋を供え物にした風習からという説がある。牛肉を入れたのは昭和以降。

福島県

凍み餅、凍み豆腐、漬物文化が盛ん

太平洋に面し阿武隈《あぶくま》高地までの浜通りは魚介類を豊富に使った料理。阿武隈高地から奥羽《おうう》山脈間の中通りでは冬季の朝夕寒暖差を活かした**凍み餅**や**凍み豆腐**を使った**卵とじ**など。内陸で豪雪地の会津では保存食として**棒だら**などの乾物が多いのが特徴。県内全域では味噌かんぷら、畑の農作物をはじめ、山菜やきのこ類が多く食べられている。とくに漬物は種類も豊富で、来客や休憩、おやつ時のお茶うけとしても親しまれている。

出荷できない小さなじゃがいもを残さず食べるために、皮のまま味噌や砂糖、みりんと共に炒めた産地ならではの家庭料理。これをつぶして味噌と和える「かんぷらぼた餅」もある。※

味噌かんぷら

凍み豆腐の卵とじ

薄切りにした豆腐を藁で包み、屋外の寒風に数週間さらして作る凍み豆腐は、大正時代からの伝統的な保存法。凍み豆腐は特に季節風「吾妻おろし」が吹く県南部で親しまれている。平出美穂子提供。※

地域トピックス

北海道・東北エリアの伝統野菜

秋田県 「畑のキャビア」と称される とんぶり

４月に種を撒いたアカザ科のほうきぐさの実を、地域にのみ伝わる独自技術で加工することで、食用とした秋田県の伝統野菜。収穫時期は９～１１月で、加工したのちは年間を通じて流通している。長芋や納豆などと混ぜる。

山形県 1つのさやに2粒 だだちゃ豆

鶴岡市を中心に100年以上前から栽培されている。独特の風味と甘さが特徴で、うま味もある。さやは茶色で、1つのさやに2粒ずつ入っているものが多い。茹でてそのまま食べるほか、茹でて薄皮を取り、すりつぶした料理もある。

関東エリア

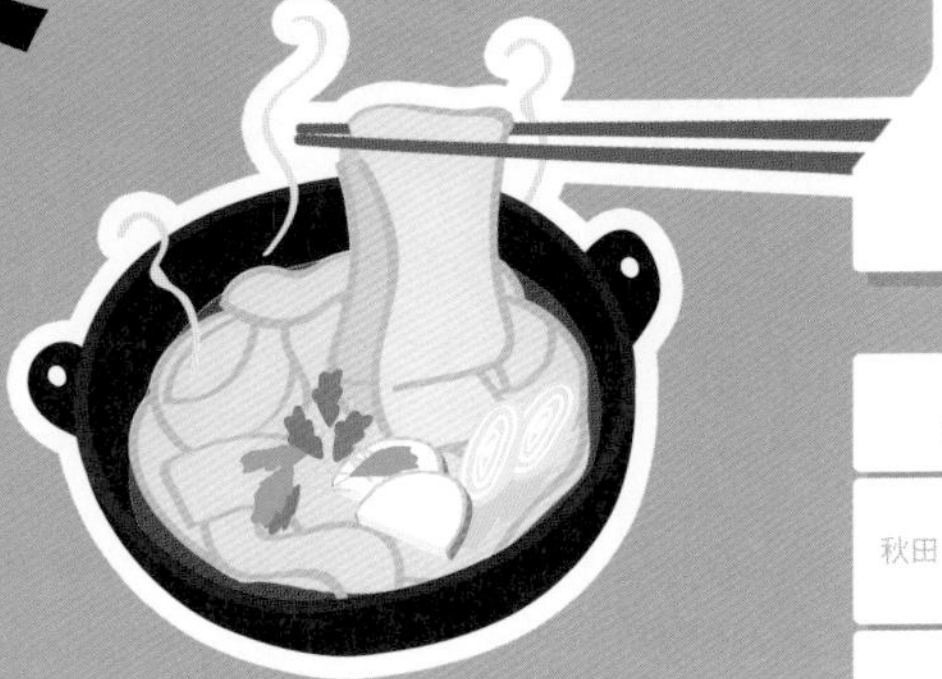

北海道
青森
秋田
岩手
山形
宮城

新潟
福島
石川
富山
群馬
栃木
茨城
福井
長野
埼玉
島根
鳥取
兵庫
京都
滋賀
岐阜
山梨
東京
千葉
山口
広島
岡山
神奈川
長崎
佐賀
福岡
大阪
奈良
愛知
静岡
三重
愛媛
香川
徳島
大分
熊本
宮崎
高知
和歌山
鹿児島
沖縄

茨城県

れんこん、こんにゃく、納豆、年間を通じて様々な料理に

国内屈指のれんこんの産地である霞ヶ浦周辺では、年間を通してきんぴら、**だんご汁**などのれんこんを使った料理が親しまれている。水戸市は納豆の名産地で、切り干し大根と和えた**そぼろ納豆**は歯ごたえがある。県北部の海沿いではあんこうが有名で、冬の**あんこう鍋**をはじめ、皮や肝なども酢味噌で食べる**あんこうの共酢和《ともず》え**も伝わる。また、山間部では古くからこんにゃく作りが盛んで、冬場には乾燥させた凍みこんにゃくも名物。

干し芋

蒸したさつまいもを薄く切り、外で干して乾燥させたもの。茨城県は全国でも屈指の干し芋の生産量を誇り、家庭でもよく作られる保存食であり、間食やおやつとして親しまれている。

れんこんと同じく霞ヶ浦で古くから獲れるわかさぎに片栗粉をまぶして揚げ、れんこんと和えて酢漬けにした日常食。わかさぎが獲れる夏から冬にかけて作られることが多い。※

わかさぎとれんこんの酢漬け

栃木県

湯波やかんぴょうなど加工した食材を活かした料理

県を代表する観光地の日光は、古くから山岳信仰の地でもあり、修行僧から精進料理が伝えられた。代表例は湯波で、一般的には「湯葉」と書くが、ここでは「湯波」と表す。**揚げ巻き湯波の煮物**は素朴な味わいである。平野部では小麦の栽培が盛んで、うどんやまんじゅうもよく食べられる。ちたけというきのこを入れた**ちたけうどん**は、香りがよい。また、県の名産であるかんぴょうを使った**かんぴょうの卵とじ**なども親しまれている。

のり巻きに欠かせない材料であるかんぴょうは、夕顔の果肉をひも状にむいて乾燥させたもの。これを甘じょっぱく煮て酢飯とのりで巻く。卵やきゅうりと巻く太巻きもある。

かんぴょうののり巻き

しもつかれ

正月料理で残った塩引き鮭の頭と、節分の大豆の残りや大根を油揚げなどと煮た伝統料理。かつては初午の供え物だったが、今では栄養価の高い冬の家庭料理でもある。

群馬県

粉食文化の伝統と地元食材がタッグ

冬に吹く乾燥した冷風や水はけのよい自然環境から、小麦粉の生産が盛んなため、粉食文化が根づいている。忙しい農作業の合間にこねておき、すぐに食べられるうどんやすいとん、**おっきりこみ**とよばれる麺類や**炭酸まんじゅう**をはじめ、**水沢うどん**、ひもかわなど、県独自の粉物も生まれた。汁物では下仁田町周辺で栽培される下仁田ねぎと、こんにゃくなどを入れた**こしね汁**、すりつぶした大豆を入れ味噌で溶いた**呉汁**などもある。

おっきりこみ(おきりこみ)

小麦粉の麺生地を綿棒などに巻いて包丁で切り込みを入れることからが語源とされる。この幅広麺を野菜、きのこなどと共に煮込んだ料理。麺は下茹でせずにそのまま煮込む。

麺以外にも小麦粉を使った「まんじゅう」の種類が豊富。小麦粉やもち米にどぶろくを加えて発酵させ、蒸してまんじゅうにしたものを串に刺し、味噌だれを塗って焼いたもの。

焼きまんじゅう

埼玉県

20種以上のうどん料理のある小麦産地

稲作の裏作として小麦栽培が広く行われてきた。そのため、以前よりも減少してはいるものの、全国有数のうどんの生産量を誇り、**煮ぼうとう**や**冷や汁(すったて)**などが伝わっている。また、綾瀬川流域の低湿地では、古くからくわいの生産が行われ、現在でも生産量は全国トップレベルで、学校給食でも新鮮なくわいを煮てからご飯と混ぜ合わせる**くわいご飯**が供されている。また、深谷ねぎの産地では、**ねぎぬた**も親しまれている。

皮をむいて茹でたくわいに酒、砂糖、みりん、塩などで味をつけ、煮汁に浸したまま味を入れる。大きな長い芽が縁起物の食材とされ、冬の祝い料理や正月料理には欠かせない。さいたま市提供。※

くわいの含め煮

冷や汁(すったて)

きゅうりや大葉などの野菜などの具材をすり鉢で摺り、ごまと味噌で味付けてつけ汁としてうどんを入れて食べる。食欲のない夏でも食べやすい郷土の味である。※

千葉県

いわしやあじなど、漁師から伝わった料理が特徴

半島があり利根川、江戸川も流れる県内は、魚貝、干潟でののり養殖などを活かした料理が作られてきた。銚子や九十九里ではさば、いわし、さんまをはじめ、様々な魚種が水揚げされる。とくにいわしは刺身や**だんご汁**などが親しまれている。南房総ではいわしやあじをたたいてねぎなどと和えた**なめろう**、**さんが焼**も漁師料理として伝わる。東葛飾地域では、すりおろした大根、にんじんと豆腐などを煮込んだ**すみつかれ**も郷土の味である。

農作物では落花生が有名。明治期から本格的に生産され、生産量は全国一。採れたてのなまの落花生をすぐに茹でる食べ方は産地ならでは。炒るよりもほくほくとして甘みがある。※

房総半島沿岸で古くから伝わる。漁師が獲れたてのあじ、さんま、いわしなどの鮮魚を船上で調理した魚のたたきから始まる。揺れる船上のため、醤油でなく味噌で和えたとされる。

東京都

すし、天ぷらなどの「江戸前」発祥地

江戸時代の江戸城下だった隅田川流域を含む東側の下町地域は、うなぎや穴子、あさりなどの魚介類が豊富。これらを使った「江戸前」は、特有の流儀を含む料理として**にぎりずし**や天ぷらが広まった。また、深川界隈では獲れたあさりを味噌で煮た**深川めし**なども親しまれてきた。また、練馬周辺で栽培された練馬大根は、現在でも**べったら漬**の材料でもある。伊豆諸島では発酵した塩水に漬けた干物**くさや**が特産物として知られる。

江戸時代に江戸で生まれたのが、庶民の小腹を満たすにぎりずしで、屋台で売り出された。ネタはこはだ、きす、あじ、さばなどが多く、醤油とみりんの「ヅケ」がほどこされた。※

塩で下漬けし、半日ほど干して水気を切った大根を米麹と砂糖、みりん、昆布などで漬け込んだ漬物で、麹の甘みがある。江戸時代からすでに「たくあん」と共に親しまれてきた。

神奈川県
豊富な海の幸と信仰の地 ゆかりの伝統料理

県内は多彩な地形をもち、山間部では小麦やそばなどが栽培され、うどんやすいとんなどの麺類は日常からハレの日や行事食にも広く供されてきた。沿岸部では、魚介類の素材を使った調理法が多種ある。湘南地域では鮮度が重要な**生しらす丼**、豊富な漁獲高を誇った三崎の**まぐろのかぶと煮**などが有名。また、鎌倉では精進料理から広がった**けんちん汁**、山岳信仰で知られる**大山《おおやま》の豆腐料理**など、信仰とゆかりのある料理も根づいている。

生しらす丼

しらす漁が行われる湘南地域の名物料理。いわしの稚魚であるしらすは鮮度が落ちるのが早いため、水揚げ当日しか食べられないとされる。酢飯にのせ、醤油と薬味を添える。

炒めた根菜野菜、こんにゃくなどをだしと塩、醤油を加えて煮込み、豆腐をくずして入れた温かい汁物。鎌倉の建長寺の精進料理が発祥とされ、今では全国で親しまれている。※

けんちん汁

地域トピックス
関東エリアの伝統野菜

群馬県　全国的知名度を誇る 下仁田ねぎ

富岡市、下仁田町、甘楽町、榛東村などが主な産地。辛みが強く、なまには適さないが、煮る、焼くなどすると独特の甘みと香りが出て、とろりとした触感が楽しめる。出荷時期は11月からで、鍋料理にも最適。

東京都　江戸時代に将軍が食したとされる 小松菜

江戸時代に８代将軍吉宗が、鷹狩りに出かけた先の小松川（東京都江戸川区）で食べた青菜を「小松菜」と名付けたと伝えられている。食感の柔らかさが特徴で甘味がある。

中部エリア

北海道
青森
秋田
岩手
山形
宮城
新潟
福島
石川
富山
福井
群馬
栃木
茨城
岐阜
長野
埼玉
千葉
山梨
東京
神奈川
愛知
静岡
山口
島根
鳥取
兵庫
京都
滋賀
広島
岡山
大阪
奈良
三重
和歌山
愛媛
香川
徳島
高知
長崎
佐賀
福岡
大分
熊本
宮崎
鹿児島
沖縄

新潟県

米どころの米食と多彩な野菜料理

信濃川をはじめとする一級河川が多く、豪雪地帯としても知られる新潟県は、全国一の米の収穫高を誇る。県内全域で食べられているのは**のっぺ**という煮物で、切り方や味つけは地域や家庭で様々。湿度が高い上越では味噌などの発酵食文化が根づき、おにぎりに味噌をつけて焼く**けんさん焼**がある。中越では**ぜんまいの煮物**、下越地方の村上では古くから鮭漁が行われ、焼いた鮭をだしに漬けた**鮭の焼漬け**など、調理法も豊富だ。

全国に「のっぺい汁」はあるが、新潟は汁物というより煮物で主材である里芋のとろみがついている。だしは、昔は貝柱を使ったが小さく切った荒巻鮭を入れることも。※

のっぺ

ずいきの酢漬け

ずいきは里芋の一種の「八つ頭」の葉柄《ようへい》。夏野菜として信濃川流域や水田地域を中心に栽培されている。茹でて、酢、砂糖、塩などで漬ける。その他、ずいきは乾燥させ保存食にもなる。

富山県

富山湾の豊富な海の幸と米文化

「天然のいけす」と称される富山湾で揚がる水産物のなかでも、ぶり、しろえび、ほたるいかは有名で、**ぶり大根**や**しろえびのだしつゆ**、かき揚げ、**ほたるいかの酢味噌和え**などで親しまれている。米食文化も発達しており、**ますずし**や**さばずし**、ぶりとかぶを発酵させた**かぶらずし**などはハレの行事の際に作られる。また、古くから北前船の寄港によってもたらされた昆布を使った**昆布巻き**、**昆布じめ**、とろろ昆布も広く食べられている。

江戸時代から伝わる富山を代表する郷土料理。笹を敷いた曲げ物に酢飯を均等に広げ、その上に酢漬けしたますをのせ、笹を折りたたんで蓋をし、重しをのせる。1段と2段がある。

ますずし

ほたるいかの酢味噌和え

富山の春の味覚で、新鮮なうちに茹でたほたるいかに、味噌、酢、辛子、砂糖などを合わせた辛子酢味噌をかけて食べる。3月から6月頃までの水揚げの期間には欠かせない料理。

石川県

魚介、武家料理……地域文化と密着

日本海に面した能登半島は近海魚や貝、海藻が日常食。北前船の航路だったため、北海道のにしんや昆布がこの地の食文化となったことは興味深い。地元ではいわしの漁獲高、消費量が多く、塩茹でし酢醤油に合わせたもの、**押しずし**、**だんご汁**など多様に調理されている。金沢近郊では江戸時代から武家料理が伝わる。生産量の多い麩《ふ》も、「車麩」「すだれ麩」などが煮物などに多用されている。**らくがん**など和菓子文化も特徴。

じぶ煮

小麦粉をつけた鴨肉(とり肉)やすだれ麩、せりなど季節の野菜を入れた煮物。小麦粉のとろみがあるのが特徴。江戸時代から伝わる武家料理で、家庭ではもてなしや特別な日の料理。

北海道から大坂へ行き来した江戸時代の北前船には、保存のため内臓を取り除いた干物の「身欠きにしん」が積まれていた。これを戻して昆布で巻き、甘辛く煮込んだ料理。※

にしんの昆布巻き

福井県

越前と若狭で異なる魚介類と食文化

北部は最高級の越前がにや甘えびが育つ漁場があり、永平寺に代表される寺社による精進料理も浸透している。**里芋のころ煮**は親鸞ゆかりの行事食から伝えられた。南部はかつて天皇や朝廷に食物を献上することが許された「御食国《みけつくに》」の歴史をもつ。笹の葉を杉樽に入れた**小鯛のささ漬**は、塩と酢で漬けた保存食で、贈答品としても人気がある。また、県内全域ではきな粉入りの甘いご飯を朴葉《ほおば》で包んだ**朴葉めし**が親しまれている。

へしこ

塩漬けにした魚をさらにぬか漬けにした保存食。山間部の越冬に欠かせないたんぱく源だった。嶺北ではいわし、嶺南ではさばが多い。

福井県は仏教の信仰が広く浸透していて、とくに浄土真宗の開祖・親鸞ゆかりの行事の際にいただく料理。大豆をすりつぶし、具材と味噌仕立てにした「呉汁」や、「麩の辛し和え」など。※

ほんこさん(報恩講《ほうおんこう》料理)

山梨県
麺類からおやつまで多彩な粉食文化が発達

山々に囲まれた土地柄から麦や芋の栽培が盛んで、とくにフルーツは江戸時代から山梨の名物だった。麺類では**ほうとう**やショートパスタのようなみみ、こしの強さで知られる**吉田のうどん**などがある。パンケーキのような**うすやき**、まんじゅうなどがおやつとして親しまれている。正月には甘く煮た小豆にほうとうを入れた**小豆ほうとう**もある。また、醤油で煮込んだ**あわびの煮貝**は、海のない山梨に江戸時代から伝わる郷土の味である。

小麦粉から作った幅広い「ほうとうめん」と野菜、油揚げなどを味噌仕立てで煮込んだ郷土料理。塩を加えず打ち粉をつけたままの麺を煮込むので、汁は粘りがあり手間がかからない。

農作業の合間に手軽に食べられる小麦粉料理。おやつとしても親しまれてきた。地域ごとに入れる野菜など具材が違い、具なしで焼いたものに砂糖や醤油をつけて食べることもある。※

長野県
野沢菜漬、そば、おやき……個性的な食材で地域食

北信、東信、中信、南信の各地域で自然環境も文化も異なる歴史をもつ。全域で共通するのが、**野沢菜漬**に代表される漬物と手打ちそば、**おやき**とよばれる焼き餅。**おやき**は具材や作り方も地域や家庭によって様々ある。小麦粉と冷ご飯を混ぜて焼き、味噌をつけた**こねつけ**もおやつとして親しまれている。そのほか、佐久地方では信州味噌で煮た**鯉こく**、木曽地方の**五平餅**、赤かぶを発酵させた**すんき漬**なども地元の味として知られる。

野沢菜は9月に種を蒔き、収穫は11月。葉は大きくなると1メートル近くにもなり。霜が当たると甘く柔らかくなる。1枚ずつ葉を洗う「お菜洗い」後、桶で大量の野沢菜を漬ける。

「信州そば」は全国的に知られる名物だが、「戸隠そば」「開田そば」など地域によって特産品もある。伊那の「高遠そば」は、そばつゆに大根のしぼり汁と焼き味噌を加えて食べる。

岐阜県

地域で獲れる魚の発酵保存食が豊富

朴葉の上に味噌をのせて焼いた朴葉味噌は岐阜を代表する郷土料理だが、大きくは南北に大別される。北部の飛騨地域には塩漬けしたぶりを運ぶ「ぶり街道」があり、正月料理にも供される。南の美濃地域は鵜飼で知られる**鮎の塩焼き**をはじめ、発酵させた**鮎なれずし**がある。また、**たなごの佃煮**、たにしを用いた**つぼ汁**など、川や田畑の魚介が親しまれてきた。大根とにんじんの酢の物に干し柿を和えた**柿なます**は、広域で食されている。

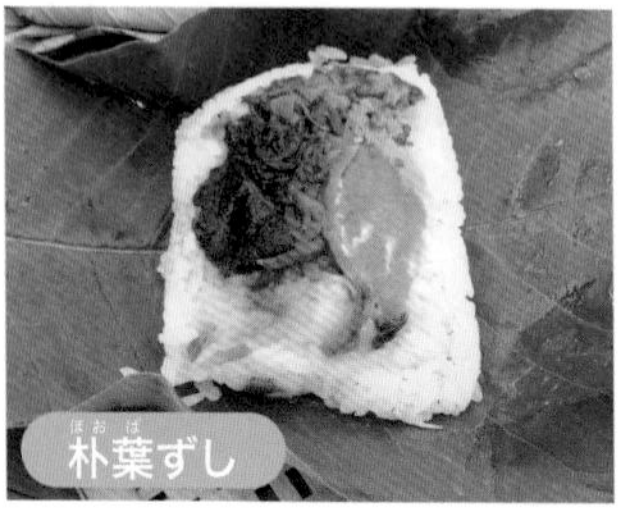

飛騨、中濃地域で親しまれる郷土料理。朴の葉を使う点は共通しているが、酢飯に入れる具材は、東濃地域では川魚の甘露煮など、飛騨地域ではみょうがのみなど違いがある。

西濃地域のもてなし料理で、コイ科の淡水魚の「もろこ」を甘辛く煮て酢飯にのせた押しずし。木曽川、長良川、揖斐川の川魚を利用した食文化の代表的な料理のひとつ。
※岐阜の極み提供

静岡県

多種多様な魚介料理、おでんや餅など地域の名物も

富士山と駿河湾を有し温暖な気候の県内は、中部、西部、東部に分けられる。県中央の中部では、**静岡おでん**や**安倍川もち**、さばやあじ、いわしなどを原料にした**黒はんぺんのフライ**が親しまれている。西部は浜名湖のうなぎが有名だが、駿河湾のしらすの生食も産地ならではの味わいである。東部は伊豆で獲れる**きんめだいの煮付**などの魚介類のほかに、酒粕にわさびの葉や茎を漬けた**わさび漬**は年間を通じて食されている。

静岡市をはじめ県内で、年間を通じて親しまれている料理。さくらえびを小麦粉と水で混ぜて揚げたもの。なま以外にも素干しを使う場合もある。

伊豆半島はきんめだいの産地として知られ、下田港や稲取港で揚がる。煮付けとして料理される場合は丸ごと姿煮にするか、切り身にして醤油、砂糖、酒としょうがで煮る。※

愛知県

味噌を活かした郷土料理が充実

県内は尾張、西三河、東三河に大きく分けられる。名古屋市を含む尾張地区は大豆と塩、水のみを原料とする「豆味噌」が調味料として親しまれている。うま味と渋み、酸味が独特で、**味噌煮込みうどん**、**味噌田楽**が有名。また、西三河では特産の「八丁味噌」を使った煮物の**煮味噌**も郷土料理。東三河では、三河湾で獲れるあさりを串刺しにして、天日干しした**串あさり**が江戸時代から続く珍味で、当時は将軍にも献上されたという。

味噌煮込みうどん

うどんと油揚げ、かまぼこ、とり肉、ねぎなどの具材を土鍋で煮た、八丁味噌仕立ての料理。ひと煮立ちさせる直前に卵を割り入れる食べ方が親しまれている。

「名古屋コーチン」が有名な愛知県は、江戸時代から養鶏が盛ん。とり肉料理も多い。これは醤油、みりんで炊いたご飯と具材を、一緒に炊き込まずに、後から混ぜ合わせたもの。あいちの郷土料理レシピ50選提供。※

かきまわし(とりめし)

地域トピックス

中部エリアの伝統野菜

石川県

赤紫の葉が鮮やか

金時草

葉の表は緑色だが、裏側が紫色の加賀野菜。主に食べられるのは葉の部分。酢の物にすると鮮やかな紫色が出る。茹でると独特のとろみが出て、ツルムラサキやモロヘイヤに似た食感になる。炒め物や天ぷらも美味。

岐阜県

赤かぶ漬として親しまれる

飛騨紅かぶ

高山市、飛騨市周辺で生産されている飛騨の伝統食品のひとつ。秋の冷涼な気候で柔らかく肥大し、10～12月に収穫される。形は丸く、主に赤かぶ漬けとして漬物に利用されるが、漬けると中まで赤い色が付く。

近畿エリア

北海道
青森
秋田
岩手
山形
宮城
石川
富山
新潟
福島
福井
群馬
栃木
茨城
島根
鳥取
兵庫
京都
滋賀
岐阜
長野
埼玉
山口
広島
岡山
山梨
東京
千葉
神奈川
長崎
佐賀
福岡
愛知
静岡
大阪
奈良
三重
香川
愛媛
徳島
大分
和歌山
高知
熊本
宮崎
沖縄
鹿児島

三重県
5つの食文化圏と多彩なすし料理が特徴

古くは4つの国からなり、文化圏では北勢、中南勢、伊勢志摩、伊賀、東紀州に大別される。共通しているのは多種多様なすし。地域によって貴重な鮮魚と米を使ったもので、**魚の姿ずし**、**てこねずし**や、このしろ、さんま、さばなどと米飯を発酵させる**なれずし**などがある。県内全域で食べられているのは**いばら餅**。サルトリイバラの葉で包んだあん入りの餅で、呼び名は地域で違う。柔らかく茹でた**伊勢うどん**は全国的な知名度がある。

北勢地域で親しまれている。古たくあんを塩抜きし、醤油、だし、砂糖などで再度味つけしたもの。名はせっかくの塩分を抜くことから「あほなことをしている」ことに由来。※

伊勢志摩地域の漁師が、獲れた魚をその場でさばき、手でこねて混ぜ合わせたことから名がついた。タレに漬け込んだ鰹やまぐろのほか、最近は白身魚でも作られるようになった。

滋賀県
琵琶湖の淡水魚と近隣の食材とが融合

滋賀県が誇る琵琶湖は淡水魚に恵まれ、固有種のいさざと大豆を醤油で煮た**いさざ豆**は、日常食としても食べられている。周囲は稲作が盛んだったため、琵琶湖の魚と米を用いた料理が特徴で、びわますを米の上にのせて丸ごと炊いた**あめのいおご飯**は地元の味わいである。また、内陸部の湖北地域に伝わるさばを使った**さばそうめん**は、隣接する福井の海産品を利用している。また、京都に近い湖南地方では**棒さばずし**などが食されている。

「あめのいお」とは「雨の魚」の意味で、琵琶湖の固有種びわますを使った炊き込みご飯。かつては大勢が集う際に大鍋で作られた。家庭での調理は減ったが、学校給食には出される。※

琵琶湖で獲れる子持ちのにごろぶなを使うことが多く、数カ月漬け込んで発酵させる。ふな以外にもうぐい、もろこ、鮎、はす、びわます、鯉、どじょうなどでも作られる。

京都府

伝統文化に育まれた京料理と産物

古くから都が置かれ、神社仏閣との関わりをもちながら精進料理、本膳料理、懐石料理などを育んできた食文化の中心地京都。京都市では伝統野菜の聖護院かぶの薄切りを塩漬けにした**千枚漬**が有名。京料理に欠かせないはもを照り焼きや塩焼きにした**はもの焼き物**は初夏からが旬となる。京野菜の海老芋と北海道産の棒だらを用いた**海老芋と棒だらの炊いたん**は、朝廷のあった時代に全国の食材が集まる京都ならではの組み合わせ料理だ。

白味噌の雑煮

丸餅、頭芋(里芋の親芋のこと)、大根などを用いた白味噌仕立ての雑煮。白味噌は普段は食べないが、家庭でも正月料理には使う。京野菜の「金時人参」を加えることもある。※

若狭湾で獲れたさばを京都へ運ぶために加工した塩さばを、酢水で洗った後、さらに酢漬けにして、棒状にした酢飯の上にのせ、重しをしたもの。ハレの日のごちそうだった。

さばずし

大阪府

だしと粉物文化が発展した「天下の台所」

京都に接し、「天下の台所」として栄えた商業の町。県内は海、山が共に近く、瀬戸内海からの海運で遠方の物資も届いた。大阪湾には北海道から大量の昆布が運ばれ、大阪の軟水と相まってだし文化が育まれた。

また、伝統的に小麦文化が盛んであったため、だしを加えた**たこ焼**、**お好み焼**などの粉物文化が発達したとされる。ほかにも**ちらしずし**、**いなりずし**、**かやくご飯**、**はりはり鍋**、**どぶ漬**などが大阪全域で作られている。

酢飯に、皮を引き薄く切ったしめさばと白板昆布を重ね、木枠で押したすし。関西では箱や木枠を用いる押しずしが主流。醤油はつけずに食べる。甘酢しょうがを添えることもある。

バッテラ

きつねうどん

年間を通して親しまれる。昆布やさば、鰹などのだしに砂糖、醤油、みりんを加えたうどん。粉物文化のひとつとして大阪うどんは太すぎず、だしを味わえる食感が特徴。

兵庫県

北と南の海の幸、丹波の黒豆や猪肉と食材豊か

北は日本海、南は瀬戸内海に接する。神戸のある摂津地域は酒造地として知られ、**神戸ビーフ**が名物。姫路城城下を含む播磨地域は、いかなごの稚魚を煮た**くぎ煮**や焼きあなごが食されている。丹波地域では、丹波篠山で採れる黒大豆は大きくて質もよい。猪肉が名産品で**ぼたん鍋**は冬の風物詩である。但馬地域は日本海に面した漁港でずわいがにやほたるいかが揚がる。淡路島では**はもすき**、まだこを使った**たこめし**が親しまれている。

いかなごのくぎ煮

瀬戸内海沿岸で古くから食べられている郷土料理で、いかなごの稚魚を甘辛く煮た佃煮。春の訪れを告げるいかなごの香りは、地元の人々に春の風物詩として親しまれている。

丹波篠山市界隈の冬や正月の郷土の料理。猪肉と野菜を、だしに白味噌と赤味噌を合わせた味噌で煮た鍋。猪肉は部位で食感や味が違うため、好みの部位を使うこともある。

ぼたん鍋

奈良県

茶粥や素麺など知名度が高い名産品

県内人口の多くが奈良盆地に集中している。飛鳥・奈良時代には中国や朝鮮半島を経て伝わった食文化も築かれ、日本の茶の起源とされる大和茶の栽培から**茶がゆ**が生まれた。県内には、塩で締めたさばを酢飯と一緒に柿の葉で包んだ**柿の葉ずし**や、素麺発祥の地とされる桜井市の**三輪そうめん**、**奈良漬**など、全国的にも知名度の高い名物が多い。また、葛粉の産地としても知られ、名産吉野葛は**葛餅**をはじめ、料理にも使われる。

柿なます

大根、にんじん、干し柿を合わせ酢で和えたもので、県内全域で食べられる正月のおせち料理のひとつ。生の柿を使うこともあり、千切りにしたゆずの皮を飾ることもある。※

米に炒った大豆を加えほうじ茶で炊く。奈良発祥ではあるが、地元よりも江戸時代の旅人が江戸で奈良茶めしを普及させたという背景をもつ。家庭ではソフト炒り豆を使う場合も。※

奈良茶めし

和歌山県

各地に、食材で工夫した多彩なすしと茶がゆ

県内の8割が山林の一方で、熊野灘のまぐろ、鰹、あじ、さばなど多様な海の幸がある。くじらを使った料理は給食でも供される。すしが多彩で、**なれずし**は米と塩さばのうま味が豊か。柿の産地の橋本市では柿の葉にえびや**塩さば**をのせたご飯を包んだ**柿の葉ずし**、南部ではご飯を塩漬けの高菜で包んだ**めはりずし**が親しまれている。日常食には番茶で煮だした茶がゆ**おかいさん**があり、地域によって**豆茶がゆ**など、年間を通して食べられる。

こけらずし

北部、南部のハレの料理だった。ほぐした焼き魚、しいたけ、にんじん、卵などを酢飯にのせ、木枠で押し固める。幾重にも重ねる場合も。「押しずし」「箱ずし」の原型とされる。※

おかいさん(茶がゆ)

煮だした番茶に米を入れて強火で炊いたかゆで、県内全域で定着している。とくに山間部や平野の少ない南部地域では日々の主食で、一日に数回食べるほど親しまれてきた。※

地域トピックス

近畿エリアの伝統野菜

京都府 江戸時代から栽培された 聖護院大根

江戸時代の文政年間(1816〜1830)頃に、現在の左京区聖護院界隈で、尾張の大根を原種として栽培が始まったとされる。かぶのような球形で柔らかく、おでんやふろふき大根など、煮物に適している。

三重県 菜種油の産地で生まれた名物 三重なばな

アブラナの茎葉の部分。江戸時代当時、伊勢国は菜種の一大産地として知られた。種を収穫するための栽培だったが、その葉や茎がおいしかったことから食用にされていた。食べ頃は秋から春先。

中国エリア

北海道
青森
秋田
岩手
山形
宮城
新潟
福島
石川
富山
福井
群馬
栃木
茨城
長野
埼玉
千葉
山梨
東京
神奈川
岐阜
滋賀
京都
兵庫
鳥取
島根
山口
広島
岡山
愛知
静岡
三重
大阪
奈良
和歌山
香川
愛媛
徳島
高知
長崎
佐賀
福岡
大分
熊本
宮崎
鹿児島
沖縄

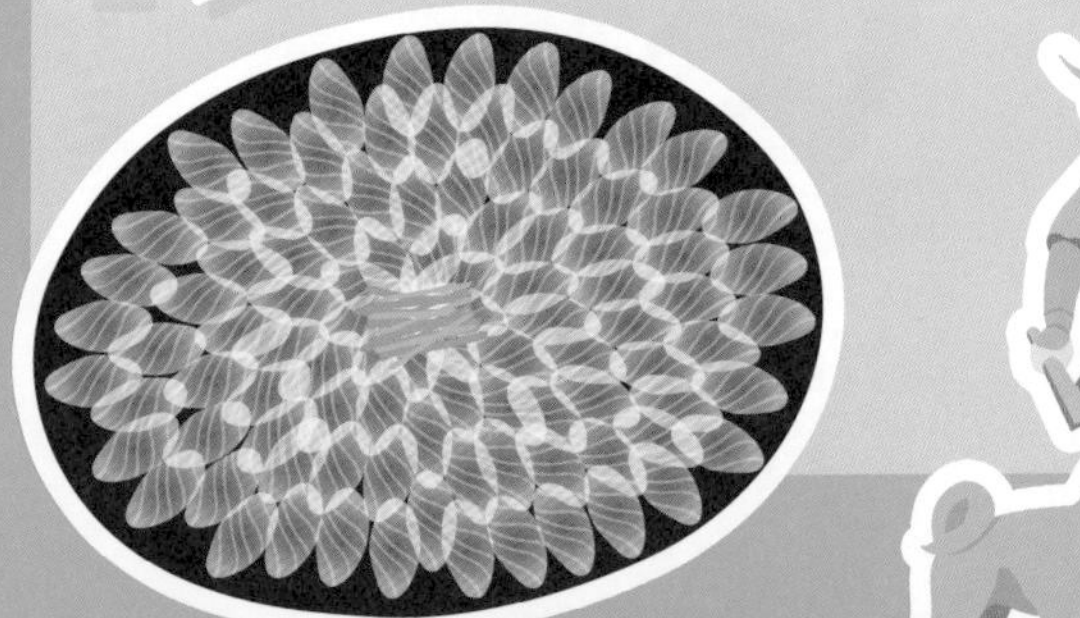

鳥取県

豆腐、米、もち米の炊き込みご飯文化

日本海沿岸に複数の漁港があり、ずわいがに漁が盛ん。地元では高価なオスの「松葉がに」よりもメスの「親がに」を使う。江戸時代に質素倹約が奨励されたことから城下を中心に豆腐文化が浸透した。油で炒めた豆腐と野菜の炊き込みご飯**どんどろけめし**はその代表格である。米やもち米の「ご飯もの」を中心に芋類や豆類も多用される。代表的な郷土料理には**小豆雑煮**や**大山《だいせん》おこわ**など、各地域で具材が違う炊き込みご飯がある。

東部、中部地域の郷土料理。「どんどろけ」とは雷のことで、豆腐を炒めるときに油がはねる音から名がついた。とり肉が入ったのは昭和半ばで、炊き込まずに混ぜご飯にもなってきた。

どんどろけめし

するめの麹漬

秋に獲れるするめいかの保存食で、ご飯のお供として県内全域で食べられている。いかは海風に一日干し、刻んだ麹と、きゅうりやしそなどの塩漬けにした野菜と漬け込むのが一般的。※同右

島根県

3つの地域で異なる文化と食習慣

県内は出雲大社を有する出雲《いずも》地方、石見《いわみ》地方、隠岐《おき》諸島に大別でき、食も異なる。出雲は出雲そばをはじめ、宍道湖《しんじこ》で獲れるすずき、しじみ、わかさぎなどがあるが、すずきの奉書焼は祭事には親しまれている。石見は、甘鯛やかれいなどをぶつ切りにしたすき焼き風の**へか鍋**が地元の味である。そのほか、鮎は塩焼きやすしなどに多用される。隠岐は豊富な魚介類と海藻を入れた**いかめし**や**さざえめし**などの炊き込みご飯も多種ある。

しじみ汁

松江など東部を中心に各地で食べられている。宍道湖周辺では夏はすまし汁、冬は味噌仕立てが一般的。なまは飲食店などに流通し、家庭ではレトルトや冷凍が手頃で親しまれている。

ご飯の下に鯛や野菜を隠し、だしとわさびで食べる。質素倹約令の際に具材を隠したためなどの説がある。石見地方の冬の晩ご飯や正月のもてなし料理として受け継がれてきた。※

うずめめし

岡山県

魚種豊かな瀬戸内海の幸と行事食

岡山を代表する瀬戸内海の魚といえば「ままかり」。にしん科の小魚の呼び名で、酢漬けや塩焼きをはじめ**ままかりずし**は祭りや祝い事には欠かせない。県内では行事の際にすし料理が親しまれており、備前地域では四季の具材も華やかな**岡山ばらちらし**ともよばれる**まつりずし**が有名。その他、倉敷のある備中地域は、稲作に不向きなため雑穀が栽培され、「けんちん汁」にそばを入れた**けんちんそば**が広く食べられてきた。

ままかりずし

頭とハラワタ、背骨をとり除き、甘酢に漬けたままかりを、丸めた酢飯の上にのせたすし。にぎりずしではない。ままかりは10月頃が、脂がのって一番おいしい時期とされる。

まつりずし(ばらずし)

江戸時代に一汁一菜を奨励された庶民が、様々なおかずをご飯と合わせてしまう工夫から生まれた食材豊かなすし。季節の魚介類と野菜にはそれぞれ下味をつけ、酢飯に混ぜる。※

広島県

産地ならではのかき料理と特有の食文化

かきの養殖が盛んで、生食以外にも**かきの土手鍋**、**かきフライ**などがある。瀬戸内海沿岸では様々な魚種が獲れ、**鯛そうめん**、**たこめし**など豊富な料理法がある。山間部は農業が中心で、野菜、山菜やきのこ類の利用が多い。魚は塩蔵品や川魚が中心で、山陰から調達するものもある。「ワニ」とよばれる鮫はアンモニアを多く含み日持ちがするため、明治後半以降、海から離れた山間部でも刺身で食べられる食材として重宝された。

かきの土手鍋

みりんや砂糖と合わせた味噌を、鍋の内側に土手のように塗ることから名づけられたなど、名の由来は諸説ある。野菜とかきをだしで煮て、味噌を溶きながら食べる冬の郷土料理。※

広島菜のおにぎり(広島菜むすび)

長野の野沢菜、九州の高菜と共に「日本三大漬菜」のひとつで地域特有の広島菜。アブラナ科の白菜の一種で、これを漬けた広島菜漬で巻いたおにぎり。県内全域で親しまれている。※

山口県

ふぐ料理と料理名にみる個性

代表的な海産物はふぐ。下関のとらふぐは**ふぐ刺し**で、しろさばふぐなどの安価な種は唐揚げなどで食べられる。城下町萩で親しまれているのは冷たい汁物の**いとこ煮**。そのほか**はんべえ**、**金銀豆腐**などがある。西部では**ほおかぶり**、**ゆうれいずし**など、名だけではわからないユニークな料理も多い。また、岩国れんこんや穴子の煮付けなど多彩な具材で作る**岩国ずし**をはじめ、山口市ではわらび粉の**ういろう**など、豊かな食文化がある。

江戸時代は藩主に献上したこともある押しずしで、伝統野菜のかきちしゃを底に敷き、あじのすり身などを混ぜた酢飯と具材をのせ、さらにかきちしゃの葉を敷き3〜5段重ねて作る。

岩国ずし

いとこ煮

白玉だんごと甘く味つけした小豆を用意し、しいたけを入れて煮立たせただしに塩、醤油で味つけした冷たい汁物。名の由来は、具材を追い追い(甥甥)入れることからともいわれる。※

地域トピックス

中国エリアの伝統野菜

広島県

広島で親しまれる漬物の菜

広島菜

白菜の一種で、九州の高菜、信州の野沢菜と並ぶ3大漬菜のひとつで、広島県の名産の伝統的な漬菜。肉厚の葉は幅が広く、長さ50〜60センチになり、2、3キロにまで大きく育つ。収穫された菜はほぼすべてが広島菜漬の材料となる。

山口県

地元の特産として大切にされてきた

つくね芋

山口市周辺で栽培されているいちょう芋に属する。調理しやすいように改良されてきたが、江戸時代から栽培記録があり、地域の特産物として扱われてきた歴史をもつ。肉質は緻密で粘りが強く、とろろ、三杯酢、サラダなどの生食でも消化がよい。磯辺揚げや菓子などの用途もある。

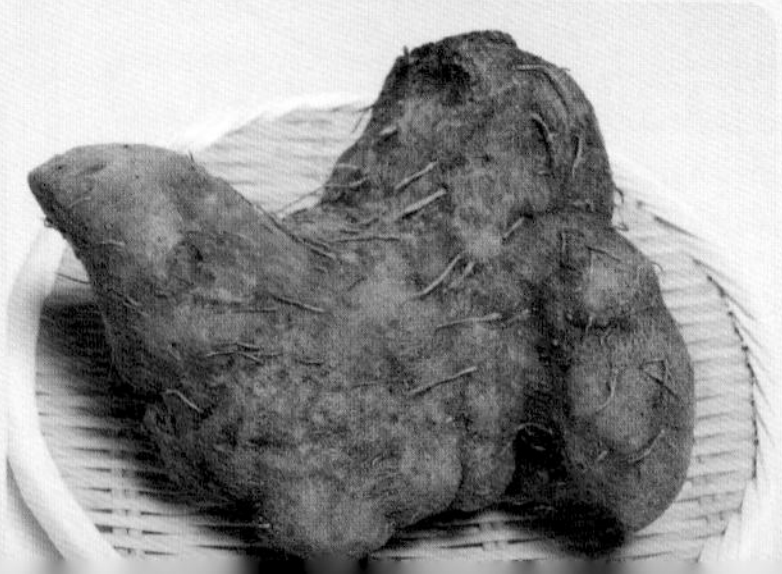

四国エリア

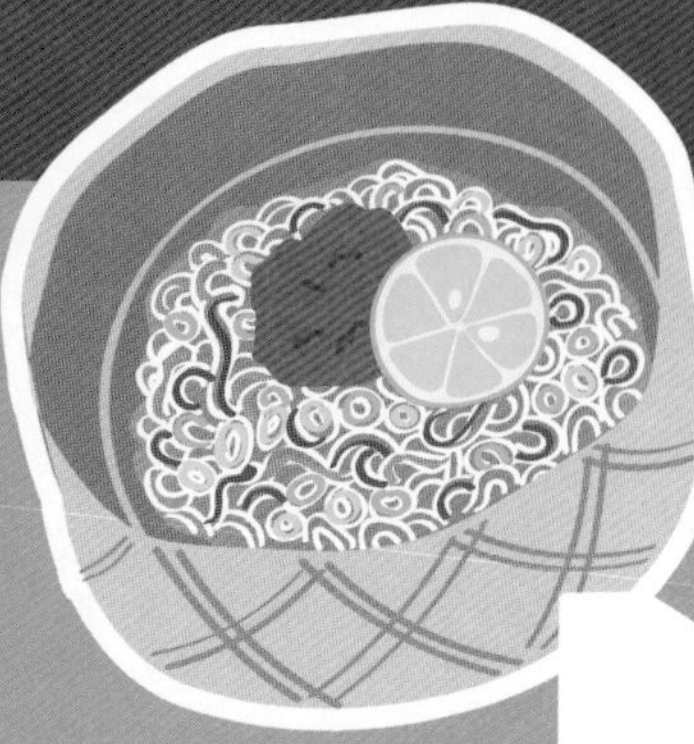

北海道
青森
秋田
岩手
山形
宮城
新潟
福島
石川
富山
福井
群馬
栃木
茨城
長野
岐阜
埼玉
島根
鳥取
兵庫
京都
滋賀
山口
広島
岡山
山梨
東京
千葉
神奈川
長崎
佐賀
福岡
大阪
奈良
三重
愛知
静岡
大分
愛媛
香川
徳島
高知
熊本
宮崎
和歌山
沖縄
鹿児島

徳島県

温暖な気候で育つ作物をふんだんに使う

全域において**混ぜずし**がよく作られ、具材は季節の野菜に高野豆腐、金時豆の甘煮、里芋が共通しており、すし酢は国内屈指の生産量を誇るすだちやゆずなどのかんきつ酢が特徴である。沿岸部には鰹を使った**すき焼き**、稲作に不向きな山間部では、そばを団子にしてこんにゃくなどと串に刺して焼いた**でこまわし**など、地域の産物を活かした料理が親しまれている。また、徳島名産の和三盆を使った**阿波ういろ**も有名な地元の味である。

そば米雑炊(そば米汁)

そばの実を粉にせず、そのまま塩茹でして殻をむき、乾燥させた「そば米」をだしと野菜、肉で煮た雑炊。だしは干ししいたけ、鶏ガラ、昆布、鰹節など様々。※

「まぜくり」「五目ずし」「かきまぜ」「おすもじ」などの呼び名があり、県内では馴染みの深い料理。祭りや祝い事で食され、たけのこやそら豆などの季節野菜を入れることも。※

金時豆入りばらずし

香川県

地産物を活かしたうどん魚介類を煮炊きした品々も

国内一面積が小さく、積極的に農地を有効利用してきた。讃岐平野ではため池でふなやうなぎ、鯉などが獲れ、野菜とうどんを入れて煮た**どじょう汁**は初夏の味わいである。県内全域では瀬戸内海で揚がるたこと里芋を煮た**芋たこ**が日々の食卓にあがる。また、瀬戸内海沿岸では、かたくちいわしの頭と内臓を除き、米と野菜で炊いた**いりこめし**、芝えびをまるごと一尾使い、米のとぎ汁も使った**えび味噌汁**などが家庭で親しまれている。

瀬戸内海産のかたくちいわしからとるいりこだし、葉ねぎ、小豆島の醤油を使う。麺を冷水でしめて、温め直してからだしをかけた「かけうどん」、濃いめのつけだしを直接かける「ぶっかけうどん」などがある。

ぶっかけうどん

しょうゆ豆

年間を通じて県内で親しまれる味。乾燥させたそら豆を炒り、醤油と砂糖、水を煮立たせた調味料に一晩漬ける。そら豆は米の裏作としても栽培されてきて、今では特産野菜。

愛媛県

瀬戸内海のあじ、さば、鯛の多彩なうま味料理

瀬戸内の海の幸が様々な料理に登場する。あじやさばを開いておからを巻いた**丸ずし**は米が貴重だった土地ならではの味。また、**法楽焼**という、塩だけで味つけした魚介の蒸し焼きはもてなし料理として親しまれている。

全域で煮干しがよく使われるが、**鯛めし**は地域で食べ方が異なる。また、城下町のある中予地域では、**鯛そうめん**は人が集う席でふるまわれる。松山市では赤かぶを橙の酢に漬けた**緋のかぶ漬**も正月の名物料理である。

鯛めし

東予は、ご飯と一緒にまるごと炊いた鯛をほぐして食べる(左)。南予では、たれに漬けた刺身をたれごとご飯にかけて食べる(右)。中予地域では両方作られるという。

里芋とこんにゃく、しいたけなどを入れた鍋料理で、白玉粉で作る白玉だんごを加え、甘辛く味つけしたもの。家庭でも給食でも年間を通じて親しまれている。※

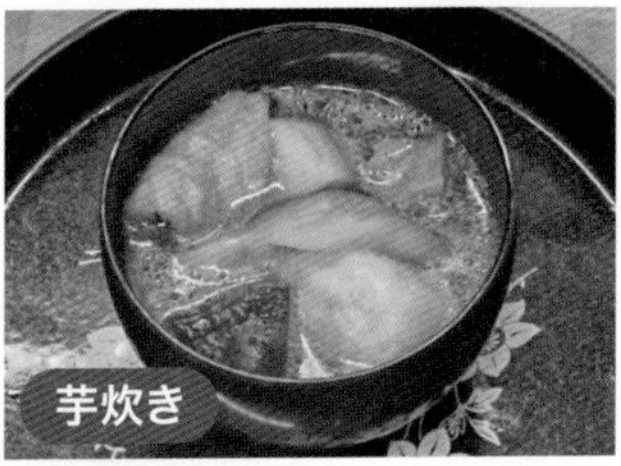
芋炊き

高知県

個性的な宴会様式と鰹料理の数々

沿岸部、平野部、山間部で暮らしが異なるが、県内で共通するのが宴会文化。土佐弁で「おきゃく」とよばれる宴会には大皿の**皿鉢《さわち》料理**が必須。地域によって違いはあるが、すし、煮物、甘味がぎっしりと盛りつけられる。沿岸部では日本一の漁獲高の鰹を用いた料理が多い。腹の部分を焼いた**はらんぼ**や内臓の塩辛なども。平野部では「つがに」とよばれるもくずがにのすり身をこして味噌仕立てにした**つがに汁**などがある。

3枚におろし、あぶった鰹を厚めに切り分け、塩をし、軽くたたくことが名の由来。ゆず酢や醤油のたれをかけた上に薄切りにんにく、小口ねぎやたまねぎをのせる。

鰹のたたき

皿鉢料理

特定の料理名ではなく、料理の様式をさす。地域や季節で違いはあるが、すしから煮物、和え物、揚げ物、甘味までを大皿に盛りつけた宴会料理。祝い事やハレの日に親しまれてきた。

九州・沖縄エリア

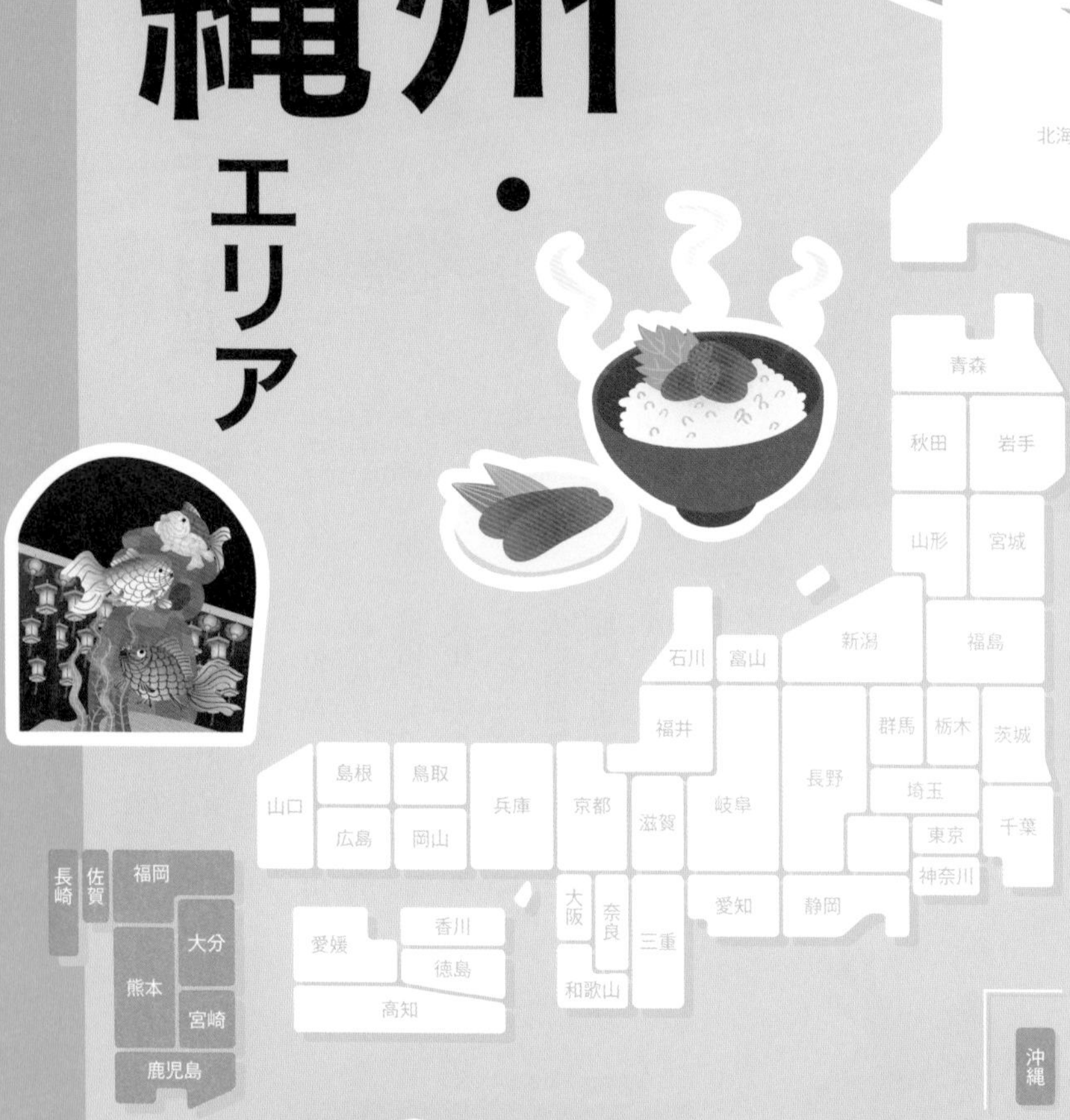
北海道
青森
秋田
岩手
山形
宮城
新潟
福島
石川
富山
福井
群馬
栃木
茨城
長野
埼玉
東京
千葉
神奈川
島根
鳥取
山口
広島
岡山
兵庫
京都
滋賀
岐阜
愛知
静岡
大阪
奈良
三重
和歌山
香川
愛媛
徳島
高知
長崎
佐賀
福岡
大分
熊本
宮崎
鹿児島
沖縄

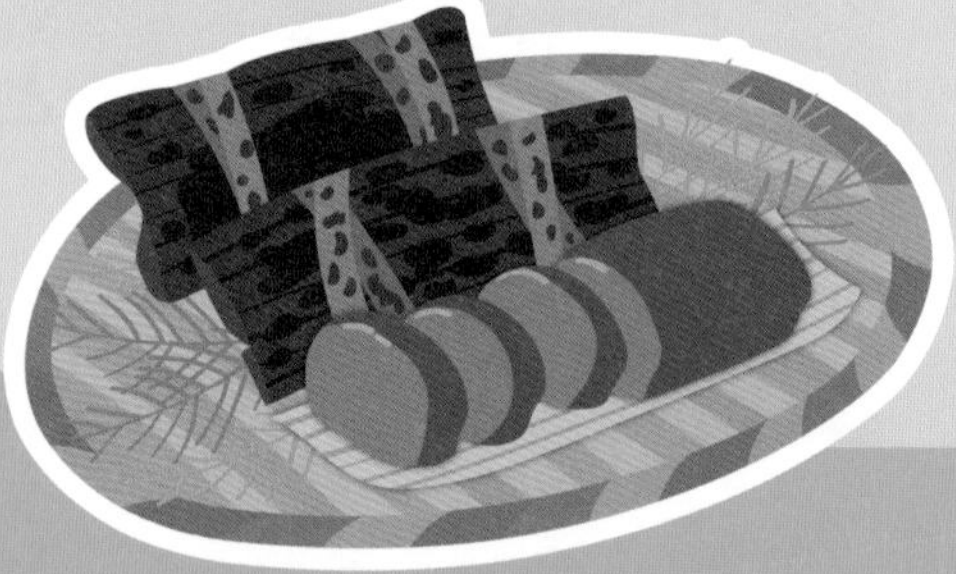

福岡県

新鮮な魚介類ととり肉料理が多い

県内は、とり肉が好まれ、**若どりの水炊き**や煮物などに多用される。博多湾や玄界灘も近く、**博多のごまさば**という、鮮度が高くなければ食べられないさばの刺身料理がある。北九州地域では、いわしやさばの煮物の**ぬかみそ炊き**が好まれる。小麦の収穫が豊富な筑後地域では、黒砂糖をクレープのようなもので包む**ふなやき**がおやつ感覚の一品として伝わる。筑豊地域には、茹でたふかの尾とわけぎを合わせた**せんぶきまげ**などがある。

ゆずこしょう

九州地方では唐芥子をこしょうとよぶことも多く、一般的なこしょうではなく唐芥子を使用。青こしょうとゆずを細かくし、塩を加えて攪拌。薬味として広く使われている。

とり肉、ごぼうなどの野菜を炒めてだし、調味料で煮た福岡の郷土料理。「がめ煮」は骨つきのとり肉が使われる場合があるのに対して、いわゆる「筑前煮」は骨なしを使う。中村学園大学栄養科学部提供。※

がめ煮／筑前煮

佐賀県

有明の干潟と玄界灘の海の幸

日本一の干潟・有明海は干満差が激しく、のりの養殖に適している。むつごろう、わらすぼなど、ここにしか生息していない、ユニークな姿の魚介もいて、**むつごろうのかば焼き**、**わらすぼの味噌汁**などが、日常の食卓にのぼる。山間部の脊振《せふり》山地では干し柿が伝統的に作られてきた。北西部の玄界灘地域では、くえを大根やゆで卵と煮付けた**あらの姿煮**が祭りの食事。名はこの地域ではくえのことを「あら」とよぶことに由来する。

全域でハレの日に食べられている料理。ふなを昆布で巻き、根菜野菜と水アメ、醤油などを加えて甘辛く味つけする。漁が少ない冬場の貴重なたんぱく源として重宝されている。鹿島市観光協会提供。※

ふなんこぐい

むつごろうのかば焼き

生きたままのむつごろうを串に刺して炭火で素焼きにし、砂糖、醤油、酒で煮立たせ、煮汁がなくなるまでじっくりと煮る。むつごろうが獲れる5～8月頃の貴重な料理。※

長崎県

海外の食文化と融合した独自性が高い

古くから海外交易の窓口としての歴史をもつ長崎は、海の幸に恵まれた環境だが、海外から伝わった食材や料理が様々ある。豚の角煮は中国から伝わったとされ、**長崎天ぷら**はポルトガルのフリッターに近い。**卓袱《しっぽく》料理**をはじめ、和洋中が混在した食文化も育まれてきた。また、郷土料理のひとつには「島原・天草の乱」に由来する**具雑煮**や、飢饉がきっかけで考案された、さつまいもを使った**六兵衛**など歴史的な出来事に関わるものもある。

長崎天ぷら

小麦粉、砂糖、酒などを加えた衣をつけた魚介類や野菜を油で揚げたもので、400年ほど前から伝わるという郷土料理。フリッターに似て衣が厚く、そのまま食べる。※

島原の乱の際に、天草四郎が考案したとされる具だくさんの鍋料理。籠城の際に様々な具材をだしで煮たもので、家庭によって具は違うが、焼きあなごや卵焼を入れる場合も。※

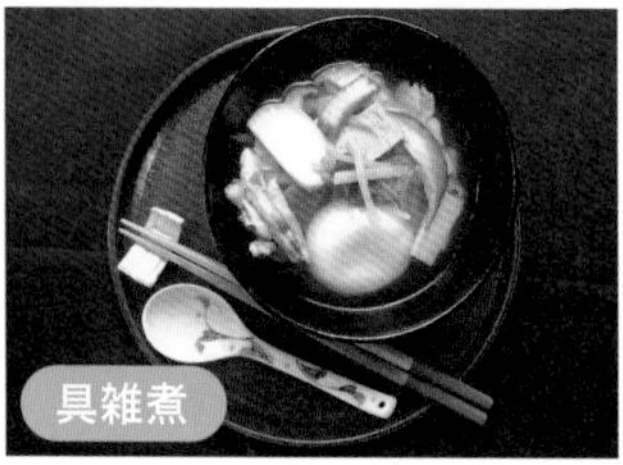

具雑煮

熊本県

馬肉、からしれんこんなど地域による違いにも注目

温暖な気候で、県北、県央、天草、県南地域で食文化に違いがある。阿蘇地域は、他の地域よりも細長い「阿蘇高菜」を塩漬けにした**阿蘇高菜漬**が年間を通じて食べられる。熊本城下を含む県央は、**馬刺し**と**からしれんこん**が郷土の味である。海に囲まれた天草地域では、たことなすなどを炒めた**ぶたあえ**、稲作には不向きだったため、さつまいもと餅を合わせた**こっぱ餅**が親しまれてきた。県南では鮎の**甘露煮**や**鮎ずし**など、鮎料理が豊富だ。

からしれんこん

幼少期から病弱だった藩主細川忠利の滋養強壮のために作られた料理が始まり。味噌とからしを混ぜ合わせ、れんこんの穴に詰めたもの。日常食から正月料理まで欠かせない。

「だご」とは「だんご」のことで、小麦粉を練っただんごと、大根、ごぼう、にんじんなどの根菜を煮て味噌や醤油で味つけする。「だご」の中にさつまいもを入れるなど地域で違う。※

だご汁

大分県

とり肉、小麦粉料理と地域色豊かな魚料理

とり肉の消費が多く、煮物の**がめ煮**、混ぜごはんの**とりめし**などがある。麦の生産も盛んなため、だんご汁や味噌汁にこねただんごを入れた**やせうま**など小麦粉料理も多い。また魚料理では、白身魚をすって調味料と和えた**ごまだし**をはじめ、北海道産のまだらの胃とエラの乾物を戻して煮込んだ**たらおさ**など、貴重な食材を余すことなく食べる工夫が見られる。大きな魚の内臓など**頭料理**は正月料理としても作られ、日持ちもする。

とり肉の消費量が全国屈指の大分県では、混ぜご飯や汁物にもとり肉を使った料理が多い。とり肉を天ぷら粉で揚げたこの料理は、練りからし入りの酢醤油で食べるのが定番。

県内陸部の日田、玖珠《くす》地方のたらのエラと胃の乾物を甘辛く煮た料理。あじ、鯛、太刀魚などが獲れる大分だが、たらは獲れないため貴重。この地方では盆料理として欠かせない。日田市観光協会提供。※

宮崎県

素材をより食べやすく工夫をこらした料理

県中央部の宮崎平野は高温多湿だったため、夏に食べやすい汁として麦飯に水で溶いた味噌をかける**冷や汁**が親しまれた。魚介類は豊富に獲れる大衆魚をすり身にし、豆腐や砂糖で味つけした加工品**おび天**が有名で、「さつま揚げ」と似ているが、一般的なさつま揚げより甘みが強い。また、古くから農家では養鶏が盛んだったこともあり、**とりの炭火焼き**は馴染みの料理。昭和の中頃からは今では宮崎を代表する**チキン南蛮**も広がった。

昔から日常的に食べられ、正月料理や祝いの席でも県内全域で親しまれている。根菜やぜんまい、こんにゃくなどを砂糖、醤油、みりんと共に煮汁がなくなるまで煮込む。宮崎県食生活改善推進協議会提供。※

焼いた鯛やあじなどのすり身ときゅうりをのせた麦めしに、すり合わせたごまや味噌をだしで溶いた汁をかける。魚は使わず、炒った煮干しを使い簡単に調理することもある。

鹿児島県

地域に根づいたさつまいも料理の数々

さつまいもは江戸時代に琉球（沖縄）から種子島に伝わり、全国に広がったとされる。県内では「からいも」とよばれ、多彩な料理がある。米とさつまいもを炊いた**からいもごはん**、もち米と共に練った菓子**ねったぼ**などが代表的である。「さつま揚げ」は地元では**つけあげ**とよばれ、沖縄の魚のすり身で作る「チキアギー」が元ともいわれる。また、ご飯に海の幸とたけのこなどをのせたなれずしの一種の**酒ずし**は祝いの食として伝わる。

つけあげ

いわゆる「さつま揚げ」のこと。あじ、さば、とびうおなど、県内で馴染みのある魚のすり身にさつまいもでんぷん、豆腐、砂糖、地酒の「灰持酒《あくもちざけ》」などを加えた練り揚げ物。

県内で、日常のおやつから正月料理にも親しまれている。つきたての餅と蒸したさつまいもを混ぜ合わせ、きな粉、砂糖、塩を混ぜたものをまぶす。学校給食でも食べられている。※

からいもねったぼ

沖縄県

滋養豊かな食材を活かした独自料理

県内の郷土料理は、いわゆる琉球料理で、交易地としての歴史から、北海道の昆布がだしとしても食材としても多用されている。最も親しまれているのは豚肉料理で、泡盛で煮込んだ**ラフテー**、豚足と大根などを煮た**足ティビチ**など、あらゆる部位を活かす。豚ロースをごまだれで和えて蒸した**ミヌダル**、魚のすり身に肉を混ぜた**シシかまぼこ**は宮廷料理から伝わる。また、豆腐食も独特で、**島豆腐**は炒め物などにも広く日常で使われる。

ソーキ汁

豚の骨付きあばら肉を煮込んだすまし汁。豚を無駄なく調理する郷土料理の代表格で、これに沖縄そばを加えたものが「ソーキそば」。だしは昆布、しいたけ、鰹と味わい深い。

豚肉、ゴーヤー、島豆腐を使った炒め物で、家庭料理のひとつ。ゴーヤーはビタミンCを豊富に含み、豚肉のビタミンB、溶き卵を共に摂取できることから夏バテの防止に適している。

ゴーヤーチャンプルー

4章
季節の食材と行事食・儀礼食

1月 睦月《むつき》

特別な料理も多い新たな年の始まり

元旦から始まる1月は、おせち料理をはじめ、雑煮、七草がゆなど、普段とは違ったハレの日の食事も多い月。また2月上旬にかけて年間で最も寒い時期。

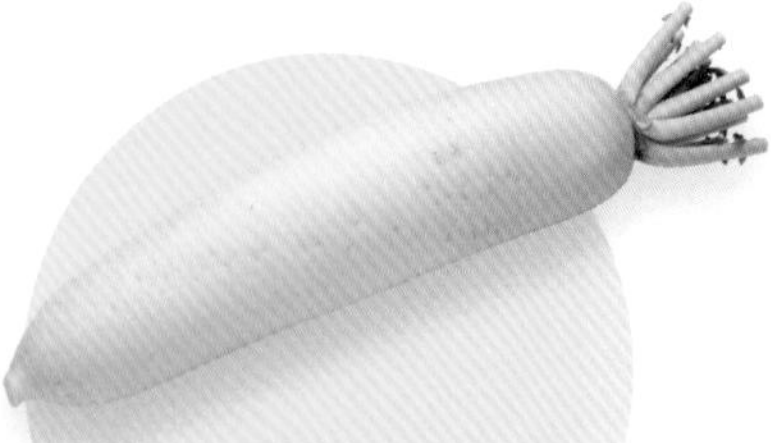

ダイコン(大根)

奈良時代以前に中国から伝わる。なまだけではなく乾燥したり酒粕漬けや塩漬けにしたりすることで、冬の重要な食料となり、米に合う最も重要な野菜となった。

ミカン(蜜柑)

現在では一般的に温州みかんのことをさすが、普及したのは明治時代で、それまでは、江戸時代に大流行した紀州みかんに代表される小みかんとよばれる品種が主流だった。

シュンギク(春菊)

中国では5〜6世紀頃からすでに食されていたが、日本では室町時代以前に伝わったとされる。「其葉及花煮て食ふべし」(『大和本草』)などと江戸時代の書物に書かれている。

ユリネ(百合根)

ユリの球根。一般にオニユリ、ヤマユリなど食用になるものをいう。日本原産の野菜で室町頃から食用にされた。花は『日本書紀』などに見え、古くから鑑賞用とされた。

フグ(河豚)

縄文時代の貝塚から骨や歯が出土しているが、上流社会ではあまり食されず、その毒性から朝鮮出兵の際に豊臣秀吉が禁食令を出したといわれる。それでも食べる者が出て、江戸時代には俳句にも多く詠まれた。

他にもこんな食材が

- セリ
- ブロッコリー
- アンコウ
- キンメダイ
- シジミ
- ズワイガニ
- フナ
- イイダコ
- アコウダイ
- イヨカン
- ポンカン

2月
如月《きさらぎ》

梅の花が咲き、春の訪れを待ちわびる季節の境目

節分の豆まき、立春と日に日に春の気配が漂い出す月。立春後の最初の午の日、初午では稲荷大社の使いである狐にいなりずしを供え、無病息災を願う。

カブ（蕪）

８世紀よりも前に中国から伝来。かぶら、すずなともいい、春の七草のひとつとして、平安時代には行事食に用いられるなど重要視され、すでに多く栽培されていた。

ナノハナ（菜の花）

その種子から菜種油をとるアブラナ科の花で、若い蕾を食用とする。伝来は弥生時代頃だが、菜種油の灯火の利用が江戸時代に増え、明治以降食用として普及した。

コマツナ（小松菜）

江戸時代には栽培されていたという。江戸の小松川（東京都江戸川区）あたりに多く産した。耐寒性が強く、冬場における緑黄色野菜として重宝された。

ノリ（海苔）

古代には朝廷への諸国からの貢納品とされていた。江戸時代には浅草で紙漉きを応用した「浅草海苔」が生まれ、養殖の成功による生産量の増加もあり、江戸名物として全国に広がった。

ネギ（葱）

奈良時代には中国、朝鮮半島を経て伝来したという。当初の和名は「紀（キ）」で、江戸時代にねぎが広まった。東日本では根深葱、西日本では葉葱が主に栽培される。

他にもこんな食材が

- アサツキ
- カリフラワー
- チンゲンサイ
- フキノトウ
- ノザワナ
- キンキ
- タラ
- カサゴ
- シラウオ
- イヨカン

※本章で採用した月は、市場への出荷時期・出荷量などを参考にしていますが、地域によって栽培時期は異なり、また数カ月にわたります。
あくまで目安としてお考えください。

3月
弥生《やよい》

冬と春の境目で、年度末の出会いと別れの行事も多い

3月の行事は雛《ひな》祭りが代表的だが、卒業式や送別会などの年度末ならではの行事も多い月。春一番が吹き、春雷がとどろき、春がやってくる。

キャベツ

18世紀初頭にオランダからきたが、主に花物としての用途で食用としては発達せず、大正から昭和にかけて日本の気候にあった品種が改良された。和名は甘藍(かんらん)。

ミツバ(三つ葉)

日本原産の野草。全国に自生するが、栽培されるなど野菜として利用されるようになるのは江戸時代から。現在一般的に出回っている糸みつばのほかに、根みつば、切りみつばがある。

タケノコ(筍)

竹の根茎の節から生じる若芽。『古事記』には食用として珍重されていた記述があるが、現在多く市販されるモウソウチクは、18世紀頃に中国から琉球を経て渡来したといわれる。

ハマグリ(蛤)

全国各地に分布し、先史時代より食用にされた。貝殻は、平安貴族の遊戯である貝合わせの道具として用いられた。それは、雛祭りに用意するはまぐりの吸物の由来の一説でもある。

シイタケ(椎茸)

鎌倉時代の精進料理の記録に乾しいたけが登場。主にだしとして使用され、茶の湯の茶菓子にも使われた。栽培技術は江戸時代に開発された。

他にもこんな食材が

- ウド
- ヨモギ
- ニラ
- ニシン
- モズク
- ヤリイカ
- サワラ
- アマダイ
- マスクメロン
- レモン
- キウイ
- ハッサク

4月
卯月《うづき》

花を愛で、山の恵みも味わえる春本番

桜が満開を迎え、人々は花見へと繰り出す。「花曇《はなぐもり》」、「花冷《はなびえ》」など、気候を表す言葉には花にまつわるものも。山では山菜採りやたけのこ狩りも楽しみ。

タマネギ（玉葱）

イランからパキスタンあたりが起源地。16世紀の南蛮貿易によって伝来するがあまり普及しなかった。現在国内で栽培される品種のほとんどは辛タマネギの黄色系で、これらが伝わったのは明治10年代頃。

フキ（蕗）

希少な日本原産の野菜で、全国に広く自生。古代より漬物などで食されており、早春に出る花茎を「ふきのとう」とよぶ。薄皮をむいた茎は煮物に、葉は佃煮にされる。

イチゴ（苺）

幕末頃にオランダから渡来。それまでは野いちごなどの野生種が一部で食用とされていた程度だった。現在の栽培品種は明治以降に導入された品種およびその子孫である。

キュウリ（胡瓜）

インド原産で６世紀頃に中国から薬として伝来したともいわれるが、江戸時代後半頃までは野菜として重要視されていなかった。熟すと黄色くなるので「黄瓜」とも。

ワカメ（若布）

奈良時代には季節の名産品として天皇に献上されるなど、古くから親しまれてきた。もともとは東アジア固有の海藻だったが、近年では栄養的効果からフランスなどでも養殖されている。

他にもこんな食材が

- アサリ
- サクラエビ
- アマナツミカン
- アイナメ
- タチウオ
- ホタルイカ
- エゾバフンウニ
- カレイ
- メバル
- ヒジキ

5月
皐月《さつき》

新緑が輝き田植えが始まる一年で最もさわやかな季節

若葉が一斉に芽吹く月。5月5日は柏餅やちまきを食べ、子どもの健やかな成長を願う。新茶が味わえるのもこの月。月末には梅雨入りする地方もある。

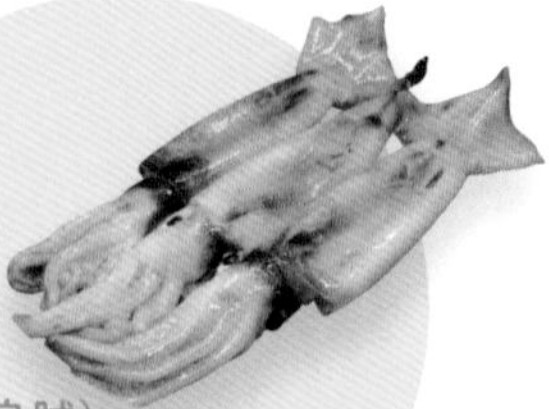

イカ（烏賊）

とくにするめは飛鳥時代の木簡に貢納の記録が残るほか、縁起物として祝いの膳や儀礼食に出されるなど古来より親しまれてきた。現在、その消費量は世界で最も多い。

タイ（鯛）

先史時代から食用とされ、伊勢神宮の神饌としても奉納された。江戸時代に海産物の流通が進み、見た目や味から鯉に代わって最上の魚とされ、祝宴などで出されるようになった。

サンショウ（山椒）

「椒(はじかみ)」の古名で『魏志』倭人伝に登場する。春先に出回る若芽は「木の芽」として和え物などに、未熟な果実は「実山椒」として佃煮などに用いられる。

カツオ（鰹）

縄文時代から食されており、鰹節の前身の干物「煮堅魚」も奈良時代には全国から貢納されていた。江戸時代にカビ付け法が考案され、鰹節のなかでもカビ付けを繰り返したものは本枯節といい、極上品とされる。

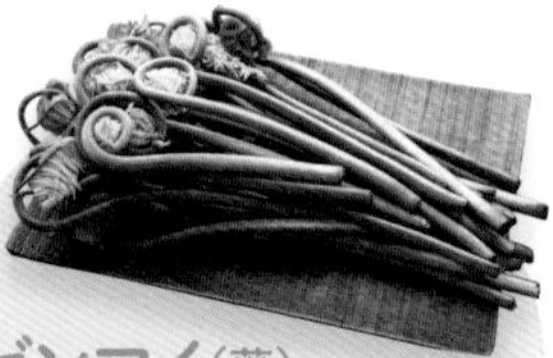

ゼンマイ（薇）

日本原産の山菜。若葉を食用とし、生食もするが、多くは一度干してから使用する。江戸時代には自給用のほかに幕府や藩への献上品として生産されていた。

他にもこんな食材が

- アスパラガス
- オカヒジキ
- ソラマメ
- ウニ
- イシモチ
- キス
- シャコ
- マイカ
- サザエ
- ナツミカン
- ジュンサイ

6月
水無月《みなづき》

昼の時間が延びるも雨の恵みを受ける梅雨

春から夏にかけて季節が動く。日照時間が一年で最も長くなる折り返しの月。各地で山開きが行われ、北海道を除く各地では梅雨入りとなる。

ラッキョウ(辣韮)

中国原産で、9世紀までには伝来。古くは薬としても用いられ、江戸時代には野菜として全国的に普及した。にんにく、にらなどと共に禅寺では持ち込みを嫌った。

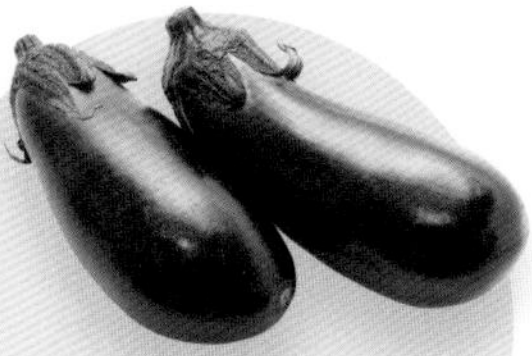

ナス(茄子)

奈良時代以前に中国から伝わり、平安時代には栽培され漬物としても用いられたという記録が残る(『延喜式』)。夏に実ることからなつみ(夏実)→なすびとなったともいわれる。

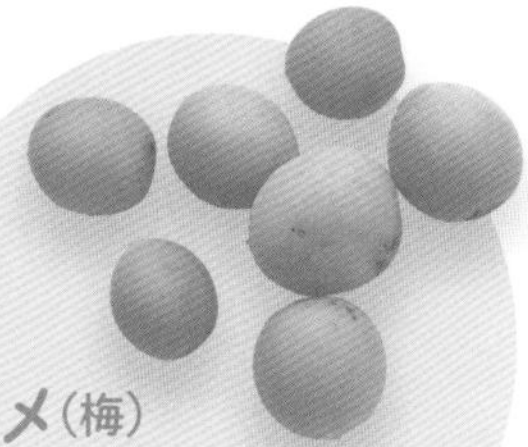

ウメ(梅)

梅干しなどの加工品が愛用され、栽培の歴史は古いが、原産は中国東南部。平安時代には梅干しの効用が記され、江戸時代には調味料のひとつとしても重用された。

ビワ(枇杷)

中国中南部原産で日本でも野生が見られる。平安時代には多くの文献に記され、橙色の実の形が楽器の琵琶に似て、この名がついた。栽培種は江戸時代末頃に輸入されたという。

イワシ(鰯)

縄文時代から食べられ、平城京跡出土の木簡には、魔除けとしての役割も記されている。近世以降、干鰯(ほしか)が肥料として多く取引されたことで、いわし漁業が発展した。

他にもこんな食材が

- サクランボ
- タマネギ
- トウモロコシ
- イサキ
- エボダイ
- マダコ
- コウイカ
- ホヤ
- ドジョウ
- カマス
- アユ
- オクラ

7月
文月《ふみづき》

七夕、夏休み、海水浴……梅雨明けと夏の到来

7月7日の七夕祭りでは笹に飾りつけをし、短冊を結び、そうめんを食べるのが古くからの慣習。下旬には各地で梅雨が明け、夏本番となる。

インゲンマメ（隠元豆）

江戸時代初期に来日した中国の禅僧隠元によってもたらされたといわれる。一説にはふじまめとも。若いサヤごと食べるさやいんげんは全国で作られている。

シソ（紫蘇）

中国から伝来。日本の野菜のなかで最も古いといわれ、縄文前期の遺跡から種実が出土している。奈良時代から栽培され、漬物や膾、薬味、漢方などに使用されてきた。

ニンニク（葫）

中国・朝鮮を経て渡来。奈良時代には野菜として一般化していたという。薬としての効用もあり、精力がつくということで、僧侶が食べるのを禁じた時代があった。

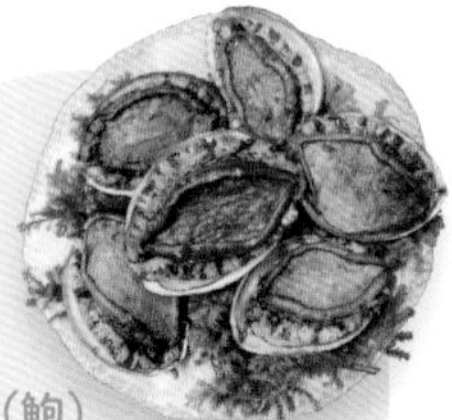

アワビ（鮑）

縄文時代から食用とされ、平安時代の『延喜式』には数十種類の加工品が見える。古くから伊勢神宮では神饌の第一とされ、江戸時代には中国貿易の主役として珍重された。

スイカ（西瓜）

江戸時代初期に中国から来日した禅僧隠元によってもたらされたなど、諸説ある。当初は赤い果汁が血を連想させ忌み嫌われたという。中国へ西域から入ったため「西瓜」とよばれた。

他にもこんな食材が

- レタス
- エダマメ
- カジキマグロ
- カワハギ
- アナゴ
- ハモ
- オコゼ
- サヤインゲン
- ケガニ
- ゴーヤー

8月 葉月《はづき》

夏祭りが各地で行われ、お盆休みのレジャーシーズン

上旬からお盆にかけて、各地で祭りや花火大会が盛んに行われる月。お盆では法事で精進料理などが供される。後半は日暮れも早まり、秋の気配が漂う。

トウガン（冬瓜）

仁徳天皇の時代に朝鮮から伝わったという。平安時代には栽培され、主に煮物や漬物にされた。また、わたは化粧品に、種子は利尿作用があり漢方薬として用いられた。

トマト

江戸中期にオランダから伝来したが、長く観賞用であった。明治になり「赤茄子」とよばれた品種が試作されたが、一般に普及したのはサラダなどの消費が増えた昭和以降。

トウモロコシ（玉蜀黍）

南米原産で、16世紀末頃にポルトガルから長崎に伝わる。明治初年にアメリカの品種を北海道に導入して盛んに栽培されるようになった。唐黍（とうきび）とも。

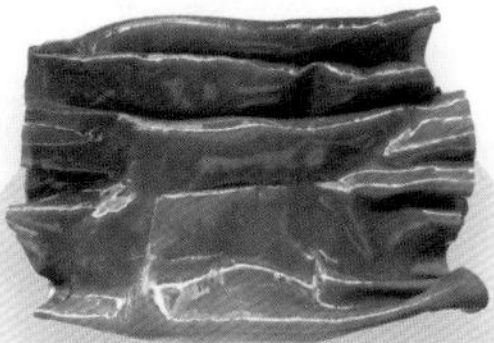

コンブ（昆布）

平安時代に、蝦夷から朝廷に献納があったという記録が残る。正月の飾りにも用いられ、江戸初期にはだしやとろろ昆布などの加工品が出回り需要が増した。

モモ（桃）

弥生時代の遺跡から核が出土する。古代から果実としてだけでなく、医療用などとして、種や花・葉も重視されてきた。現在の大きさのものは明治初年に中国から伝わった。

他にもこんな食材が

- シシトウ
- モロヘイヤ
- カンピョウ
- スルメイカ
- アオリイカ
- クルマエビ
- カンパチ
- ラッカセイ
- ピーマン
- ユズ
- スズキ

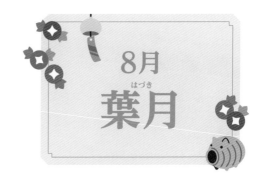

9月
長月《ながつき》

空気が澄み、寒暖差が大きい夏と秋の境目の月

「長月」の名は「夜《よ》長月《ながつき》」に由来するといわれる。夜空が高く、中秋の名月の月見が風流。味覚の秋の到来でもあり、フルーツ狩りも楽しい。

ナシ（梨）

日本には古来自生し、『日本書紀』に持統天皇が栽培を勧めたという記載がある。江戸時代後期にはすでに100種近くの品種が栽培されていたという。

ミョウガ（茗荷）

日本を含む東アジア原産で、『魏志』倭人伝にも登場し、栽培の歴史も平安時代の『延喜式』に見えるほど古い。蕾の部分を食すが、食用とするのは日本だけといわれる。

ブドウ（葡萄）

日本に野生種はあるが、現在栽培されているぶどうは中国から伝来し、鎌倉時代初期には甲斐国勝沼地方（山梨県甲州市）で栽培が始まった。

マツタケ（松茸）

平安後期には贈答品として貴族たちに珍重され、まつたけ狩りも行われていた。第二次世界大戦中、発生するアカマツ林が全国的に伐採され、以後産額は減少した。

サケ

東北地方の縄文時代の遺跡から骨が出土している。平安時代の『延喜式』には貢納品として、生鮭のほか干物、すじこなどが見える。

他にもこんな食材が

- トウガラシ
- ズッキーニ
- シメジ
- サバ
- イクラ
- シラス
- マス
- カボス
- イチジク
- マスカット

10月
神無月《かんなづき》

運動会、読書、行楽……実りと食欲の秋本番

「天高く馬肥ゆる秋」と表現されるように、新米、新そばも出回り、秋の作物の収穫が行われる月。山では紅葉を愛でながらのキノコ狩りも楽しめる。

サツマイモ（薩摩芋）

江戸時代初め、中国・南方諸島経由で長崎や鹿児島に伝来。砂地でも育つため、江戸時代の蘭学者青木昆陽が救荒作物として採用、幕末頃までには東北地方にも普及した。

カボチャ（南瓜）

16世紀中頃、カンボジアから入ってきたことが呼び名に由来するともいわれる。一般に普及したのは江戸時代中頃で、栽培がしやすく栄養価が高いことから、短期間で大衆的な野菜となった。

カキ（柿）

中国、朝鮮と共に日本も原産地とする説もある。平安時代には干し柿・熟柿などが祭礼の際の菓子として用いられるなど、都を中心に広く普及していた。

クリ（栗）

日本原生の果樹で縄文時代から野生を採取して食用にしていたとされる。最も古い産地として、丹波地方が著名である。なお甘栗は昭和初年に中国から伝わった。

サバ（鯖）

８世紀の『出雲国風土記』にも登場し、平安時代には地方税として、都に送られていた。江戸時代には背開きで塩漬けにした刺鯖（さしさば）が献上品などで人気を博した。

他にもこんな食材が

- マイタケ
- マツタケ
- ナメコ
- ハタハタ
- シタビラメ
- ボラ
- リンゴ
- カリン
- スダチ
- ザクロ

11月
霜月《しもつき》

七五三や酉の市の賑わい、冬支度の始まり

一年の無事に感謝し、来年のしあわせを祈願する酉の市が各地で催される月。温かいおでんや鍋料理がおいしくなる頃で、関東地方でも初霜が降りる。

ジャガイモ（じゃが芋）

1600年前後にジャカルタから渡来したため、「ジャガタラ芋」とよばれた。幕末までに救荒作物として全国に広がった。馬に付ける鈴に似ているので「馬鈴薯」ともいう。

ホウレンソウ（菠薐草）

16世紀頃、東洋種が中国から渡来。原産地のペルシア地域（菠薐〈ポーレン〉）が転じてホウレンとなったという。明治になり、幕末に伝来した西洋種と配合され、一般に普及するようになった。

ゴボウ（牛蒡）

縄文時代に中国から伝わり、やがて食用とされ、江戸時代に全国に普及した。なお、外来の植物を国内で作物化した唯一の種類ともいわれる。

ウナギ（鰻）

『万葉集』に詠まれるなど、古くから食用とされていた。蒲焼きとして食するようになったのは中世からだが、今日のように割いて焼くのは江戸時代からである。

クワイ（慈姑）

中国原産で平安時代に渡来。水田の中で栽培し地下の塊茎を食用にする。10世紀頃には食用とされていた記録が残る。煮染めとして茶会の菓子にも用いられたという。

他にもこんな食材が

- ホッケ
- サクラエビ
- ムカゴ
- コハダ
- タラバガニ
- スッポン
- ムツ
- コイ
- ハゼ

12月 師走《しわす》

一年を締めくくる年の瀬、心新たに新年の準備を

「師も走る」ほど忙しい月。忘年会、クリスマスなどのイベントや、新年の準備のための大掃除、餅つき、除夜の鐘、年越しそばなど風物詩も多い。

ハクサイ(白菜)

現在の形である結球種が日本に入ってきたのは新しく、幕末頃に中国から渡来した。煮物や漬物に用いられ、秋から冬にかけて重要な食材のひとつ。

レンコン(蓮根)

蓮の地下茎。縄文時代の遺跡から化石が見つかっているが観賞用が主で、平安時代以降、食用の品種が中国から伝来し、江戸時代には食料の助けとして重要視されるようになったという。

サトイモ(里芋)

稲よりも古く中国南部から渡来。平安時代頃までには農耕儀礼や行事食などで重要視された。現在でも正月料理に用いる習慣が各地に残るなど、米と共に重要な作物であった。

ヤマノイモ(山芋)

日本原産で、有史以前より食用として用いられたと考えられている。やまいも、自然薯とも。混合されやすいながいもは中国原産で、江戸時代以前には見えない。

ブリ(鰤)

平安時代には幼魚である「はまち」の名が記録に残る。成長につれて名が変わる出世魚として、とくに関西で好まれてきた。ほぼ日本全国の沿岸で漁獲される。

他にもこんな食材が

- ナガイモ
- マッシュルーム
- クルミ
- マダイ
- アカガイ
- イナダ
- マナガツオ
- ナマコ
- ミカン
- 洋ナシ

四季と二十四節気
―季節の行事と食

二十四節気
一年を24等分し、約15日ごとの節気に分けた歳月

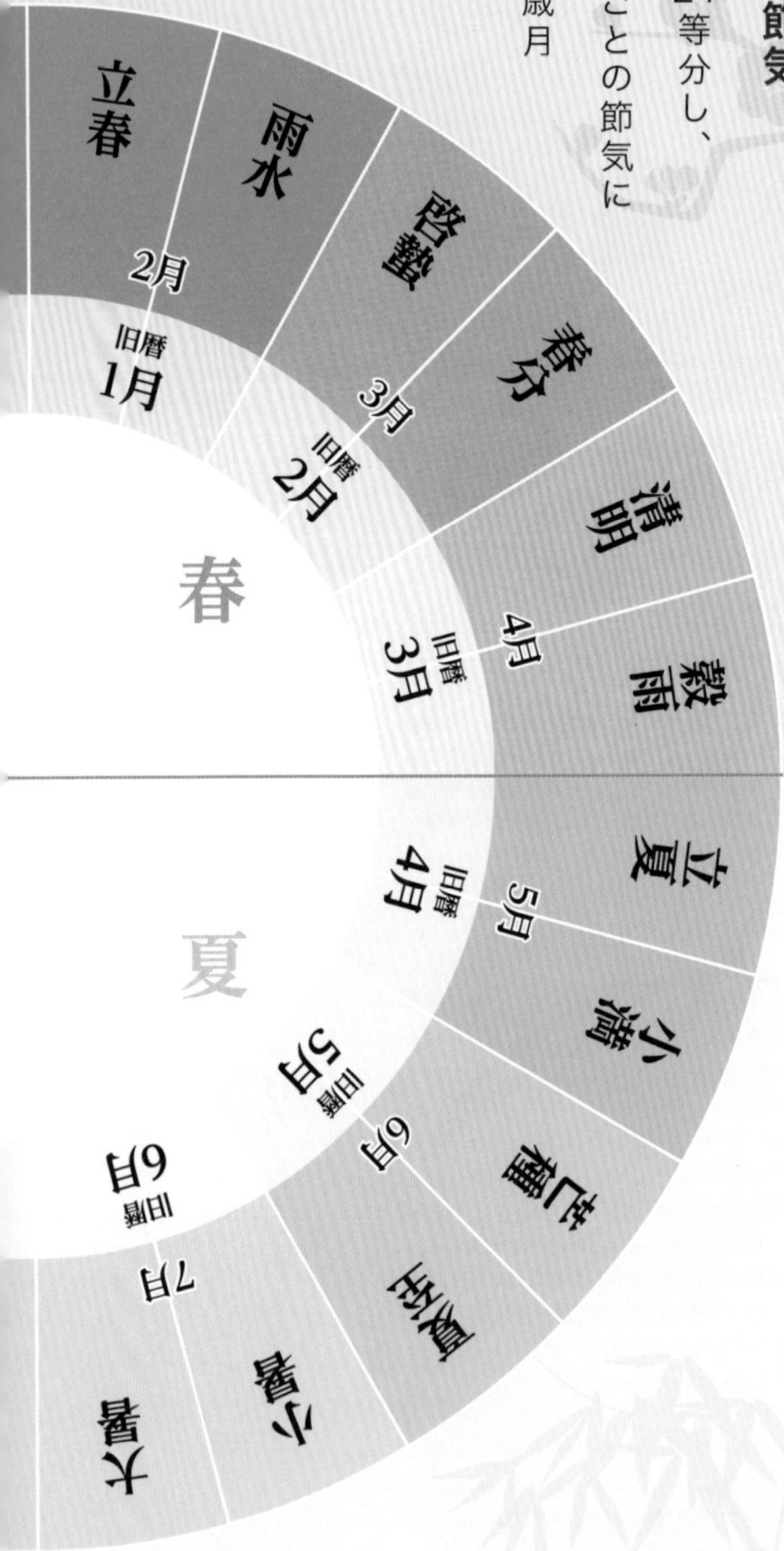

二十四節気とは、古代中国でつくられた季節の区分法で、一年（春分点を出てから再び春分点に達するまでの太陽の黄道上の位置）を４つの季節に分け、さらにそれぞれを６つに分けることで全体を24等分し、約15日ごとの区分にしたもの。このひとつの区切りを「節気」とし、それぞれの節気は「立春」「雨水《うすい》」「啓蟄《けいちつ》」など天候や生き物の様子で表され、季節の目安とされてきた。旧暦（太陰太陽暦）を基準としているため、その年によって1日程度前後する。

現代は、食べ物も年間を通じて手に入るものが多く、暮らしそのものが快適になった分、季節の移ろいを感じにくくなっている。二十四節気を改めて見直すと、情緒ある季節を感じることができる。

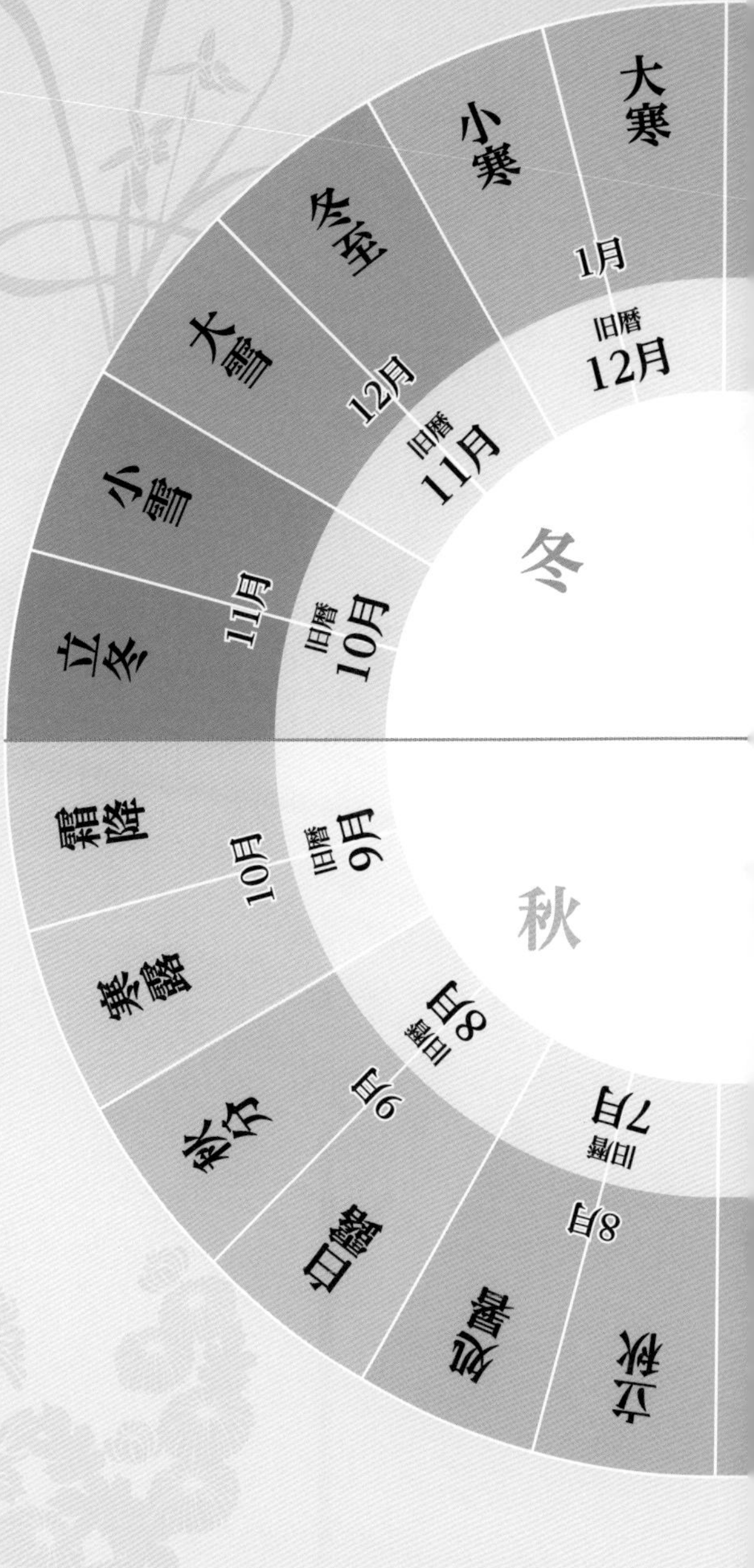

春

気温が上昇し、
眠っていた虫や動物も目覚める春。
やわらかく芽吹く山菜、
産卵の時期を迎える魚など、
春が食べ頃の食材は、
寒さからからだを解き放つような
心躍る品々が並ぶ。

- 立春(りっしゅん)——2月4日頃
- 雨水(うすい)——2月19日頃
- 啓蟄(けいちつ)——3月5日頃
- 春分(しゅんぶん)——3月21日頃
- 清明(せいめい)——4月5日頃
- 穀雨(こくう)——4月20日頃

春の節気と行事食

立春《りっしゅん》 ― 2月4日頃

本来の「一年の始まり」

旧暦では12月後半から1月前半にあたる「立春」が一年の始まりで、現在では2月4日頃から同月18日頃までの期間をさしている。「節分」や「彼岸」などの季節の行事は、二十四節気の「立春」を起点に決められている。

この時期ならではの味覚はふきのとう。独特の香りとほろ苦さが特徴で、いちはやく春の訪れを教えてくれる。

白の食べ物で邪気を払う

「立春」に白いものを食べると、邪気を払い福を呼び込むという言い伝えがある。白には悪いものを浄化する神聖な力が備わるとされ、その力を象徴する代表格が豆腐。この時期に食べる豆腐は「立春豆腐」や「春大吉豆腐」とよばれる縁起物。食べる際は白いままがよく、湯豆腐やふり塩など、色のない味つけが好まれる。

季節の行事

節分《せつぶん》

2月3日

豆で鬼を退治し、鬼が嫌う鰯を飾る

「立春」の前日である季節の分かれ目に、病や災いを鬼に見立てて追い払う行事が「節分」。豆をまき、歳の数だけ豆を食べるのは、「魔目《まめ》(鬼の目)」に豆を投げ「魔滅」させるという語呂合わせの説もある。鬼が鰯を焼いたにおいや煙を嫌うことから、食べた鰯の頭をひいらぎの小枝に刺した「柊鰯《ひいらぎいわし》」を門口に飾る風習も残る。近年、定番ともなっている恵方巻を食べる文化は大正期の大阪ですでにあったという説もあるが、全国的に広まったのは、2000年前後以降の大手コンビニチェーンによる販売が契機とされる。

春の節気と行事食

雨水《うすい》 — 2月19日頃

雪が雨に変わり植物が芽を出す

雪が雨に変わって雪解けが始まり、草木が芽を出す時期で、昔から農耕を始める目安とされてきた。

種から和辛子が作られるからし菜は、この季節においしい葉野菜。大根の葉に似ていてピリッとした辛みがあり、おひたしや漬物にすると辛みがいいアクセントになる。

春キャベツが生食に最適

秋に種を蒔き、春から初夏にかけて収穫される春キャベツは、この頃から出回るようになる。黄緑色が美しく、葉は柔らかくみずみずしさや甘さが感じられ、生食に最適。包丁を使わず、手でちぎるようにすると口当たりがよくなる。調理するならコールスローや浅漬けなどがおすすめ。

日本原産の柑橘、伊予柑もこの時期に出荷のピークを迎える。

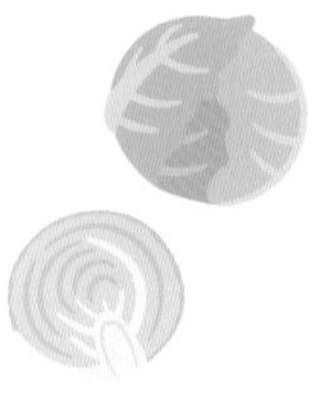

春の節気と行事食

啓蟄《けいちつ》 — 3月5日頃

冬ごもりしていた虫たちが動き出す

「啓」は開く、「蟄」は虫などが土に隠れて閉じこもるという意味があり、「啓蟄」は、寒さで冬ごもりしていた虫たちが動き出す季節をさす。

この頃から店頭でよく見かけるようになるのが、山野で採取される春の山菜。特有の苦みやえぐみは、外敵から身を守るためのものだ。

山菜が山野の春を告げる

たらのめ、こごみ、やまうどなどの山菜は天ぷらがおすすめ。独特の香りや風味が損なわれないよう、衣は薄く短時間で揚げるのがコツ。ぜんまいやわらびは、煮物や和え物、炊き込みご飯にもよく合う。土の中から顔を出すたけのこも、この時期に店頭に並ぶ食材。先端の姫皮は和え物、穂先は炊き込みご飯、中央から根本部分は天ぷらや煮物に向いている。

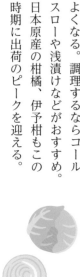

季節の行事

雛《ひな》祭《まつ》り（上巳《じょうし》の節供）

3月3日

縁起のよい色や食材を取り入れた行事食で健やかな成長と将来のしあわせを願う

女の子の健やかな成長を願い、しあわせを祈る「雛祭り」。季節の節目に邪気を払い、五穀豊穣や無病息災を願う伝統的な行事「五節供（五節句）」のひとつで、江戸時代に幕府によって正式に定められた。

かつては災いを移した人形を川に流して身を清める「流し雛」が行われてきたが、平安時代に雛人形が誕生し家の中に飾るようになった。この日に用意される食べ物には、さまざまな願いが込められている。

◆菱餅（ひしもち）
現代は一般的に緑・白・紅色の３色の菱形の餅が重なってできており、緑には健康と長寿、白には清浄や純潔、紅色には魔除けという意味がある。

◆ひなあられ
家の外に雛人形を持ち出し、人形にいろいろなものを見せる「雛の国見せ」という風習があり、そのときに外で食すために菱餅を砕いて持参したことが始まりとされる。

◆蛤（はまぐり）の吸物
対《つい》になっている貝でなければぴったり合わない蛤にちなみ、よい相手と結ばれ添い遂げられるように、との願いが込められている。

◆ちらし寿司
海老は、海老のように腰が曲がるまで長生きできるように、穴が空いたれんこんは先を見通せるように、たくさんの具が使われるのは生涯食べるものに困らないように、との意味がある。

◆白酒（しろざけ）
焼酎やみりんに蒸した米と米麹を加えて作るお酒で、不老長寿や厄除などの意味がある。未成年はお酒を飲めないため、甘酒が代用されることが多い。

◆手まり寿司
京都の舞妓たちが口紅を落とさず食べられるよう、小ぶりなサイズで作られたのが始まりとされる。見た目が華やかで子どもにも食べやすいことから、雛祭りの食べ物として定着してきている。

春の節気と行事食

春分《しゅんぶん》 ―― 3月21日頃

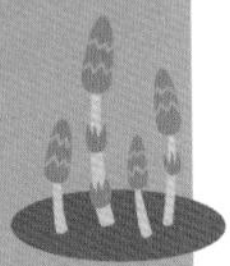

昼夜の長さがほぼ同じになる頃

各地から桜の開花の便りが聞こえてくるのもこの頃。21日が祝日なのは、宮中祭祀《さいし》として行われてきた先祖祭、春季皇霊祭《こうれいさい》から続くものだが、現在は自然をたたえ、生き物を慈しむ日とされている。佃煮や煮物などで食されてきたつくしも、田畑の畦や草原などに愛らしい姿を現す。

みずみずしい春の味わい

12月から2月頃に収穫し、1、2カ月貯蔵して酸味を落ち着かせてから出荷、「春分」の頃にちょうど食べ頃になるのが八朔《はっさく》。さっぱりした甘さでほのかな苦みがあり、サラダやジュースにしてもおいしい。

えんどう豆を若採《ど》りし、さやごと食べるさやえんどうもこの時期から出始める。味噌汁、油でサッと炒めて醤油、鰹節をふって味わうのも美味。

季節の行事

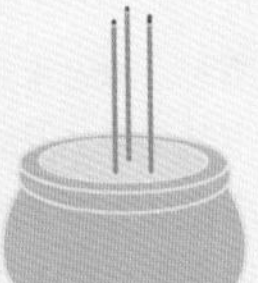

春の彼岸《ひがん》

牡丹《ぼたん》に見立てたぼた餅、精進料理を供え食す

春分を中日に前後3日を合わせた7日間が春の彼岸。お供えに用いられるのは、牡丹の花に見立て丸く大きく作られる「ぼた餅」。小豆には厄払いの意味もある。

肉や魚介は用いず、野菜、豆、穀物、木の実など植物性の食材だけで作られる精進料理も、彼岸の時期に供える慣習がある。亡くなった人を供養して感謝を伝え、極楽へ渡るための善行を積む期間である彼岸に精進料理を作って食べることは、修行の一環という説もある。葱やにんにく、ラッキョウなどにおいの強い食材は、地域によっては彼岸には不向きとされる。

春の節気と行事食

清明《せいめい》 ― 4月5日頃

万物が清らかで生き生きと目覚める

万物が生き生きと目覚め、気がみなぎる様子を表す「清浄明潔《しょうじょうめいけつ》」という言葉を略した「清明」。ツバメが本格的に飛来し、雁《がん》が北のシベリアに帰っていく頃であり、一年のなかでも過ごしやすい季節といえる。あさりなどの貝類もおいしい時期を迎え、この頃から潮干狩りが行われる。

春の桜えび漁も始まる

国内で唯一漁業許可を得ている駿河湾の特産品、桜えびの春漁が解禁されるのもこの頃。ここ数年記録的な不漁が続いたが近年は回復傾向をみせている。他の甲殻類と異なり面倒な下処理がいらないので気軽に調理できる。かき揚げはもちろん、鮮度がよいものが手に入れば、生や釜揚げをわさび醤油で味わうのもいい。漁は秋にも行われる。

春の節気と行事食

穀雨《こくう》 ― 4月20日頃

田畑の穀物を潤す春の雨が降る

「穀雨」とは、しとしと降る春雨のこと。田畑は雨の恵みで潤い、野菜や穀類などの作物に成長をもたらす。ちなみに食品の春雨は、製造過程で細く押し出され落ちていく様が春の雨に似ていることに由来する。

形が扁平で辛みが弱く水分が豊富、生食に向いている新たまねぎもこの頃に出回る。

江戸時代から重宝された初鰹

エサとなる鰯などを求めて太平洋を北上する初鰹がおいしいのもこの時期。身と脂のバランスがよく、刺身やたたきにすればおいしさを存分に堪能できる。

十分に成長しきる前に収穫する「新ごぼう」もぜひ食したいもの。秋冬に収穫されるものに比べて香りが上品で繊維が柔らかいので、サッと茹でただけでサラダや和え物が作れる。

夏

一年で最も日差しが照りつけ、
日中が長い夏。
暑さに負けず健康を保つには、
からだに熱がこもらないような食事と
ビタミン豊富な食材を選びたい。

- 立夏（りっか）――5月5日頃
- 小満（しょうまん）――5月21日頃
- 芒種（ぼうしゅ）――6月6日頃
- 夏至（げし）――6月21日頃
- 小暑（しょうしょ）――7月7日頃
- 大暑（たいしょ）――7月23日頃

夏の節気と行事食

立夏《りっか》 —— 5月5日頃

草薫り、夏の気配が漂い出す

草木が少しずつ緑を増し、青葉の香りを漂わせる心地よい風、薫風《くんぷう》が吹く頃。この時期ならではの食材は、春から初夏に水揚げされる真鯛「桜鯛」。お造りや塩焼きのほか、米にのせて炊き上げる鯛めしも美味。秋に揚がる真鯛は「紅葉《もみじ》鯛《だい》」と呼ばれる。

柔らかい新じゃがが美味

「新じゃが」が出回るのもこの頃。一般的なじゃがいもは収穫後に貯蔵・熟成期間を設けるが、この期間を省いて出荷される、みずみずしいものが新じゃが。皮が薄いため、むかずに丸ごと調理するのがよい。甘辛く煮る、素揚げにして塩や青海苔をふる、蒸してバターを絡めるなどしておいしく食べられる。皮つきで食べるときは、皮が緑の部分や、芽が出ていたら取り除くことが大切。

季節の行事

八十八夜　新茶

5月2日

“夏も近づく八十八夜”の新茶は縁起物

二十四節気以外で季節の移り変わりを示すために設けられた「雑節《ざっせつ》」のひとつ。「立春」から数えて88日の夜が過ぎたという意味があり、種蒔きや茶摘みなどの作業を始める目安でもある。

「夏も近づく八十八夜」で始まる唱歌、『茶摘み』にも歌われ、この時期に摘み取るお茶（新茶、一番茶ともいう）は、末広がりの「八」が2つあることから縁起物とされ、飲めば一年を無病息災で過ごせるといわれる。お茶の産地では、初物を食すと長生きするとの言い伝えから、新鮮なお茶の葉を天ぷらにして食べることもある。

季節の行事

こどもの日(端《たん》午《ご》の節供)

5月5日

由緒ある食材や行事食で邪気を払い 男子の元気な成長と活躍を祈る

　奈良時代から菖蒲を用いて邪気を払う行事として、年齢・性別に関係なく行われてきたが、菖蒲が「尚武(武を尊ぶこと)」につながることから、後継ぎとして生まれた男子の成長や、一族の繁栄を願う重要な行事として江戸時代に定着した。現在は男女を問わずこどもの日の行事である代表的な食を紹介する。

◆柏餅

上新粉の餅の中に餡を詰め柏の葉で包んだ和菓子で、主に関東で親しまれるが、サルトリイバラの葉を使う地域も多い。新芽が育つまで古い葉が落ちない柏の木は、子孫繁栄、家系が絶えないなどの意味をもつ。

◆ちまき

粉と餅粉、砂糖で作った生地を笹の葉で円錐形に巻いて包み、イグサで巻いて結んだ餅菓子。昔は茅《ちがや》の葉が使われていたため、この名が付けられ、葉先が剣のような茅には厄除けの意味もある。5月5日に川に身を投げて亡くなった中国の政治家、屈原《くつげん》への供え物に由来し、端午の節供と共に日本に伝わった。

◆たけのこ料理

上に向かってすくすく成長することから、竹のように真っすぐ元気に育ってほしい、との願いが込められている。お吸い物や炊き込みご飯、煮物、天ぷらなどがおすすめ。

◆鰹

漢字で“勝男”と書くことができることから、強くたくましい男の子に育つようにと食されてきた。タタキや刺身のほか、焼き物、煮物、揚げ物など多彩な調理法で味わえる。

◆鰤

成長するにつれ呼び方が変わる出世魚で、社会での活躍を願う心が込められている。照り焼きや鰤大根などが食べやすい。

夏の節気と行事食

小満《しょうまん》 ― 5月21日頃

あらゆる生命が成長していく頃

陽の光を受けて草木が生い茂り、あらゆる生命が満ちていく時期。秋に蒔いた麦の穂が育ち、小さく安心する意味から「麦秋《ばくしゅう》」ともよばれる。『古事記』に記載があり、日本料理の高級食材としても知られるじゅんさいが育つのもこの頃。ハス科の水草の新芽で、つるりとした独特の喉越しが涼をよぶ。

明治以降に食べられたアスパラガス

江戸時代にオランダ船により渡来、明治以降に食用となったアスパラガスもこの時期がおいしい。食べているのは葉や枝が育つ前の若芽と茎で、疲労回復効果があるアスパラギン酸を含む。茹でて冷ましてサラダに、薄い斜め切りにして卵炒めにしても美味。芽が出る前に土を被せて白く育てたホワイトアスパラガスは、特有の甘みと苦みを楽しめる。

夏の節気と行事食

芒種《ぼうしゅ》 ― 6月6日頃

稲や麦などの種を蒔く時期

「芒」はのぎと読み、麦や米などイネ科の植物の穂先の棘状《とげじょう》の突起をさし、古来より麦の刈り入れや田植え（現在は5月に終わらせることが多い）が行われてきた。スーパーなどの店頭に、青梅や薄黄色に色づく梅が並ぶのもこの頃。氷砂糖とホワイトリカーを用意して、梅酒や梅シロップを仕込むのもいい。

鰯の脂がのる季節

梅雨入りと重なるこの時期に揚がる魚が「入梅鰯」と「入梅かます」。「入梅鰯」は、産卵に備え栄養をため込んで大きく育った真鰯の呼び名で、一年で脂がのって最もおいしいとされる。あっさりとした味わいの「入梅かます」は塩焼き、刺身、天ぷらなどで味わうほか、ひと手間かけて焼いて椀種にするといいだしが出る。

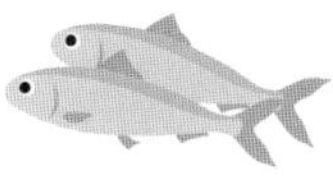

夏の節気と行事食

夏至《げし》——6月21日頃

日中の時間が最も長くなる

「日長きこと至《きわま》る」という意味があり、一年のなかで昼の時間が最も長くなる時期。各地の神社に、半年間の穢《けが》れを清め無病息災を祈願する神事、「夏越《なごし》の祓《はらえ》」に用いる茅《ち》の輪が設置されるのもこの頃。清流に棲み、〝香魚《こうぎょ》〟ともよばれる鮎、また、ペクチンなどの粘り成分が免疫力を高めるおくらも食べ頃になる。

田植えを終えた食の楽しみ

この時期は各地域ならではの風習が見られる。たこの足のように稲穂がたくさん育つようにと願って、関西地方で「半夏生《はんげしょう》(夏至から11日目の雑節で、田植えを終えた時期)」に食されてきたのはたこ。福井でも同時期に「半夏生の鯖」といって、鯖の丸焼きを食べる風習があった。

夏の節気と行事食

小暑《しょうしょ》——7月7日頃

梅雨が明け徐々に暑さが増す頃

梅雨明けが近くなり、本格的な夏の暑さが始まる。「小暑」と次の「大暑」を合わせた約1カ月間は「暑中」とよばれ、暑中見舞いを送るのもこの頃。主に関西で珍重される鱧《はも》の季節でもあり、京都では、暑い時期に長いものを食べると精が付くとして、うなぎと並ぶ夏のスタミナ食材として親しまれている。

枝豆の食べ方いろいろ

〝畑の肉〟とよばれる枝豆もおいしい季節。ビールのお供に最適なのは、枝豆のタンパク質に含まれるアミノ酸がアルコールの分解を促すため。茹でた豆の薄皮をむき、少量の水と砂糖、塩を加えて潰したものは「ずんだ」。加熱して酒と醤油で下味をつけたなすと和えれば、千葉や東北などに古くから伝わる郷土料理「なすのずんだ和え」ができあがる。

季節の行事

七夕（七夕《たなばた》の節供）

7月7日

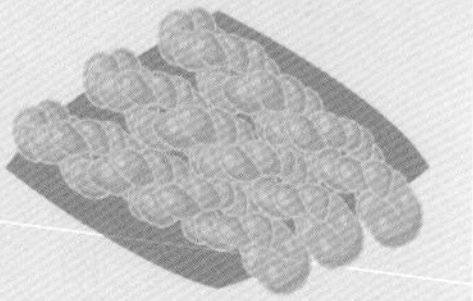

行事食そうめんのルーツは中国に伝わるねじり菓子

願い事を書いた短冊を笹に吊るし星に祈る行事で、奈良時代に中国から日本に伝わったとされる。

中国から伝来した「索餅《さくへい》」とよばれるねじり菓子を供え、無病息災を祈る風習があった。「索餅」はのちのそうめんの祖とされ、「七夕」の行事食としてそうめんが定着した。

また、「七夕」は旧暦では8月であったため、月遅れの8月7日に催す地域もあり、長野県松本市周辺では、茹でたほうとうを小豆あんやきな粉で和えた「七夕ほうとう」をこの日に食す風習が残る。

夏の節気と行事食

大暑《たいしょ》 ― 7月23日頃

夏の暑さが最も強まる頃

厳しい暑さが続く夏真っ盛り、各地で夏の風物詩である大規模な花火大会やお祭りが催されるのがこの頃。食欲が落ちやすいこの時期におすすめなのは、沖縄野菜ゴーヤー。独特の苦みが胃液の分泌を促し、食欲を増進させる効果がある。苦みが苦手でも、塩もみや軽く下茹ですることで和らぎ食べやすくなる。

土用のうなぎが定着

土用の丑《うし》の日に食すうなぎが有名。「土用」は春夏秋冬の年4回あるが、暑さで体調を崩しやすい夏が重要視されてきた。「丑の日」にうなぎとなったのは、江戸時代の学者、平賀《ひらが》源内《げんない》が「〝う〟から始まるものを食べると縁起がよい」と推奨した説などがある。淡泊な味わいが好まれるあなごも「大暑」におすすめ。脂がのらない夏のあなごはあっさりとして美味。

秋

空気が澄み、
過ごしやすいさわやかな秋。
食欲が増すこの季節は、
栄養をたっぷり含んだ野菜、
果物など実りの食材を
味わおう。

- 立秋(りっしゅう) ── 8月8日頃
- 処暑(しょしょ) ── 8月23日頃
- 白露(はくろ) ── 9月8日頃
- 秋分(しゅうぶん) ── 9月23日頃
- 寒露(かんろ) ── 10月8日頃
- 霜降(そうこう) ── 10月23日頃

秋の節気と行事食

立秋《りっしゅう》 —— 8月8日頃

秋の気配が感じられる頃

まだまだ夏の盛りだが、暦の上では秋の始まりにあたり、この日以降に送る挨拶状は「残暑見舞い」となる。一部では7月という地域もあるが、お墓参りやお盆祭りが全国的に行われる。お盆には、北海道や東北では赤飯を、鹿児島では夏野菜や大豆などを煮込んだ郷土料理「かいのこ汁」を食べる風習がある。

意外なアレンジ料理も美味な桃

「立秋」に旬を迎える果物が桃。甘い香り、ジューシーでとろけるような果肉が魅力で、世界的にも高く評価されている。そのまま味わうのはもちろん、トマトや生ハムと合わせて冷製パスタ、モッツァレラチーズとレモン汁、オリーブオイル、塩コショウで和えてサラダにしてもおいしい。

秋の節気と行事食

処暑《しょしょ》 —— 8月23日頃

厳しい暑さが峠を越す頃

「処暑」は暑さが終わるという意味。日中の暑さは厳しくても、朝晩には涼しさが感じられ、農作物の収穫も忙しくなる。この時期においしくなる魚はさんま。漢字で「秋刀魚《さんま》」と書くのは、銀色に輝く形が刀のようなことに由来する。近年は不漁が伝えられ高値が続くが、健康によい栄養素が多く含まれるだけに、店頭に並んだらぜひとも食したい。

東西で食べ方が異なるトコロテン

夏の疲れが出たり、食欲が落ちやすいこの時期におすすめしたいのは、天草《てんぐさ》という海藻を煮溶かし、冷やし固めて細い麺状にしたトコロテン。濃い味を好む関東では酢醤油で、京都など茶の湯から菓子文化が発達した関西では、黒蜜で食べることが多い。

秋の節気と行事食

白露《はくろ》 ― 9月8日頃

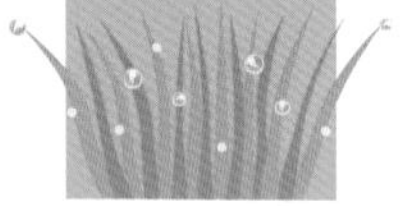

草花に露がつき始める頃

夜間に大気が冷えて、草や野の花についた朝露が白く輝くように見える時期。一日の気温差が大きくなるこの頃は、血行が悪くなるなど、細胞間に水がたまりむくみやすくなる時期。そんな季節に積極的に取りたいのは、血を補う作用があるしめじ。血圧やコレステロール値を下げる効果もある。

漢方で用いられるじねんじょもおすすめ

〝山芋の王様〟といわれるじねんじょ（自然薯）も、この時期おすすめの食材。漢方の世界では「山薬」とよばれる日本原産の山芋で、滋養強壮、消化促進、疲労回復、便秘改善などによいとされる。すりおろしたとろろは、ごはんやまぐろ、おくら、日本そばなど何にでも合う。

季節の行事

重《ちょう》陽《よう》（重陽の節供）

9月9日

菊酒をたしなみ、栗ご飯を食す「菊の節供」

中国に端を発する陰陽思想で奇数は「陽」の数とされ、その極である９が２つ重なることが「重陽」の言葉の由来。もともと奇数が重なる日は気が強すぎて不吉とされ、邪気を払い、無病息災、不老長寿を願う行事として、平安時代から行われ今に引きつがれている。

菊の花が咲く時期であることから「菊の節供」とよばれ、冷酒に食用菊を浮かべた菊酒をたしなむ風習がある。

また、栗の収穫時期が始まるため「栗の節供」ともよばれ、行事食として収穫を祝う栗ご飯を炊くことが定番になった。

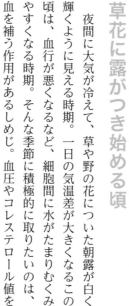

季節の行事

秋の月見(十五夜)

平安時代から続く「中秋節」の慣習

旧暦8月15日の夜に見られる月のことで、平安時代に中国から伝わった「中秋節」という節供のひとつ。旧暦では7月が初秋、8月が中秋、9月が晩秋となる。旧暦の中秋は、2024年では9月17日にあたるが、この時期になると空気が澄んで月が美しく見えることから、平安貴族の間で月見の宴が行われるようになった。

江戸時代には、収穫の感謝や豊作を祈る行事として庶民にも広まった。ちなみによく聞く「十五夜」は、旧暦の毎月15日をさすが、今では「中秋の名月」と同義でとらえられている。以下に主なお供え物を紹介する。

◆月見団子

関東では、月に見立てたシンプルな丸い団子を下から9個、4個、2個と山型に積むのが一般的。関西では、団子以前に供えてきた里芋にちなみ、衣かつぎを模した団子にあんこを巻き付けたものを、名古屋では「ういろう」の材料で作ったしずく型の団子を供える風習がある。地域により収穫した里芋を供えるところもある。

◆月見酒

酒の種類に決まりはないが、秋の到来を告げる日本酒「ひやおろし」が定番。通常、日本酒の火入れは貯蔵前、出荷前の2回行われるが、貯蔵庫と外気温が同じくらいになり、2度目の火入れをせずに出荷する酒が「ひやおろし」で、穏やかな香りとまろやかな味わいが特徴。風流な月見に最適な日本酒で、秋の味覚を楽しむのもいい。

◆月餅

中国の伝統的な菓子のひとつで、中秋節には欠かせない。満月のように丸く、平たい形で、中に餡が入っている。これを均等に切り分けて、家族のしあわせを願う。

秋の節気と行事食

秋分《しゅうぶん》 —— 9月23日頃

夜が昼より長くなり始める

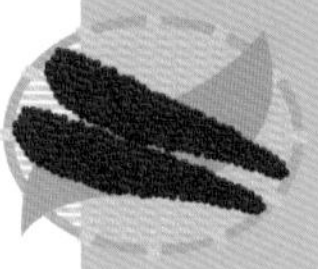

昼夜の長さがほぼ等しくなり、この日を境に昼が短くなる。天文学では太陽が秋分点を通過した瞬間をさし、その日を「秋分の日」という。この時期、店頭に並ぶのは、魚卵膜に覆われた鮭やますの卵すじこ。手に入ったらやさしくほぐし、酒・みりん・醤油の調味液に浸し自家製いくらの醤油漬けを作るのもいい。

生唐辛子で作りたいオイル&調味料

鷹の爪など、日頃使うのは乾燥したものだが、この時期に出回るのがひと味違う生の赤唐辛子。少し潰して醤油やソースに入れて辛みをつければ大人の味に。辛すぎないよう、ヘタを取らずに酢に漬け込めばラーメンや餃子、サラダに最適。酢をサラダ油やオリーブオイルに代えれば、炒め物などに重宝する。

季節の行事

秋の彼岸

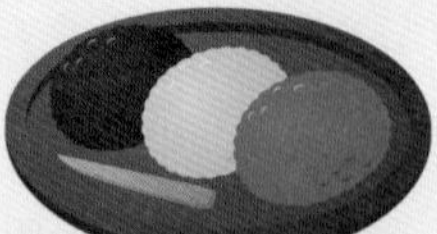

おはぎが粒あんで作られるわけ

秋分の日を「中日」とした前後３日間をさし、先祖を敬い感謝を伝えるためにお墓参りをする風習がある。お供えの定番は、秋に咲く萩にちなみ名づけられた「おはぎ」。春の彼岸の「ぼた餅」と基本的には変わらないが、秋は小豆の収穫時期であり、豆の皮が柔らかいことから、粒あんで作られることが多い。また地域により、もち米は「ぼた餅」、うるち米は「おはぎ」、お餅になるまでついたものが「ぼた餅」、粒が残る程度についたものが「おはぎ」など、諸説残されているのも興味深い。

秋の節気と行事食

寒露《かんろ》——10月8日頃

草花に冷たい露が宿る頃

秋の深まりとともに冷たい露が野の草花に宿り、露の冷たさも増していく時期。秋の長雨が終わり、空気が澄んだ秋晴れの日が多くなる。この時期に取りたいのは、〝柿が赤くなれば医者が青くなる〟といわれるほど、栄養価の高い、果物の柿。そのままでも十分おいしいが、ラップに包み保存袋に入れて冷凍し、自然解凍して食すと、シャーベットのようになって美味。

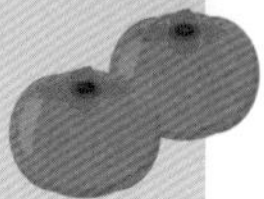

多彩に活用できる柘榴

古来より子孫繁栄や子宝の象徴とされてきた柘榴《ざくろ》が出回るのもこの頃。皮の中にある赤い粒(種衣)はジュースやざくろ酢、ジャム、サラダのトッピングなど、いろいろ活用でき冷凍保存も可能。国産は希少だが和歌山県や山梨県などで栽培されている。

秋の節気と行事食

霜降《そうこう》——10月23日頃

草木や大地に霜が降り始める

朝晩の気温が一段と下がり、地域によっては草木の表面や地面に霜が降りる頃。見上げると木の葉が色づき始める時期でもある。この時期においしくなるのは、出世魚のひとつ、卵巣からカラスミが作られるぼら。新鮮なものが手に入ればぜひ刺身で、鍋物に入れるといいだしが出る。

香り豊かな新米は保存方法が大切

地域や品種により差はあるが、8月から10月に収穫を迎えた「新米」が出回り始めるのもこの時期。新鮮なので風味やツヤ、香りも粘りもよく、おかずがいらないほど美味。時間とともに鮮度が失われていくので、酸化やにおい移りなどを防ぐため、密封容器に入れて冷蔵庫の野菜室で保存するのがよい。

冬

一年で最も寒く、
草木も動物も冬眠に入る冬。
それでもこの季節の
自然の恵みはからだを温め、
滋養効果の高い品々も多い。
冬ならではの料理も
暮らしを彩る。

- 立冬（りっとう）――11月7日頃
- 小雪（しょうせつ）――11月22日頃
- 大雪（たいせつ）――12月7日頃
- 冬至（とうじ）――12月21日頃
- 小寒（しょうかん）――1月5日頃
- 大寒（だいかん）――1月20日頃

冬の節気と行事食

立冬《りっとう》 — 11月7日頃

冬の気配が感じられる

落葉など冬の兆しが見え始める時期で、東京・大阪で「木枯らし1号」が観測されるのもこの頃。本格的な寒さに備えてこたつを出す、「こたつ開き」の季節でもある。15日は、数え歳で3歳5歳の男の子、3歳7歳の女の子が神社にお参りする「七五三」。親が子に長寿を願う「千歳飴」を与え、魔除けの意味をもつ小豆が使われた赤飯を、内祝いに配る習慣がある。

「鍋と燗の日」などユニークな記念日も

「立冬」の日には、体を温め、活力をつけて冬の寒さを乗り切ってほしいと、「鍋と燗の日」、「夜なきうどんの日」、「とんかつの日」、「ココアの日」、「あられ・おせんべいの日」など、企業や団体によりユニークな記念日が設けられている。

冬の節気と行事食

小雪《しょうせつ》 — 11月22日頃

わずかに雪が降り出す季節

日を追うごとに冷え込みが厳しくなり、山間部などで雪がちらつくが、それほど多くはないという意味で「小雪」。風邪をひきやすいこの時期に取りたい果物は、こたつで定番のみかん。ビタミンCなどを含み、冬の体調管理に最適だが、食べすぎると体を冷やすので注意が必要だ。

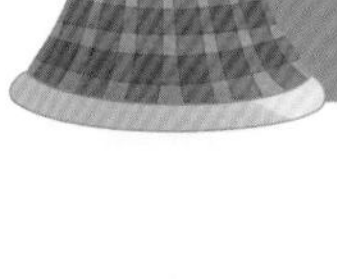

汁ごと味わうかにすきがおすすめ

この時期に鍋料理を楽しむなら、高タンパク、低カロリーでいいだしが出るかにすきがおすすめ。二日酔いを防ぐタウリンや血液のもととなる赤血球を作るビタミンB_{12}なども豊富で、これらは水に溶ける性質があるため、かにの栄養を汁ごと取れる鍋料理は理にかなった料理といえる。

冬の節気と行事食

大雪《たいせつ》——12月7日頃

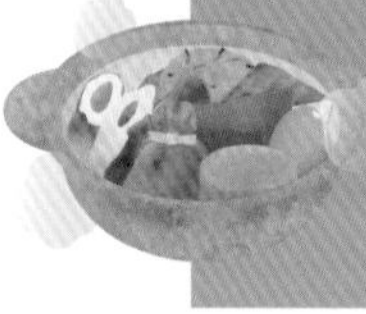

山々は雪をかぶり、平地にも雪が降る頃

雪が盛んに降り出す頃で、動物たちが冬ごもりを始める時期。文字通り大雪《おおゆき》になる地域もあるが、太平洋側では冬晴れの日も多い。空気が乾燥しがちで、寒波もやってくるこの時期に食したいのは、しっかり栄養が取れて体がぽかぽか温まる煮込み料理。好みの具材をたっぷり用意しておでんを作るのもいい。

洋なしで日本料理を作るのも一興

この季節に多く出回るのは、昭和後期から食用されるようになった洋なし。洋風のイメージが強いが、日本酒に砂糖、みりんを加えて煮たり、くずした木綿豆腐に味噌とみりんを加えた和え衣で白和えにしたりすれば、割烹料理店のような一皿ができあがる。

冬の節気と行事食

冬至《とうじ》——12月21日頃

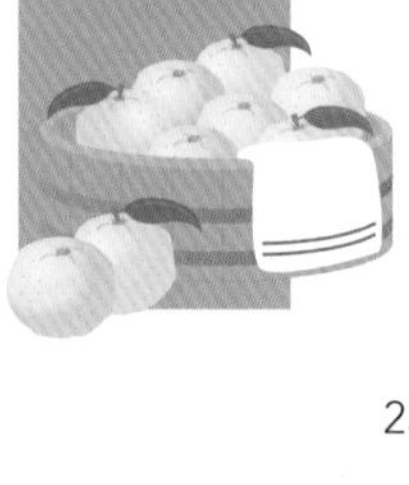

昼の長さが最も短くなる日

日の出から日の入りまでの時間が最も短く、夜が長くなるのが「冬至」。ゆず湯に入る慣習は江戸時代の銭湯が始まりで、血行を促進し体が芯から温まることから、冬至にゆず湯に入ると風邪をひかないといわれる。また、果皮に含まれる香り成分には森林浴のようなリラックス効果もある。

南京《なんきん》と小豆で〝いいとこ取り〟の煮物を食す

「冬至」に食べるもので真っ先に思い浮かぶのはかぼちゃ。長期保存が利いて栄養豊富。別名の「南京《なんきん》」には「ん」が2つあり、古くから運をよぶと考えられ、縁起がよいとされてきた。体を温め、赤い色が邪気を払うとされる小豆と一緒に煮れば、いいとこ取りの一品になる。

季節の行事

正月《しょうがつ》

1月1日

年神様を迎えて新年を祝い 願いや祈りを込めた料理を食す

正月は1月の別名だが、本来は、家々に一年のしあわせをもたらすために高い山から降りてくる、年神様をお迎えする行事を意味する。「正月」と書くのは「正」に「年初め」や「年を改める」との意味があるため。前日の「大晦日」を含め、「正月」の行事食を紹介する。

◆年越しそば

細く長いそばに延命長寿を願うものとして、また、そばがうどんと比べて切れやすいことから、現代では、その年の厄災を切る意味で食す習慣が広く定着している。

◆鏡餅

年神様が降臨するところとされ、家庭円満の象徴でもある。「鏡餅」の名称は、古来より神事に祀られてきた鏡と形が似ているからともいわれる。年神様が宿る「松の内（1月7日）」開けの11日頃に「鏡開き」をした餅は、現在では揚げ餅やお汁粉などで食す。

◆お屠蘇《とそ》

無病息災や長寿を祈り元旦に飲む祝い酒。「屠」には邪気を払う、「蘇」には魂を蘇らせるなどの意味がある。陳皮《ちんぴ》や八角《はっかく》など、数種類の生薬を配合した“屠蘇散《とそさん》”を日本酒や本みりんに溶かして作る。

◆おせち料理

日持ちする料理が中心で、「数の子」は子孫繁栄、「田作り」は五穀豊穣など、それぞれの料理や色にはさまざまな意味がある。めでたさを重ねる意味で重箱に詰める。

◆雑煮

年神様に供えた餅をお下がりとし、旧年の収穫への感謝や新年の豊作、家内安全を願って食す伝統料理。餅を焼くか焼かないか、餅の形、つゆの味つけ、具材など、地域で大きく異なる特色がある。

冬の節気と行事食

小寒《しょうかん》 — 1月5日頃

「寒の入り」で寒さが強まる頃

暦の上で寒さが最も厳しくなる時期の前半をさし、「寒の入り」ともよばれる。寒中見舞いを出すのもこの時期。「小寒」においしい魚は天然ふぐ。身が引き締まり、淡泊でありながら奥深い味わいで、てっさ（ふぐの刺身）やてっちり（ふぐ鍋）、揚げ物などで味わうのが一般的だ。

愛媛が特産の伊予柑、ポンカンが美味

愛媛の特産品として知られる柑橘、伊予柑とポンカンが出回るのもこの頃。日本原産の伊予柑は、甘みが強く酸味は控えめ。皮が柔らかいので手でむけるが、袋状の薄皮は厚めなので、むいて食す。ポンカンはインド原産で香りがよくてジューシー、皮をむいたら薄皮ごと食べられる。

季節の行事

七草がゆ（人日《じんじつ》の節供）

1月7日

滋養豊かな七草でやさしく胃腸をいたわる

3月3日の上巳の節供（桃の節供）、5月5日の端午の節供など「五節供」のひとつ、「人日《じんじつ》」の朝に食べる行事食。「人日」は、古来の中国で新年に行われていた占いの風習に基づくもので、「人を占う日」という意味がある。

七草とはせり、なずな、ごぎょう（ははこぐさ）、はこべら（はこべ）、ほとけのざ、すずな（かぶ）、すずしろ（大根）。この若菜が入ったかゆを食べると、その一年を無病息災で過ごせると伝わる。正月疲れが出始める胃腸にもやさしい料理といえる。

季節の行事

小《こ》正《しょう》月《がつ》

1月15日

小豆がゆや「どんど焼き」の炎で焼いた団子を食す

「小正月」は、元日を中心とする行事「大正月《おおしょうがつ》」に対する言葉で、正月を締めくくる行事としてこの日に米と小豆を炊いた粥を食べる風習がある。ぼた餅やおはぎ、赤飯などと同様、邪気を払うとされる小豆を用いることで、この一年を健康に過ごせるように、との願いが込められている。地域により、小豆がゆに鏡開きをした餅を入れるところもある。

また、「小正月」に正月飾りなどを燃やす火祭り、「どんど焼き」の炎に団子や餅をかざして焼くと、無病息災がかなえられる、とも伝えられている。

冬の節気と行事食

大寒《だいかん》 ― 1月20日頃

一年で最も寒さが厳しくなる頃

二十四節気の最後は「大寒」。各地で一年の最低気温を記録する頃でもある。この時期だけの縁起物として出回るのは「大寒卵」。「大寒」初日の朝に生まれた卵のことで、生命力が強く滋養豊かといわれ、贈答用にも喜ばれている。

栄養豊富な甘酒で身も心も温める

厳しい寒さを生かして、凍り豆腐や味噌、寒天、酒などの仕込みが昔から行われてきたのもこの頃。また、「大寒」の日に飲むことで心身を温めよう、という主旨で設けられているのは1月20日の「甘酒の日」。夏の季語でもある甘酒は、江戸時代には夏バテを防ぐ栄養剤として親しまれてきたが、昨今は冬の飲み物としても定着している。

通過儀礼と食

人生の節目に行われる儀礼と食材、料理の関係

誕生から成長、そして死へと至る人生の過程と食とのつながり

通過儀礼とは、人が誕生してから成人し、結婚、死に至るまでの、いわゆる一般的な人生の中で通過する儀礼のことを意味する。それは成長過程の節目を祝うと同時に、次の段階への新たな意味づけと、社会的な承認を願い、当事者が、関係する家族や周囲の人びとを招いて食事を共にする儀礼として行われるものが多い。

歴史的にみると、人間の寿命が現代のように長寿になったのはごく近年といえる。子どもが無事に成人できることは当たり前ではなく、健やかな成長を願う気持ちは現代とは比較にならなかったと考えられる。誕生から成人までの儀式が比較的多いのもそうした背景があるだろう。

古来日本では、公家や武家の男子が行う「元服」が、大きな儀式のひとつだった。現代の成人式にあたるものと考えられているが、当時は髪型も服装も名前も変わり、一人前の成人として責任ある存在とみなされる儀式だった。

名は戦勝、形は夫婦円満を表現
鰹節

「勝男武士」のように縁起のよい当て字から、武士の戦勝祈願の縁起物とされてきた。また、身を背側と腹側に切り分けた場合、背側を「雄節《おぶし》」、腹側を「雌節《めぶし》」ということから、ひとつの形で夫婦円満に結びついた。

祝いの食事の代表格
赤飯

赤い色の小豆は縁起のよい食べ物とされた。小豆を使った赤飯は祝い事やハレの日に供される料理であるとともに、赤色には厄払いの願いも込められ、神事での供え物とされてきた。もち米が赤くなるのは小豆の煮汁が染みるため。

祝いの意味をもつ食材

昆布
おせち料理にも入る縁起もの

「喜ぶ」の語呂合わせで縁起がよいとされ、「養老昆布」とも書けるため、不老長寿の意味もある。結納の品のひとつでもあり、新郎側から新婦側へと送られる「子生婦《こんぶ》」とは昆布のことで、繁殖力が高いことから子宝を願う意味もある。

餅
古くから祝いの場で食べられてきた

「餅」については奈良時代の記録にすでにあるとされ、平安時代には天皇や貴族たちの行事の際に、祝いの食べ物として供されていた。おもに正月の年神様への供え物である鏡餅は一般的に大小2つの餅を重ね、鏡開き(現在は1月11日)に食べることが多いが、6月の歯固めに取っておく地域もある。

鯛
「めでたい」魚の定番

縁起のよい紅白の色合い、「めでたい」の語呂合わせもある祝事の魚の代表。丸一匹を料理した「尾頭付き」は、物事を初めから終わりまで全《まっと》うする意味をもつ。ほかの魚に比べて鯛の寿命が比較的長いことも、長寿を象徴する。

するめ(アタリメ)
長くしあわせが続き、お金に困らない縁起物

「寿留女」とも書き、乾物として日持ちすることから、しあわせが長く続く縁起のよい食べ物とされてきた。また、いかは足が多く、お金を「お足」ともいうことから、「お足(お金)に困らない」との意味もある。賭け事でお金を「する」と縁起が悪い。それを「当たり」と言い換えて縁起担ぎをした表現もある。

幼少期から成人、婚礼、老年期
成長から長寿まで共通する感謝の意

誕生から幼少期、成人まで　出産直後に米を炊き、出産の無事を神仏に感謝して供える飯や料理のことを「産飯《うぶめし》」とよぶ。生児《せいじ》と産婦にも供し、産婆や近所の人たちにもふるまわれ、子どもの心身がこの世に認められることと成長を願う意味も込められている。また、なかには死者の枕元に置く一膳飯と同様の準備をする地域もあり、命の循環を表現しているとも考えられている。

結納・婚礼　かつて婚礼前の結納は、昆布、するめ、鰹節などの縁起ものの食材が用意されたが、現代では自由な会食スタイルで行われることも多い。

葬儀　通夜や葬儀の食事は仏式では精進料理が供される。もとは故人が極楽浄土へ旅立てるように、遺族が四十九日までは魚や肉類を断ち、忌明けとする食事だった「精進落とし」だった。現代ではそれが変化し、葬儀の後に遺族が会葬者などに供する料理にもいわれ、魚や肉類も含んで提供されるようになった。

主な通過儀礼と食事

- **出産祝い：**産飯《うぶめし》
- **お七夜《しちや》(名付け祝い)：**赤飯、小豆飯、尾頭付き魚
  生後7日目の祝い。この日に命名の祝いが行われる場合が多い。
- **百日祝い(お食い初め)：**赤飯、小豆飯、尾頭付き魚
  成人と同じ一人前の食膳を用意し、子どもに食べさせる真似をし、生涯食べ物に困らないように願う。この時「歯固《はがた》め石」として小石を1、2個用意し、丈夫な歯と長寿を願う儀式も同時に行う。
- **初誕生：**赤飯、小豆飯、一升・紅白・誕生餅
  満1歳の誕生を祝い、餅をつく地域が多い。関東から中部地方では「背負い餅」という風習があり、足腰の強い子に育つ願いが込められている。
- **七五三：**赤飯、小豆飯、千歳飴
  男児は3歳、5歳、女児は3歳、7歳に成長と守護を祈願するお宮参りに行く。千歳飴は江戸時代に始まったとされる。
- **成人式(成人祝い)：**赤飯、小豆飯、紅白餅、紅白まんじゅう
- **結納・婚礼：**和風、西洋、中国、折衷料理などさまざま
- **厄払い：**餅
- **還暦(60歳)・古希(70歳)・喜寿(77歳)・米寿(88歳)・卒寿(90歳)・白寿(99歳)・百寿(100歳)などの長寿の祝い：**紅白餅、紅白まんじゅう、赤飯、小豆飯、尾頭付き魚、海老、昆布、その他日本・西洋・中国・折衷料理などさまざま
- **葬儀：**仏式精進料理、その他故人の生前の好物など

お食い初めの膳

子どもが食事をする真似をするお食い初めの様子

成長を祈願する七五三

法事の際の仏式精進料理

主要参考文献

青葉高『日本の野菜文化史事典』八坂書房、2013
石川松太郎校注『庭訓往来』(東洋文庫242)平凡社、1973
石毛直道『日本の食文化史』岩波書店、2015
一般社団法人和食文化国民会議監修／熊倉功夫・江原絢子著『和食とは何か』(和食文化ブックレット1)、思文閣出版、2015
一般社団法人和食文化国民会議監修／原田信男著『和食の歴史』(和食文化ブックレット5)、思文閣出版、2016
市川寛明編『地図・グラフ・図解でみる 一目でわかる江戸時代』小学館、2004
江原絢子編著『日本食の文化』アイ・ケイコーポレーション、2021
江原絢子ほか著『日本食物史』吉川弘文館、2009
江原絢子・東四柳祥子編『日本の食文化史年表』吉川弘文館、2011
合衆国海軍省編／大羽綾子訳『ペリー提督日本遠征記』法政大学出版局、1953
熊倉功夫『NHKテキスト　和食という文化』NHK出版、2020
熊倉功夫・井上治『茶と花　日本の伝統文化5』山川出版社、2020
小泉和子編『生活文化史』(新体系日本史14)山川出版社、2014
古島敏雄校注『百姓伝記　下』岩波文庫、2001
笹間良彦『大江戸復元図鑑〈庶民編〉』遊子館、2003
佐藤洋一郎『米の日本史』中公新書、2020
関沢まゆみ編『菓子と果物　日本の食文化6』吉川弘文館、2019
塚本師也「集落論　食料貯蔵」『季刊考古学』44号、1993
戸川律子「〈型〉としての「日本型食生活」の形成」『人文学論集』29、2011
中川博『食の戦後史』明石書店、1995
中澤克昭『肉食の社会史』山川出版社、2018
西山松之助ほか『たべもの日本史総覧　愛蔵保存版』新人物往来社、1994
原田信男『木の実とハンバーガー』NHKブックス、1995
原田信男編『江戸の食文化』小学館、2014
原田信男編『江戸の料理と食生活』小学館、2004
藤井弘章編『魚と肉　日本の食文化4』吉川弘文館、2019
『vesta』112号「特集　食文化のサステナビリティー」、味の素食の文化センター、2018
三谷一馬『江戸物売図聚』立風書房、1979
矢野憲一『魚の文化史』講談社学術文庫、2016
吉岡秀子『コンビニおいしい進化史』平凡社新書、2019
渡辺実『日本食生活史』吉川弘文館、1964
『特別展　和食　公式ガイドブック』朝日新聞社、2023
『ビジュアルワイド　江戸時代館』小学館、2002
冊子『和食会議特別企画　くらしの歳時記』一般社団法人和食文化国民会議、2022

※その他、各機関・企業のホームページなどを参照。

監修者

江原絢子（えはら・あやこ）　島根県出身。お茶の水女子大学家政学部食物学科卒業。博士（教育学）。東京家政学院大学教授を経て、現在、同大学名誉教授。一般社団法人和食文化国民会議顧問。2022年に第32回南方熊楠賞受賞。専門分野は、食文化史、食教育史、調理学。著書に『日本の食文化史年表』（共編　吉川弘文館）、『家庭料理の近代』（吉川弘文館）、『近代料理書集成』全13巻（編・解説　クレス出版）、『日本食の文化―原始から現代に至る食のあゆみ』（編著　アイ・ケイコーポレーション）など多数。

編集協力　株式会社エディキューブ
本文執筆　株式会社エディキューブ（有澤真理・森井聡美）、池田美香
イラスト　池田馨
図版作成　土肥ちはる

本文デザイン　アイル企画
装丁　中多由香（アイル企画）

教《きょう》養《よう》としての和《わ》食《しょく》

――食文化《しょくぶんか》の歴史《れきし》から現代《げんだい》の郷土料理《きょうどりょうり》まで

2024年4月20日　第1版第1刷印刷
2024年4月30日　第1版第1刷発行

監　修　江原絢子《えはらあやこ》
発行者　野澤武史
発行所　株式会社山川出版社
東京都千代田区内神田1-13-13　〒101-0047
電話　03（3293）8131（営業）
03（3293）1802（編集）
印刷・製本　図書印刷株式会社
https://www.yamakawa.co.jp/

ISBN 978-4-634-15244-1